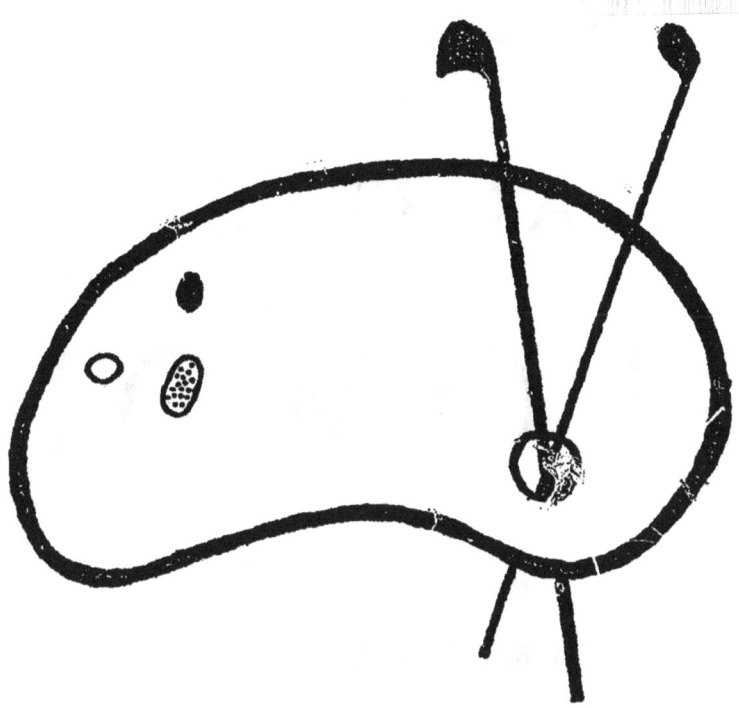

**DÉBUT D'UNE SÉRIE DE DOCUMENTS
EN COULEUR**

EDMOND & JULES DE GONCOURT

MANETTE SALOMON

TOME PREMIER

DEUXIÈME ÉDITION

PARIS
LIBRAIRIE INTERNATIONALE
15, BOULEVARD MONTMARTRE

A. LACROIX, VERBOECKHOVEN & Ce, ÉDITEURS
À Bruxelles, à Leipzig et à Livourne.

1868
Tous droits de traduction et de reproduction réservés

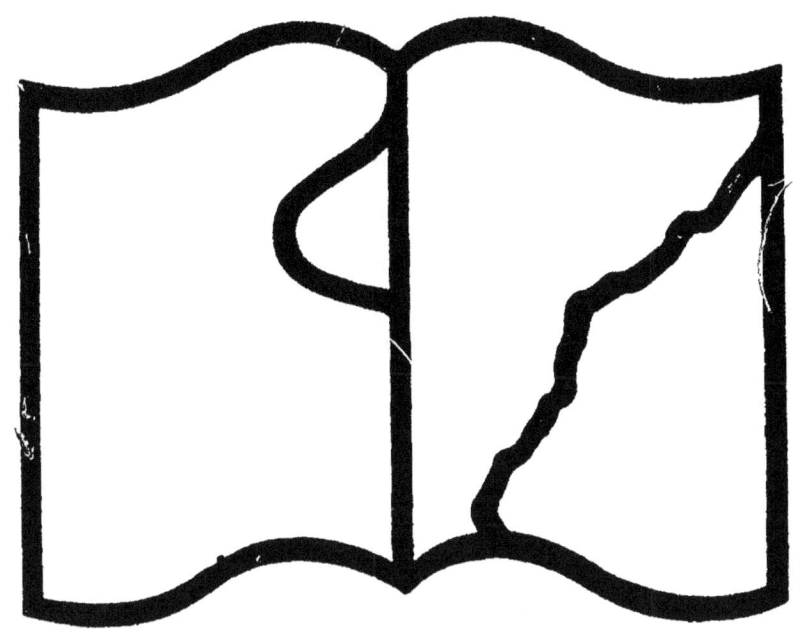

Texte détérioré — reliure défectueuse
NF Z 43-120-11

VALABLE POUR TOUT OU PARTIE DU DOCUMENT REPRODUIT

ROMANS — DERNIÈRES NOUVEAUTÉS

Collection grand in-18 jésus à 3 fr. le volume

Emilie de Vars. — Mémoires d'une Institutrice......... 1 vol
Ponson du Terrail. — La Bohémienne du grand monde ... 1 vol
— Le Drame de Planche-Mibray............ 1 vol.
— L'Héritage de Corinne. — La Mule de satin.. 1 vol.
Gustave Gilles. — La Nouvelle Jeanne............. 1 vol.
Arsène Houssaye. — Le Roman de la duchesse......... 1 vol
Maxime Breuil. — On meurt parfois d'amour.......... 1 vol
Édouard Cadol. — Contes gais. Les Belles Imbéciles..... 1 vol
N. de Séménow. — Les Mauvais Maris............ 1 vol.
Charles Rabou. — L'Allée des Veuves............. 1 vol.
Champfleury. — La Belle Paule............... 1 vol.
Emile Leclercq. Les Petits-Fils de Don Quichotte........ 1 vol.
E. Jacob de la Cottière. — Le Chemin de la lune, s'il vous plaît?......................... 1 vol.
Édouard Montaigne — Le Manteau d'Arlequin....... 1 vol.
Mme Marie Rattazzi, princesse de Solms. — La Chanteuse .. 2 vol.
Serret — Drames et Comédies............... 1 vol
Mallefille (Félicien). — La Confession du Gaucho....... 1 v
Élie Berthet. — Le Bon Vieux Temps............ 1 vol.
— La Peine de mort ou la Route du mal........ 1 vol.
Henry de Kock. — Beau filou............... 1 vol.
E. et J. de Goncourt. — Manette Salomon.......... 2 vol.
Hix. — Qu'en pensez-vous ?................. 1 vol.
Ernest Daudet. — La Succession Chavanet :
   I. Tartufe au village............. vol.
   II. L'Envers et l'Endroit de la vie parisienne.. 1 vol.
Longfellow. — Hypérion et Kavanagh............ 2 vol.
Marvel. — Rêveries d'un célibataire.............. 1 d.
Marc Bayeux. — Les Gens d'église............. 1 vol
Alarcon. — Le Finale de Norma.............. 1
Alby. — L'Olympe à Paris, ou les Dieux en habit noir...... 1 vol
Auerbach. — Au village et à la cour............. 2 vol.
Barrué. — Zéphyrin Brunon; histoire d'un parvenu....... 1 vol.
Blum. — Entre Bicêtre et Charenton............. 1 vol.
Bonnemère. — Le Roman de l'avenir............. 1 v
Breteh. — Gabrielle. Les Pervenches............ 1 vol.
Claude. — Le Roman de l'Amour.............. 1 vol.
Daudet. — Les Douze Danseuses du château de Lamôle.... 1 vol.
Dérisoud. — Les Petits Crimes............... 1 vol.
Dollfus. — Mardoche. La Revanche du hasard. La Villa ... 1 vol.
Garcin. — Léonie. Essai d'éducation par le roman........ 1 vol.
Gastineau. — La Dévote.................. 1 vol.
Joliet. — L'Envers d'une Campagne. Italie (1859)....... 1 vol.
Pessard. — Yo, ou les Principes de 89............ 1 ol.
Richard. — Un Péché de vieillesse.............. 1
— La Galère conjugale.............. 1
Sand (Maurice). — Le Coq aux cheveux d'or......... 1
Scholl. — Les Nouveaux Mystères de Paris........... 5
Serret. — Les Heures perdues. Poésies............ 1
Ulbach. — La Chauve-Souris................ 1
Zola. — La Confession de Claude.............. 1

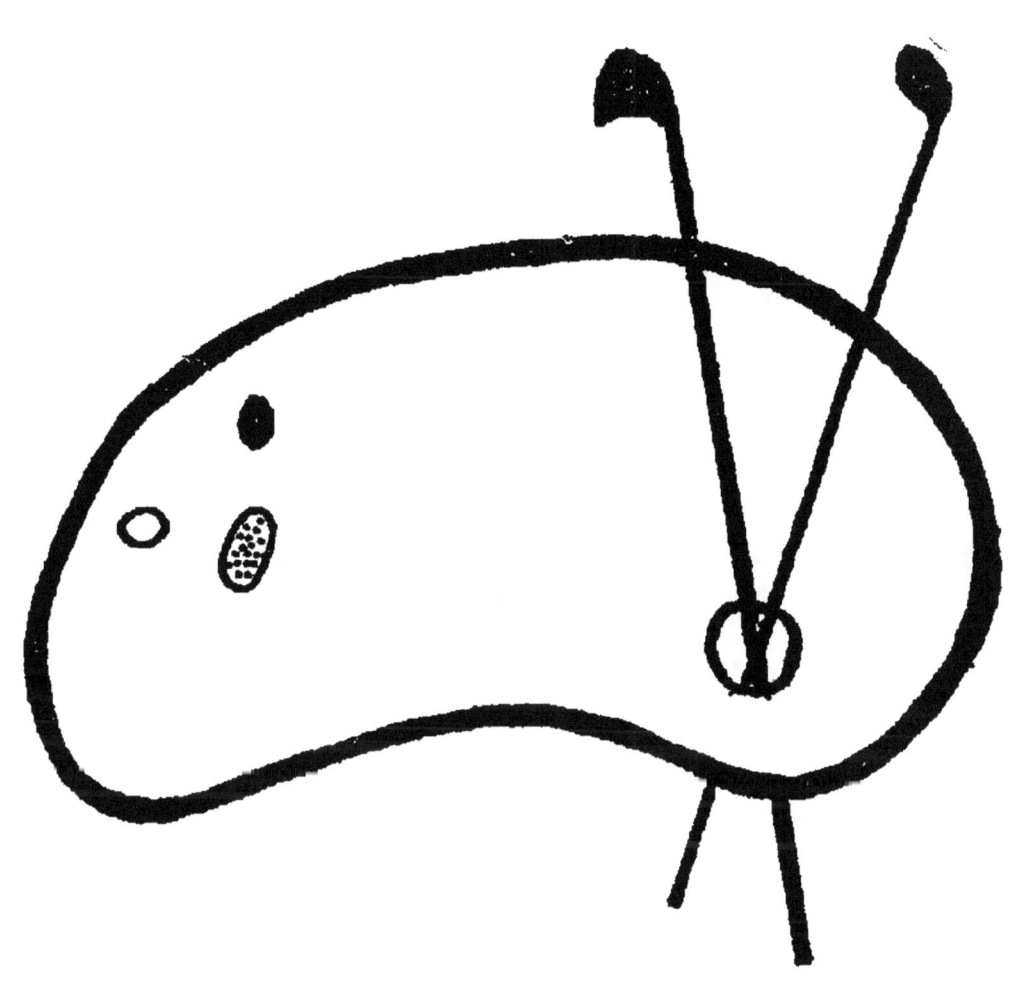

FIN D'UNE SERIE DE DOCUMENTS EN COULEUR

MANETTE
SALOMON

DES MÊMES AUTEURS

Idées et Sensations. 1 vol. in-8 . . . . 5 fr.

HISTOIRE

La Femme au dix-huitième siècle. 1 vol. in-8. . . . . 5 »
Portraits intimes du dix-huitième siècle. 2 vol. in-18. . . . . 6 »
Les Maitresses de Louis XV. 2 vol. in-8. . . . . 10 »
Histoire de Marie-Antoinette. 3ᵉ édit. 1 vol. in-18. . . . . . . 3 »
Histoire de la Société française pendant la Révolution.
   3ᵉ édit. 1 vol. in-18. . . . . 3 »
Histoire de la Société française pendant le Directoire.
   3ᵉ édit. 1 vol. in-18. . . . . 3 »

ART

L'Art du dix-huitième siècle. (Études imprimées chez Louis Perrin, illustrées d'eaux-fortes.) Livraisons parues : *Watteau, Prudhon, les Saint-Aubin, Boucher, Greuze, Chardin, Fragonard, Debucourt, La Tour*. Prix de chaque livraison . . . . 5 »

ROMAN

Les Hommes de lettres. 1 vol. in-18. . . . . 3 »
Sœur Philomène. 1 vol. in-18. . . . . 2 »
Renée Mauperin. 1 vol. in-18. . . . . 3 »
Germinie Lacerteux. 2ᵉ édit. 1 vol. in-18 . . . . 3 »

THÉATRE

Henriette Maréchal. 3ᵉ édit. 1 vol. in-18. . . . . 2 »

SOUS PRESSE

La Lorette. 1 vol. de luxe, gr. in-8ᵉ, avec 14 illustrations par Rops. 6 »

Imprimerie L. Poupart-Davyl, rue du Bac, 30, à Paris.

EDMOND & JULES DE GONCOURT

MANETTE SALOMON

TOME PREMIER

DEUXIÈME ÉDITION

PARIS
LIBRAIRIE INTERNATIONALE
15, BOULEVARD MONTMARTRE

A. LACROIX, VERBOECKHOVEN & Cⁱᵉ, ÉDITEURS
A Bruxelles, à Leipzig et à Livourne

1868
Tous droits de traduction et de reproduction réservés

MANETTE SALOMON

I

On était au commencement de novembre. La dernière sérénité de l'automne, le rayonnement blanc et diffus d'un soleil voilé de vapeurs de pluie et de neige, flottait, en pâle éclaircie, dans un jour d'hiver.

Du monde allait dans le Jardin des Plantes, montait au labyrinthe, un monde particulier, mêlé, cosmopolite, composé de toutes les sortes de gens de Paris, de la province et de l'étranger, que rassemble ce rendez-vous populaire.

C'était d'abord un groupe classique d'Anglais et d'Anglaises à voiles bruns, à lunettes bleues.

Derrière les Anglais, marchait une famille en deuil.

Puis suivait, en traînant la jambe, un malade, un voisin du jardin, de quelque rue d'à côté, les pieds dans des pantoufles.

Venaient ensuite : un sapeur, avec, sur sa manche, ses deux haches en sautoir surmontées d'une grenade; — un prince jaune, tout frais habillé de Dusautoy, accompagné d'une espèce d'heiduque à figure de Turc, à dolman d'Albanais; — un apprenti maçon, un petit gâcheur débarqué du Limousin, portant le feutre mou et la chemise bise.

Un peu plus loin, grimpait un interne de la Pitié, en casquette, avec un livre et un cahier de notes sous le bras. Et presque à côté de lui, sur la même ligne, un ouvrier en redingote, revenant d'enterrer un camarade au Montparnasse, avait encore, de l'enterrement, trois fleurs d'immortelle à la boutonnière.

Un père, à rudes moustaches grises, regardait courir devant lui un bel enfant, en robe russe de velours bleu, à boutons d'argent, à manches de toile blanche, au cou duquel battait un collier d'ambre.

Au-dessous, un ménage de vieilles amours laissait voir sur sa figure la joie promise du dîner du soir en cabinet, sur le quai, à la *Tour d'argent.*

Et, fermant la marche, une femme de chambre tirait et traînait par la main un petit négrillon, embarrassé dans sa culotte, et qui semblait tout triste d'avoir vu des singes en cage.

Toute cette procession cheminait dans l'allée qui s'enfonce à travers la verdure des arbres verts, entre le petit bois froid d'ombre humide, aux troncs végétants de moisissure, à l'herbe couleur de mousse mouillée, au lierre foncé et presque noir. Arrivé au cèdre, l'Anglais le montrait, sans le regarder, aux miss, dans le Guide; et la colonne, un moment arrêtée, reprenait sa marche, gravissant le chemin ardu du labyrinthe d'où roulaient des cerceaux de gamins fabriqués de cercles de tonneaux, et des descentes folles de petites filles faisant sauter à leur dos des cornets à bouquin peints en bleu.

Les gens avançaient lentement, s'arrêtant à la boutique d'ouvrages en perles sur le chemin, se frôlant et par moments s'appuyant à la rampe de fer contre la charmille d'ifs taillés, s'amusant, au dernier tournant, des micas qu'allume la lumière de trois heures sur les bois pétrifiés qui portent le belvédère, clignant des yeux pour lire le vers latin qui tourne autour de son bandeau de bronze :

Horas non numero nisi serenas.

Puis, tous entrèrent un à un sous la petite coupole à jour.

Paris était sous eux, à droite, à gauche, partout.

Entre les pointes des arbres verts, là où s'ouvrait un peu le rideau des pins, des morceaux de la grande ville s'étendaient à perte de vue. Devant eux, c'étaient d'abord des toits pressés, aux tuiles brunes, faisant des masses d'un ton de tan et de marc de raisin, d'où se détachait le rose des poteries des cheminées. Ces larges teintes étalées, d'un ton brûlé, s'assombrissaient et s'enfonçaient dans du noir-roux en allant vers le quai. Sur le quai, les carrés de maisons blanches, avec les petites raies noires de leurs milliers de fenêtres, formaient et développaient comme un front de caserne d'une blancheur effacée et jaunâtre, sur laquelle reculait, de loin en loin, dans le rouillé de la pierre, une construction plus vieille. Au delà de cette ligne nette et claire, on ne voyait plus qu'une espèce de chaos perdu dans une nuit d'ardoise, un fouillis de toits, des milliers de toits d'où des tuyaux noirs se dressaient avec une finesse d'aiguille, une mêlée de faîtes et de têtes de maisons enveloppées par l'obscurité grise de l'éloignement, brouillées dans le fond du jour baissant; un fourmillement de demeures, un gâchis de lignes et d'architectures, un amas de pierres pareil à l'ébauche et à l'encombrement d'une carrière, sur lequel dominaient et planaient le chevet et le dôme d'une église, dont la nuageuse solidité ressemblait à une vapeur condensée. Plus loin, à la dernière ligne de l'horizon, une colline, où l'œil devinait une sorte d'enfouissement de maisons, figurait vaguement les étages d'une falaise dans un brouillard de mer. Là-dessus pesait un grand nuage, amassé sur tout le bout de Paris qu'il couvrait, une nuée lourde, d'un violet sombre, une nuée de Septentrion, dans laquelle la respiration de fournaise de la grande ville et la vaste bataille de la vie de millions d'hommes semblaient mettre comme des poussières de combat et des fumées d'incendie. Ce nuage s'élevait et finissait en déchirures aiguës sur une clarté où s'éteignait, dans du rose, un peu de vert pâle. Puis revenait un ciel dépoli et couleur d'étain, balayé de lambeaux d'autres nuages gris.

En regardant vers la droite, on voyait un Génie d'or sur une colonne, entre la tête d'un arbre vert se colorant dans ce ciel d'hiver d'une chaleur olive, et les plus hautes branches du cèdre, planes, étalées, gazonnées, sur lesquels les oiseaux marchaient en sautillant comme sur une pelouse. Au delà de la cime des sapins, un peu balancés, sous lesquels s'apercevait nue, dépouillée, rougie, presque carminée, la grande allée du jardin, plus haut que les immenses toits de tuile verdâtres de la Pitié et que ses lucarnes à chaperon de crépi blanc, l'œil embrassait tout l'espace entre le dôme de la Salpêtrière et la masse de l'Observatoire : d'abord, un grand plan d'ombre ressemblant à un lavis d'encre de Chine sur un dessous de sanguine, une zone de tons ardents et bitumineux, brûlés de ces roussissures de gelée et de ces chaleurs d'hiver qu'on retrouve sur la palette d'aquarelle des Anglais ; puis, dans la finesse infinie d'une teinte dégradée, il se levait un rayon blanchâtre, une vapeur laiteuse et nacrée, trouée du clair des bâtisses neuves, et où s'effaçaient, se mêlaient, se fondaient, en s'opalisant, une fin de capitale, des extrémités de faubourgs, des bouts de rues perdues. L'ardoise des toits pâlissait sous cette lueur suspendue qui faisait devenir noires, en les touchant, les fumées blanches dans l'ombre. Tout au loin, l'Observatoire apparaissait, vaguement noyé dans un éblouissement, dans la splendeur féerique d'un coup de soleil d'argent. Et à l'extrémité de droite, se dressait la borne de l'horizon, le pâté du Panthéon, presque transparent dans le ciel, et comme lavé d'un bleu limpide.

Anglais, étrangers, Parisiens, regardaient de là-haut de tous côtés; les enfants étaient montés, pour mieux voir, sur le banc de bronze, quand quatre jeunes gens entrèrent dans le belvédère.

— Tiens! l'homme de la lorgnette n'y est pas, — fit l'un en s'approchant de la lunette d'approche fixée par une ficelle à la balustrade. Il chercha le point, braqua la lunette : — Ça y est! attention! — se retourna vers le groupe d'Anglais qu'il avait derrière lui, dit à une des Anglaises : — Milady, voilà! confiez-moi votre œil... Je n'en abuserai pas! Approchez, mesdames et messieurs! je vais vous faire voir ce que vous allez voir! et un peu mieux que ce préposé aux horizons du Jardin des Plantes qui a deux colonnes torses en guise de jambes... Silence! et je commence!...

L'Anglaise, dominée par l'assurance du démonstrateur, avait mis l'œil à la lorgnette.

— Messieurs ! c'est sans rien payer d'avance, et selon les moyens des personnes !... *Spoken here! Time is money! Rule Britannia! All right!* Je vous dis ça, parce qu'il est toujours doux de retrouver sa langue dans la bouche d'un étranger... Paris ! messieurs les Anglais, voilà Paris ! C'est ça !... c'est tout ça... une crâne ville !... j'en suis, et je m'en flatte ! Une ville qui fait du bruit, de la boue, du chiffon, de la fumée, de la gloire... et de tout ! du marbre en carton-pierre, des grains de café avec de la terre glaise, des couronnes de cimetière avec de vieilles affiches de spectacle, de l'immortalité en pain d'épice, des idées pour la province, et des femmes pour l'exportation ! Une ville qui remplit le monde... et l'Odéon, quelquefois ! Une ville où il y a des dieux au cinquième, des éleveurs d'asticots en chambre, et des professeurs de thibétain en liberté ! La capitale du Chic, quoi ! Saluez !... Et maintenant ne bougeons plus ! Ça ? milady, c'est le cèdre, le vrai, du Liban, rapporté d'un chœur d'Athalie, par M. de Jussieu, dans son chapeau !... Le fort de Vincennes ! On compte deux lieues, mes gentlemen ! On a abattu le chêne sous lequel Saint Louis rendait la justice, pour en faire les bancs de la cour de Cassation... Le château a été démoli, mais on l'a reconstruit en liége, sous Charles X : c'est parfaitement imité, comme vous voyez... On y voit les mânes de Mirabeau, tous les jours, de midi à deux heures, avec des protections et un passe-port... Le Père-Lachaise! le faubourg Saint-Germain des morts : c'est plein d'hôtels... Regardez à droite, à gauche... Vous avez devant vous le monument à Casimir Périer, ancien ministre, le père de M. Guizot... La colonne de Juillet, suivez! bâtie par les prisonniers de la Bastille pour en faire une surprise à leur gouverneur... On avait d'abord mis dessus le portrait de Louis-Philippe, Henri IV avec un parapluie; on l'a remplacé par cette machine dorée : la Liberté qui s'envole; c'est d'après nature... On a dit qu'on la muselait dans les chaleurs, à l'anniversaire des Glorieuses : j'ai demandé au gardien, ce n'est pas vrai... Regardez bien, milady, il y a un militaire auprès de la Liberté : c'est toujours comme ça en France... Ça? c'est rien, c'est une église... Les buttes Chaumont... Distinguez le monde... On reconnaîtrait ses enfants naturels!... Maintenant, milady, je vais vous la placer à Montmartre... La tour du télégraphe... Montmartre, *mons martyrum*... d'où vient la rue des Martyrs, ainsi nommée parce qu'elle est remplie de peintres qui s'exposent volontairement aux bêtes chaque année, à l'époque de l'Exposition... Là-dessous, les toits rouges? ce sont les Catacombes pour la soif, l'Entrepôt des vins, rien que cela, mademoiselle!... Ce que vous ne voyez pas après, c'est simplement la Seine, un fleuve connu et pas fier, qui lave l'Hôtel-Dieu, la Préfecture de Police, et l'Institut !... On dit que dans le temps il baignait la Tour de Nesle... Maintenant, demi-tour à droite, droite alignement ! Voilà Sainte-Geneviève... A côté, la tour Clovis... c'est fréquenté par des revenants qui y jouent du cor de chasse chaque fois qu'il meurt un professeur de Droit comparé... Ici, c'est le Panthéon... le Panthéon, milady, bâti par Soufflot, pâtissier... C'est, de l'aveu de tous ceux qui le voient, un des plus grands gâteaux de Savoie du monde... Il y avait autrefois dessus une rose : on l'a mise dans les cheveux de Marat quand on l'y a enterré... L'arbre des Sourds-et-Muets... un arbre qui a grandi dans le silence... le plus élevé de Paris... On dit que quand il fait beau, on voit de tout en haut la solution de la question d'Orient... Mais il n'y a que le ministre des affaires étrangères qui ait le droit d'y monter !... Ce monument égyptien ? Sainte-Pélagie, milady... une maison de campagne, élevée par les créanciers en faveur de leurs débiteurs... Le bâtiment n'a rien de remarquable que le cachot où M. de Jouy, surnommé « l'Homme au masque de coton », apprivoisait des hexamètres avec un flageolet... Il y a encore un mur teint de sa prose !... La Pitié... un omnibus pour les pékins malades, avec correspondance pour le Montparnasse, sans augmentation de prix, les dimanches et fêtes... Le Val-de-Grâce, pour MM. les militaires... Examinez le dôme, c'est d'un nommé Mansard, qui prenait des casques dans les tableaux de Lebrun pour en coiffer ses monuments... Dans la cour, il y a une statue élevée par Louis XIV au baron Larrey... L'Observatoire... Vous voyez, c'est une lanterne magique... il y a des Savoyards attachés à l'établissement pour vous montrer le Soleil et la Lune... C'est là qu'est enterré Mathieu Laensberg, dans une lorgnette... en long... Et ça... la Salpêtrière, milady, où l'on enferme les femmes plus folles que les autres ! Voilà !... Et maintenant, à la générosité de la société ! — lança le démonstrateur de Paris.

Il ôta son chapeau, fit le tour de l'auditoire, dit merci à tout ce qui tomba au fond de sa vieille coiffe, aux gros sous comme aux pièces blanches, salua et se sauva à toutes jambes, suivi de ses trois compagnons qui étouffaient de rire en disant : — Cet animal d'Anatole !

Au cèdre, devant un vieux curé qui lisait son bréviaire, assis sur le banc contre l'arbre, il s'arrêta, renversa ce qu'il y avait dans son chapeau sur les genoux du prêtre, lui jeta : — Monsieur le curé, pour vos pauvres !

Et le curé, tout étonné de cet argent, le regardait encore dans le creux de sa pauvre soutane, que le donneur était déjà loin.

II

A la porte du Jardin des Plantes, les quatre jeunes gens s'arrêtèrent.

— Où dîne-t-on? — dit Anatole.

— Où tu voudras, — répondirent en chœur les trois voix.

— Qu'est-ce qui *en* a? — reprit Anatole.

— Moi, je n'ai pas grand'chose, — dit l'un.

— Moi, rien, — dit l'autre.

— Alors ce sera Coriolis... — fit Anatole en s'adressant au plus grand, dont la mise élégante contrastait avec le débraillé des autres.

— Ah! mon cher, c'est bête... mais j'ai déjà mangé mon mois... je suis à sec... Il me reste à peine de quoi donner à la portière de Boissard pour la cotisation du punch...

— Quelle diable d'idée tu as eue de donner tout cet argent à ce curé! — dit à Anatole un garçon aux longs cheveux.

— Garnotelle, mon ami, — répondit Anatole, — vous avez de l'élévation dans le dessin. . mais pas dans l'âme!... Messieurs, je vous offre à dîner chez Gourganson... J'ai l'*œil*... Par exemple, Coriolis, il ne faut pas t'attendre à y manger des pâtés de harengs de Calais truffés comme à ta société du vendredi...

Et se tournant vers celui qui avait dit n'avoir rien :

— Monsieur Chassagnol, j'espère que vous me ferez l'honneur...

On se mit en marche. Comme Garnotelle et Chassagnol étaient en avant, Coriolis dit à Anatole, en lui désignant le dos de Chassagnol :

— Qu'est-ce que c'est, ce monsieur-là, hein ? qui a l'air d'un vieux fœtus...

— Connais pas... mais pas du tout... Je l'ai vu une fois avec des élèves de Gleyre, une autre fois avec des élèves de Rude... Il dit des choses sur l'art, au dessert, il m'a semblé... Très-collant... Il s'est accroché à nous depuis deux ou trois jours... Il va où nous mangeons... Très-fort pour reconduire, par exemple... Il vous lâche à votre porte à des heures indues... Peut-être qu'il demeure quelque part, je ne sais pas où... Voilà !

Arrivés à la rue d'Enfer, les quatre jeunes gens entrèrent par une petite allée dans une arrière-salle de crèmerie. Dans un coin, un gros gaillard noir et barbu, coiffé d'un grand chapeau gris, mangeait sur une petite table.

— Ah ! l'homme aux bouillons... — fit Anatole en l'apercevant.

— Ceci, monsieur, — dit-il à Chassagnol, — vous représente... le dernier des amoureux !... un homme dans la force de l'âge, qui a poussé la timidité, l'intelligence, le dévouement et le manque d'argent jusqu'à fractionner son dîner en un tas de cachets de consommé... ce qui lui permet de considérer une masse de fois dans la journée l'objet de son culte, mademoiselle ici présente...

Et d'un geste, Anatole montra mademoiselle Gourganson qui entrait, apportant des serviettes.

— Ah! tu étais né pour vivre au temps de la chevalerie, toi! Laisse donc, je connais les femmes... j'avance joliment tes affaires, va, farceur! — Et il donna un amical renfoncement au jeune homme barbu qui voulut parler, bredouilla, devint pourpre, et sortit.

Le crémier apparut sur le seuil :

— Monsieur Gourganson! monsieur Gourganson! — cria Anatole, — votre vin le plus extraordinaire... à 12 sous!... et des bifteacks... des vrais!... pour monsieur... — il indiqua Coriolis — qui est le fils naturel de Chevet... Allez!

. . . .
. . . .

— Dis donc, Coriolis, — fit Garnotelle, — ta dernière académie... j'ai trouvé ça bien... mais très-bien...

— Vrai?... vois-tu, je cherche... mais la nature!... faire de la lumière avec des couleurs...

— Qui ne la font jamais... — jeta Chassagnol.
— C'est bien simple, faites l'expérience... Sur un miroir posé horizontalement, entre la lumière qui

le frappe et l'œil qui le regarde, posez un pain de blanc d'argent : le pain de blanc, savez-vous de quelle couleur vous le verrez? D'un gris intense, presque noir, au milieu de la clarté lumineuse...

Coriolis et Garnotelle regardèrent, après cette phrase, l'homme qui l'avait dite.

— Qu'est-ce que c'est que ça? — Anatole, en cherchant dans sa poche du papier à cigarette, venait de retrouver une lettre. — Ah! l'invitation des élèves de Chose... une soirée où l'on doit brûler toutes les critiques du Salon dans la chaudière des sorcières de Macbeth... Il est bon, le post-scriptum : « Chaque invité est tenu d'apporter une bougie... »

Et coupant une conversation sur l'École allemande qui s'engageait entre Chassagnol et Garnotelle : — Est-ce que vous allez nous embêter avec Cornélius?.. Les Allemands! la peinture allemande!... Mais on sait comment ils peignent, les Allemands... Quand il ont fini leur tableau, ils réunissent toute leur famille, leurs enfants, leurs petits-enfants... ils lèvent religieusement la serge verte qui recouvre toujours leur toile... Tout le monde s'agenouille... Prière sur toute la ligne... et alors ils posent le point visuel... C'est comme ça! C'est vrai comme... l'histoire!

— Es-tu bête! — dit Coriolis à Anatole. — Ah ça! dis donc, tes bifteacks, pour des bifteacks soignés...

— Oui, ils sont immangeables... Attendez... Donnez-moi-les tous... — et il les réunit dans une assiette qu'il cacha sous la table. Puis, profitant d'une sortie de la fille de Gourganson, il disparut par une petite porte vitrée au fond de la salle.

— Ça y est, — dit-il en revenant au bout d'un instant. — Ah! tu ne connais pas la tradition de la maison... Ici, quand les bifteacks ne sont pas tendres, on va les fourrer dans le lit de Gourganson... C'est sa punition... Après ça, c'est peut-être aussi sa santé... J'ai connu un Russe qui en avait toujours un... cru... dans le dos.

— Qu'est-ce qu'on fait à l'hôtel Pimodan? — demanda Garnotelle à Coriolis.

— Mais c'est très-amusant, dit Coriolis. D'abord, Boissard est très-bon garçon... Beaucoup de gens connus et très-amusants... Théophile Gautier... la bande de Meissonier... On fait de la musique dans un salon... dans l'autre, on cause peinture, littérature... de tout... Et une antichambre avec des statues... grand genre et pas cher... Un dîner tous les mois... nous avons déboursé chacun six francs pour un couvert en Ruolz... Ça se termine généralement par un punch... Nous avons Monnier qui est superbe! Il a eu la dernière fois une charge belge, les *prenkirs*... étourdissante!... Et puis Feuchères, qui fait des imitations de soldat, des histoires de Bridet à se tordre... Un monde bon enfant et pas trop canaille... On bavarde, on rit, on se monte... Tout le monde dit des mots drôles... L'autre jour, en sortant, je reconduisais Magimel le lithographe... Il me dit : « Ah! comme j'ai vieilli!..... Autrefois, les rues étaient trop étroites... je battais les deux murs. Maintenant c'est à peine si j'accroche un volet!... »

— Quel homme du monde ça fait, ce Coriolis! Il va chez Boissard, excusez! — fit Anatole. — Mais tu t'es trompé d'atelier, mon vieux... tu aurais dû entrer chez Ingres... Vous savez, ils sont bons, les Ingres! ils se demandent de leurs nouvelles! Plus que ça de genre!

Pour réponse, le grand Coriolis prit avec sa main forte et nerveuse la tête d'Anatole, et fit, en jouant, la menace de la lui coucher dans son assiette.

— Qui est-ce qui a vu le *Premier baiser de Chloé*, de Brinchard, qui est exposé chez Durand Ruel? — demanda Garnotelle.

— Moi... C'est d'un réussi... — dit Anatole..... — Ça m'a rappelé le baiser d'Houdon...

— Oh! un baiser!... — lança Chassagnol. — Ça, un baiser! cette machine en bois! Un baiser, ça? Un baiser de ces poupées antiques qu'on voit dans une armoire au Vatican, je ne dis pas... Mais un baiser vivant, cela? Jamais! non, jamais!... Rien de frémissant... rien qui montre ce courant électrique sur les grands et les petits foyers sensibles... rien qui annonce la répercussion de l'embrassement dans tout l'être... Non, il faut que le malheureux qui a fait cela ne se doute pas seulement de ce que c'est que les lèvres... Mais les lèvres, c'est revêtu d'une cuticule si fine qu'un anatomiste a pu dire que leurs papilles nerveuses n'étaient pas recouvertes, mais seulement gazées, *gazées,* c'est son mot, par cet épiderme... Eh bien! ces papilles nerveuses, ces centres de sensibilité fournis par les rameaux des nerfs tri-jumeaux ou de la cinquième paire, communiquent par des anastomoses avec tous les nerfs profonds et superficiels de la tête... Ils s'unissent, de proche en proche, aux paires cervicales, qui ont des rapports avec le nerf intercostal ou le *grand sympathique,* le grand charrieur des émotions humaines au plus profond, au plus intime de l'organisme... le *grand sympathique* qui communique avec la paire vague ou nerfs de la huitième paire, qui embrasse tous les viscères de la poitrine, qui touche au cœur, qui touche au cœur!...

— Neuf heures et demie... Je me sauve, — dit Coriolis.

— Je m'en vais avec toi, — fit Anatole; et, sur la porte, son geste appela Garnotelle, comme s'il lui disait : Viens donc!...

Garnotelle voulut se lever, mais Chassagnol le fit rasseoir, en le prenant par un bouton de sa redingote, et il continua à lui exposer la circulation de la sensation du baiser d'une extrémité à l'autre du corps humain.

III

En ce temps, le temps où ces trois jeunes gens entraient dans l'art, vers l'année 1840, le grand mouvement révolutionnaire du Romantisme qu'avaient vu se lever les dernières années de la Restauration, finissait dans une sorte d'épuisement et de défaillance. On eût cru voir tomber, s'affaisser le vent nouveau et superbe, le souffle d'avenir qui avait remué l'art. De hautes espérances avaient sombré avec le peintre de la *Naissance d'Henri IV*, Eugène Deveria, arrêté sur son éclatant début. Des tempéraments brillants, ardents, pleins de promesses, annonçant le dégagement futur d'une personnalité, allaient, comme Chassériau, de l'ombre d'un maître à l'ombre d'un autre, ramassant sous les chefs d'école, dont ils essayaient de fusionner les qualités, un éclectisme bâtard et un style inquiet.

Des talents qui s'étaient affirmés, qui avaient eu leur jour d'inspiration et d'originalité, désertaient l'art pour devenir les ouvriers de ce grand musée de Versailles, si fatal à la peinture par l'officiel de ses sujets et de ses commandes, la hâte exigée de l'exécution, tous ces travaux à la toise et à la tâche, qui devaient faire de la Galerie de nos gloires l'école et le Panthéon de la pacotille.

En dehors de ces causes extérieures, les faillites d'avenir, les désertions, les séductions par les commandes et l'argent du budget, en dehors même de l'action, appuyée par la grande critique, des œuvres et des hommes en lutte avec le Romantisme, il y avait pour l'affaiblissement de la nouvelle école des causes intérieures, spéciales, et tenant aux habitudes, à la vie, aux fréquentations des artistes de 1830. Il était arrivé peu à peu que le Romantisme, cette révolution de la peinture, bornée presque à ses débuts à un affranchissement de palette, s'était laissé entraîner, enfiévrer par une intime mêlée avec les lettres, par la société avec le livre ou le faiseur de livres, par une espèce de saturation littéraire, un abreuvement trop large à la poésie, l'enivrement d'une atmosphère de lyrisme.

De là, de ce frottement aux idées, aux esthétiques, il était sorti des peintres de cerveau, des peintres poëtes. Quelques-uns ne concevaient un tableau que dans le cadre d'un vague symbolisme dantesque. D'autres, d'instinct germain, séduits par les *lieds* d'outre-Rhin, se perdaient dans des brumes de rêverie, noyaient le soleil des mythologies dans la mélancolie du fantastique, cherchaient les Muses au Walpurgis. Un homme d'un talent distingué, Ary Scheffer, marchait en tête de ce petit groupe. Il peignait des âmes, les âmes blanches et lumineuses créées par les poëmes. Il modelait les anges de l'imagination humaine. Les larmes des chefs-d'œuvre, le souffle de Gœthe, la prière de saint Augustin, le Cantique des souffrances morales, le chant de la Passion de la chapelle Sixtine, il tentait de mettre cela dans sa toile, avec la matérialité du dessin et des couleurs. Le *sentimentalisme*, c'était par là que le larmoyeur des tendresses de la femme essayait de rajeunir, de renouveler et de passionner le spiritualisme de l'art.

La désastreuse influence de la littérature sur la peinture se retrouvait à l'autre bout du monde artiste, dans un autre homme, un peintre de prose, Paul Delaroche, l'habile arrangeur théâtral, le très-adroit metteur en scène des cinquièmes actes de chronique, l'élève de Walter Scott et de Casimir Delavigne, figeant le passé dans le trompe-l'œil d'une couleur locale à laquelle manquait la vie, le mouvement, la résurrection de l'émotion.

De tels hommes, malgré la mode du moment et la gloire viagère du succès, n'étaient, au fond, que des personnalités stériles. Ils pouvaient monter un atelier, faire des élèves; mais la nature de leur tempérament, le principe d'infécondité de leurs œuvres, les condamnaient à ne pas créer d'école. Leur action, restreinte fatalement à un petit cercle de disciples, ne devait jamais s'élever à cette large influence des maîtres qui décident les courants, déterminent la vocation d'avenir d'une génération, font lever le lendemain de l'art des talents d'une jeunesse.

Au-dessous de la grande peinture, parmi les genres créés ou renouvelés par le mouvement romantique, le paysage se débattait, encore à demi méconnu, presque suspect, contre les sévérités du jury et les préjugés du public. Malgré les noms de Dupré, de Cabat, de Huet, de Rousseau qui ne pouvait forcer les portes du Salon, le paysage n'avait point alors l'autorité, la considération, la place dans l'art qu'il devait finir par conquérir à coups de chefs-d'œuvre. Et ce genre, réputé inférieur et bas, contre lequel s'élevaient les idées du passé, les défiances du présent, n'avait guère de tentation pour le jeune talent indécis dans sa voie et cherchant sa carrière. L'orientalisme, né avec Decamps et Marilhat, paraissait épuisé avec eux. Ce qu'avait essayé de remuer Géricault dans la peinture française semblait mort. On ne voyait nulle tentative, nul effort, nulle audace qui tentât la vérité, s'attaquât à la vie moderne, révélât aux jeunes ambitions en marche ce grand côté dédaigné de l'art : la contemporanéité. Couture ne faisait qu'exposer son premier tableau, l'*Enfant prodigue*. Et depuis quelques années, il n'y avait guère eu qu'un coloriste sorti des talents nouveaux : un petit peintre de génie naturel, de tempérament et de caprice, jouant avec les féeries du soleil, doué du sentiment de la chair, et né, semblait-il, pour retrouver le Corrége dans une Orientale d'Hugo : Diaz avait apporté, à l'art de 1830 à 1840, sa franche et éblouissante originalité. Mais sa peinture était une peinture indifférente. Elle ne cherchait et ne donnait rien que la sensation de la lumière d'une femme ou d'une fleur. Elle ne parlait à la passion de personne. Toute âme lui manquait pour toucher et retenir à elle autre chose que les yeux.

Dans cette situation de l'art, rejetée, rattachée à la grande peinture par cette lassitude ou ce mépris des autres genres, la génération qui se levait, l'armée des jeunes gens nourris dans la pratique de la peinture historique ou religieuse, allait fatalement aux deux personnalités supérieures et dominantes, aux deux tempéraments extrêmes et absolus qui commandaient dans l'École d'alors aux passions et aux esprits. Ceux-ci demandaient l'inspiration au grand lutteur du Romantisme, à son dernier héros, au maître passionnant et aventureux, marchant dans le feu des contestations et des colères, au peintre de flamme qui exposait en 1839, *Cléopâtre*, *Hamlet* et les *Fossoyeurs;* en 1840, la *Justice de Trajan;* en 1841, l'*Entrée des Croisés à Constantinople*, un *Naufrage*, une *Noce juive*. Mais ce n'était qu'une minorité, cette petite troupe de révolutionnaires qui s'attachaient et se vouaient à Delacroix, attirés par la révélation d'un Beau qu'on pourrait appeler le Beau expressif. La grande majorité de la jeunesse, embrassant la religion des traditions et voyant la voie sacrée sur la route de Rome, fêtaient rue Montorgueil le retour de M. Ingres comme le retour du sauveur du Beau de Raphaël. Et c'est ainsi qu'avenirs, vocations, toute la jeune peinture, à ce moment, se tournaient vers ces deux hommes dont les deux noms étaient les deux cris de guerre de l'art : — Ingres et Delacroix.

IV

Anatole Bazoche était le fils d'une femme restée veuve sans fortune, qui avait eu l'intelligence de se faire une position dans une spécialité de la mode presque créée par elle. Entrepreneuse de broderie pour la haute confection, elle avait eu l'imagination de ces nouveautés bizarres qui charmèrent le goût de la Restauration et des premières années du règne de Louis-Philippe : les ridicules à pendants d'acier, les manchons en velours noir avec broderie en soie jaune représentant des kiosques, les boas pour l'exportation, roses, brodés d'argent et recouverts de tulle noir. Au milieu de cela, elle avait eu aussi l'invention de toilettes de féerie : c'était elle qui avait introduit la *lame* dans les robes de bal, édité les premières robes à *étincelles,* étonné les bals citoyens des Tuileries avec ces jupes et ces corsages où scintillaient des élytres d'insectes des Antilles. A ce métier de trouveuse d'idées et de dessins, elle gagnait de huit à dix mille francs par an.

Elle mit Anatole au collége Henri IV.

Au collége, Anatole dessina des bonshommes en marge de ses cahiers. Le professeur Villemereux qui s'y reconnut, en le mettant aux arrêts pour cela, lui prédit la potence, — une prédiction qui commença à mettre autour d'Anatole le respect contagieux dans les foules pour les grands criminels et les caractères extraordinaires. Puis, plus tard, en le voyant exécuter à la plume, trait pour trait, taille pour taille, des bois de Tony Johannot du *Paul et Virginie* publié par Curmer, ses camarades prirent pour lui une espèce d'admiration. Penchés sur son épaule, ils suivaient sa main, retenant leur souffle, pleins de l'attention religieuse des enfants devant ce mystère de l'art : le miracle du trompe-œil. Autour de lui on murmurait tout bas : « Oh! lui, il sera peintre! » Il sentait la classe le regarder avec des yeux moitié fiers et moitié envieux, comme si elle le voyait déjà destiné à une carrière de génie.

Son idée d'être peintre lui vint peu à peu de là : de la menace de ses professeurs, de l'encouragement de ses camarades, de ce murmure du collége qui dicte un peu l'avenir à chacun. Sa vocation se dégagea d'une certaine facilité naturelle, de la paresse de l'enfant adroit de ses mains, qui dessine à côté de ses devoirs, sans le coup de foudre, sans l'illumination soudaine qui fait jaillir un talent du choc d'un morceau d'art ou d'une scène de nature. Au fond, Anatole était bien moins appelé par l'art qu'il n'était attiré par la vie d'artiste. Il rêvait l'atelier. Il y aspirait avec les imaginations du collége et les appétits de sa nature. Ce qu'il y voyait, c'était ces horizons de la Bohême qui enchantent, vus de loin : le roman de la Misère, le débarras du lien et de la règle, la liberté, l'indiscipline, le débraillé de la vie, le hasard, l'aventure, l'imprévu de tous les jours, l'échappée de la maison rangée et ordonnée, le sauve qui peut de la famille et de l'ennui de ses dimanches, la blague du bourgeois, tout l'inconnu de volupté du modèle de femme, le travail qui ne donne pas de mal, le droit de se déguiser toute l'année, e sorte de carnaval éternel; voilà les images et les tentations qui se levaient pour lui de la carrière rigoureuse et sévère de l'art.

Mais comme presque toutes les mères de ce temps-là, la mère d'Anatole avait pour son fils un idéal d'avenir : l'École polytechnique. Le soir, en tisonnant son feu, elle voyait son Anatole coiffé d'un tricorne, l'habit serré aux hanches, l'épée au côté, avec l'auréole de la Révolution de 1830 sur son costume; et elle se regardait d'avance passer dans les rues, lui donnant le bras. Ce fut un grand coup quand Anatole lui parla de se faire artiste : il lui sembla qu'elle avait devant elle un officier qui déchirait son uniforme, et tout l'orgueil de son âge mûr s'écroula.

De la troisième jusqu'à la rhétorique, le collégien eut à chaque sortie à batailler avec elle. A la fin, comme il s'arrangeait toujours pour être le dernier en mathématiques, la mère, faible comme une veuve qui n'a qu'un fils, céda et se résigna en gémissant. Seulement, pour préserver autant que possible l'innocence d'Anatole, dans une carrière qui la faisait trembler d'avance par ses périls de toutes sortes, elle demanda à un vieil ami de chercher dans ses connaissances, et de lui indiquer un atelier où les mœurs de son fils seraient respectées.

A quelques jours de là, le vieil ami menait le jeune homme chez un élève de David qui s'appelait d'un nom fameux en l'an IX, Peyron, et qui consentait à recevoir Anatole sur le bien qu'on lui en disait.

Il y avait bien un embarras : l'atelier de M. Peyron était un atelier de femmes, mais d'âge si vénérable, sans aucune exception, qu'Anatole put y faire son entrée sans intimider personne. Il se trouva même à la fin du troisième jour occuper si peu ces respectables demoiselles, qu'il se sentit humilié dans sa qualité d'homme, et déclara péremptoirement le soir à sa mère qu'il ne voulait plus retourner dans une pareille pension de Parques.

Il entrait alors chez le peintre d'histoire Langibout, qui avait rue d'Enfer un atelier de soixante élèves. Il montait d'abord chez un élève nommé Corsenaire, qui travaillait dans le haut de la maison. Il y restait six mois à dessiner d'après la bosse; puis redescendait dans le grand atelier d'en bas, pour dessiner d'après le modèle vivant.

Il trouvait là Coriolis et Garnotelle entrés dans l'atelier depuis deux ou trois ans.

V

L'atelier de Langibout était un immense atelier peint en vert olive. Sur le mur d'un des côtés, sous le jour de la baie ouverte en face, se dressait la table à modèle, avec la barre de fer où s'attache la corde pour la pose des bras levés en l'air, les talonnières pour supporter le talon qui ne pose pas, le T en cuir verni où s'appuie le bras qui repose.

Une boiserie montait tout le long de l'atelier, à une hauteur de sept à huit pieds. Des grattages de palette, des adresses de modèles, des portraits-charges la couvraient presque entièrement. Un faux-col sur un pantalon représentait les longues jambes de l'un; un bilboquet caricaturait la grosse tête de l'autre; un garde national sortant d'une guérite par une neige qui lui argentait le nez et les épaulettes, moquait les ambitions miliciennes de celui-ci. Un gentilhomme amateur était représenté dans un bocal, sous la figure d'un cornichon, avec la devise au-dessous : *Semper viret*. Et çà et là, à travers les caricatures éparses, semées au hasard, on lisait : *Sarah Levy, la tête rien que la tête, rue des Barres-Saint-Paul;* et plus loin : *Armand David, fifre sous Louis XVI, modèle de tête, fait la canne.*

Sur une des parois latérales se levait le Discobole, moulage de Jacquet.

Les sculpteurs et les peintres, au nombre d'environ soixante, les sculpteurs avec leurs sellettes et leurs terrines à terre, les peintres, juchés sur de hauts tabourets, formaient trois rangs devant la table à modèle.

On voyait là :

Javelas, « l'homme aux bouillons, » le patito de mademoiselle Gourganson, le pâtira, le souffre-douleur de l'atelier, un méridional naïf, un *gobeur* avalant tout, et qu'on avait décidé à promener son chapeau gris la nuit, en lui affirmant que le clair de lune était le meilleur blanchisseur des castors; Javelas, auquel Anatole, en lui rognant un peu sa canne tous les jours, arriva au bout d'une semaine à persuader qu'il grandissait, et qu'il n'avait que le temps de se soigner, la croissance à son âge étant toujours un signe de maladie; Javelas qui était sculpteur, et qui avait pour spécialité les sujets de piété;

Lestonnat, aux cheveux en broussaille enflammée, aux yeux clignotants, aux cils d'albinos; Lestonnat ne voyant, des couleurs, que le blond et la tendresse, faisant des esquisses laiteuses et charmantes, peintre-né des mythologies plafonnantes;

Grandvoinet, un maigre garçon qu'on appelait *Moins-Cinq*, à cause de sa réponse aux arrivants, qui le trouvaient toujours le premier à l'atelier, et lui disaient : — Tiens, il est l'heure? — Non, messieurs, il est l'heure moins cinq minutes. Grand acheteur de gravures du Poussin, excellent et doux garçon, n'entrant en colère que lorsque le modèle avait oublié de poser son mouchoir sur le tabouret, et volait ainsi quelques secondes à la pose; le type du fruit sec exemplaire, dont l'application, la vocation ingrate, l'effort désespéré étaient respectés avec une sorte de commisération par la blague de ses camarades;

Le grand Lestringant, derrière le dos duquel Langibout s'arrêtait, étonné et souriant d'un détail exagéré ou forcé dans une académie bien dessinée : — « C'est bien, lui disait-il, vous voyez comme cela, c'est bien, mon ami, vous voyez comique... » Lestringant, qui devait obéir à sa vraie vocation, abandonner bientôt l'histoire pour mettre l'esprit de Paris dans la caricature;

Le petit Deloche, joli gamin, la mine spirituelle

et effrontée, arrivant la casquette en casseur, la blouse tapageuse, engueulant les modèles, faisant le crâne : il n'y avait pas trois mois qu'arrivant de son collége et de sa province dans des habits de première communion rallongés, et tombant dans l'atelier, au milieu d'une séance de modèle de femme, il était resté pétrifié devant « la madame » toute nue, ses yeux de petit garçon démesurément ouverts, les bras ballants, et laissant glisser de stupéfaction son carton par terre, au milieu du rire homérique des élèves ;

Rouvillain, un nomade, qui, dès qu'il avait pu réunir vingt francs, donnait rendez-vous à l'atelier pour qu'on lui fît la conduite jusqu'à la barrière Fontainebleau : de là, il s'en allait d'une trotte aux Pyrénées, frappant à la porte du premier curé qu'il trouvait le premier soir, lui faisant une tête de vierge ou une petite restauration, emportant une lettre pour un curé de plus loin ; et, de recommandations en recommandations, de curé en curé, gagnant la frontière d'Espagne, d'où il revenait à Paris par les mêmes étapes ;

Garbuliez, un Suisse, fils d'un *cabinotier* de Genève, qui avait rapporté de son pays le culte de son compatriote Grosclaude, et la charge du peintre Jean Belin chez le Grand-Turc ;

Malambic « et son sou de fusain », ainsi nommé par l'atelier, à cause de ses interminables jambes, éternellement enfermées dans un pantalon noir, et si justement comparées aux deux bâtons de charbon que les papetiers donnent pour un sou ;

Massiquot, beau d'une beauté antique, le front bas avec les cheveux frisés à la ninivite, des traits d'Antinoüs avec un sourire de Méphistophélès ; un garçon qui avait l'étoffe d'un grand sculpteur, mais dont le temps et le talent allaient se perdre dans la gymnastique, les tours de force, les excès d'exercice auxquels l'entraînait l'orgueil du développement de son corps ; Massiquot, le massier des élèves ;

Lemesureur, le massier de l'atelier, l'intermédiaire entre le maître et les élèves, l'homme de confiance du patron, qui reçoit la contribution mensuelle, écrit aux modèles, surveille le mobilier, et fait payer les tabourets et les carreaux cassés ; Lemesureur, ancien huissier de Montargis, marié à une repriseuse de cachemire, et qui faisait, dans l'atelier, un petit commerce, en achetant dix francs les têtes bien dessinées qu'il revendait à des pensionnats comme modèles ;

Schulinger, un Alsacien à tournure de caporal prussien, grand bredouilleur de français, qui brossait de temps en temps, entre deux saoûleries de bière, une figure rappelant le gris argentin de Velasquez ;

Blondulot, un petit vaurien de Paris, pris en sevrage par un amateur braque très-connu qui de temps en temps croyait découvrir un Raphaël dans quelque peintriot comme Blondulot, dont il surveillait les mœurs avec une jalousie intéressée de mère d'actrice, et qu'il allait recommander aux critiques, en disant : « Il est pur ! c'est un ange !... »

Jacquillat, qui n'avait aucun talent, mais que Langibout soignait : c'était le fils de ce Jacquillat qui avait donné des leçons de tour à M. de Clarac et qui exécutait l'étoile à huit cercles ;

Montariol, le mondain qui déjeunait souvent dans les crèmeries avec les domestiques des bals dont il sortait, le monsieur bien mis de l'atelier ; mais ayant dans ses élégances des solutions de continuité et des accrocs, et regardant l'heure à une montre dont le verre avait été recollé avec de la cire à cacheter ;

Lamoize, aux cheveux ras, au blanc de l'œil bleu, au teint indien, toujours serré dans un habit noir râpé ; un liseur, un républicain, un musicien, qui faisait de la peinture à idées ;

Dagousset, le louche, qui faisait loucher tous les yeux qu'il peignait par cette tendance singulière et fatale qu'ont presque tous les artistes à refléter dans leurs œuvres l'infirmité marquante de leur personne.

Puis c'était « Système », Système, auquel on ne connaissait de nom que ce sobriquet ; Système, peignant, à cloche-pied, la main gauche, tenant la palette, appuyée sur une tringle de fer ; Système posant sur son bras, dont il retroussait la manche, le ton de chair pris sur sa palette, et l'approchant du modèle pour le comparer ; Système qui partageait avec Javelas le rôle de martyr de l'atelier.

Et l'atelier Langibout possédait encore les deux types du *cuveur* et du *rêveur* dans le peintre Vivarais et le sculpteur Romanet. Vivarais était l'homme qui passait sa vie à « s'imprégner » sans presque jamais peindre ; et c'était Romanet qui disait un jour, sur le pas de sa porte, à Anatole :
— Vois-tu, mon cher, pour mon buste, il fallait le marbre... — Pourquoi pas en terre ? c'est s long, le marbre... — Non... je n'aurais pas eu la ligne rigide, le cassant du trait... Ça aurait été toujours mou, veule... Il me fallait le marbre, absolument le marbre... — Eh bien ! laisse-moi le voir... Je t'assure, je n'en parlerai pas... — Mon marbre ? mon marbre ? Il est là... — lui dit Romanet en se touchant le front.

Pêle-mêle étrange de talents et de nullités, de figures sérieuses et grotesques, de vocations vraies et d'ambitions de fils de boutiquiers aspirant à une industrie de luxe ; de toutes sortes de natures et d'individus, promis à des avenirs si divers, à des fortunes si contraires, destinés à finir aux quatre coins de la société et du monde, là où l'aventure de la vie éparpille les jeunesses et les promesses d'un atelier, dans un fauteuil à l'Institut, dans la gueule d'un crocodile du Nil, dans une gérance de photographie, ou dans une boutique de chocolatier de passage!

VI

Anatole était devenu immédiatement le boute-en-train de l'atelier, le « branle-bas » des farces et des charges.

Il était né avec des malices de singe. Enfant, lorsqu'on le ramenait au collége, il prenait tout à coup sa course à toutes jambes, et se mettait à crier de toutes les forces de sa voix de crapaud : « V'la la révolution qui commence! » La rue s'effarait, les boutiquiers se précipitaient sur leurs portes, les fenêtres s'ouvraient, des têtes bouleversées apparaissaient, et dans le dos des vieilles gens qui se faisaient un cornet de leur main pour entendre le tocsin de Saint-Merry, le frisson du rentier passait. Malheureusement, à sa troisième tentative, il fut dégoûté du plaisir que lui donnait tout ce sens dessus dessous par un énorme coup de pied d'épicier philippiste de la rue Saint-Jacques. Au collége, c'étaient les mêmes niches diaboliques. Un professeur, dont il avait à se plaindre, ayant eu l'imprudence, à une distribution de prix, de commencer son discours par : « Jeunes athlètes qui allez entrer dans l'arène... » — *Vive la reine !* se mit à crier Anatole en se tournant vers la reine Marie-Amélie venant voir couronner ses fils. Sur ce calembour, une acclamation trois fois répétée partit des bancs, et le malheureux professeur fut obligé de remettre son éloquence dans sa poche.

Avec l'âge et la sortie du collége, cette imagination de drôlerie n'avait fait que grandir chez Anatole. Le sens du grotesque l'avait mené au génie de la parodie. Il caricaturait les gens avec un mot. Il appliquait sur les figures une profession, un métier, un ridicule qui leur restait. A des fusées, à des cascades de bêtises, il mêlait des cinglements, des claquements de ripostes pareils à ces coups de fouet avec lesquels les postillons enlèvent un attelage. Il jouait avec la grammaire, le dictionnaire, la double entente des termes : la mémoire de ses études lui permettait de jeter dans ce qu'il disait des lambeaux de classiques, de remuer à travers ses bouffonneries de grands noms, des vers dérangés, du sublime estropié; et sa verve était un pot-pourri, une macédoine, un mélange de gros sel et de fin esprit, la débauche la plus folle et la plus cocasse.

Dans les parties, le soir, en revenant dans les voitures des environs de Paris, il faisait un personnage de province; il improvisait des récits de petite ville, il racontait des intérieurs où il y a des oranges sur des timbales, il inventait des sociétés pleines de nez en argent, tout un monde qu'il semblait mener de Monnier à Hoffmann, au grand amusement et dans le rire fou de ses compagnons de voyage. Il avait la vocation de l'acteur et du mystificateur. Sa parole était soutenue par son jeu, une mimique de Méridional, la succession et la vivacité des expressions, des grimaces, dans un visage souple comme un masque chiffonné, se prêtant à tout, et lui donnant l'air d'une espèce d'homme aux cent figures. A ce tempérament de comique, à tous ces dons de nature, il joignait encore une singulière aptitude d'imitation, d'assimilation de tout ce qu'il entendait, voyait au théâtre, et partout, depuis l'intonation de Numa jusqu'au coup de jupe d'une danseuse espagnole piaffant une cachucha, depuis le bégaiement de Mijonnet, le marchand de *tortillons* de l'atelier, jusqu'au jeu muet du monsieur qui cherche sa bourse en omnibus. A lui tout seul, il jouait une scène, une pièce : c'était le relai d'une diligence, le piétinement des garçons d'écurie, les questions des voyageurs endormis, l'ébranlement des chevaux, le : hu ! du postillon ; ou bien une messe militaire, le *Dominus vobiscum* chevrotant du vieux prêtre, les répons criards de l'enfant de chœur, le ronflement du serpent, les nazillements des chantres, le son voilé des tambours, la toux du pair de France sur la tombe du mort. Il singeait un grand air d'opéra, un *ut* de ténor. Il contrefaisait le réveil d'une basse-cour, la fanfare fêlée du coq, les gloussements, les cacardements, les roucoulements, tous les caquetages gazouillants des bêtes qui semblaient s'éveiller sous sa blouse. Des journées qu'il passait au Jardin des Plantes à étudier les animaux, il rapportait leur voix, leur chant. Quand il voulait, son larynx devenait une ménagerie : il faisait entendre le cerf qui brame, la panthère noire qui siffle avec le bruit de la scie dans du bois. Du fond d'un chapeau, il faisait sortir, comme d'une gorge de l'Atlas, le rauquement du lion, un rugissement si vrai, que, la nuit, Jules Gérard eût tiré dessus au jugé. Pour les bruits humains, il les possédait tous. Il imitait les accents, les patois, les bruits de la rue, le chantonnement de la marchande de vieux chapeaux, la criée de la marchande de « bonne vitelotte », le cri du vendeur de *canards* s'éteignant dans le lointain d'un faubourg, tous les cris : il n'y avait que le cri de la conscience qu'il disait ne pouvoir imiter.

L'atelier avait en lui son amuseur et son fou, un fou dont il n'aurait pu se passer. Au bout de ces grands silences de travail qui se font là, après un long recueillement de tous ces jeunes gens pliés sur une étude, quand une voix s'élevait : « Allons ! qu'est-ce qui va faire un *four ?* » Anatole lançait aussitôt quelque mot drôle, faisant courir le rire comme une traînée de poudre, secouant la fatigue de tous, relevant toutes les têtes de dessus les cartons, et sonnant jusqu'au bout de la salle une récréation d'un moment.

Jamais il n'était à court. L'atelier avait-il une vengeance à exercer? Anatole trouvait un tour de son invention, et le plus souvent, à la prière de ses camarades et pour répondre à leur confiance, il l'exécutait lui-même. Devait-on faire la réception d'un *nouveau?* Il s'en chargeait, et c'était son triomphe. Il s'y surpassait en fantaisie, en imagination de mise en scène.

Le reste de crucifiement, la tradition de torture, demeurés d'un autre temps, dans ces farces artistiques, l'attachement à l'échelle, l'estrapade, la brutalité de ces exécutions qui parfois finissaient par un membre brisé, commençaient à passer de mode dans les ateliers. A peine si l'usage des férocités anciennes était encore conservé chez le sculpteur David, dont les élèves promenaient, en ces années, par tout le quartier, un nouveau lié sur une échelle, avec un camarade, à cheval sur l'estomac, qui jouait de la guitare. Les initiations peu à peu s'adoucissaient et se changeaient en innocentes épreuves de franc-maçonnerie. Anatole les renouvela par le sérieux de la charge et la comédie de la cruauté.

Aussitôt qu'un nouveau arrivait, il commençait par le faire déshabiller, lui injuriait successivement tous les membres, lui reprochait ses « abattis canaille », établissait, avec la voix de pituite de Quatremère de Quincy, le peu de rapports existants entre une figure de Phidias et cet « Apollon des chaudronniers. » Puis, il le faisait chanter, en costume de paradis, dans des poses d'un équilibre périlleux, des paroles impossibles sur des airs dont il avait le secret. Quand le nouveau était enroué et enrhumé, Anatole lui annonçait les *supplices*. Soudain, il changeait de voix, d'air, de visage : il avait des gestes d'ogre de contes de fée, une intonation de roi de féerie qui donne des ordres pour une exécution, des ricanements de Schahabaham. Une paillasserie sinistre l'animait : c'était Bobêche et Torquemada, l'Inquisition aux Funambules. S'agissait-il de marquer un récalcitrant? Il était terrible à fourgonner le poêle pour chauffer les fers tout rouge, terrible quand avec les fers, changés habilement dans sa main en chevilles de sculpteur peintes en vermillon, il approchait ; terrible, lorsqu'il essayait ces faux fers, derrière le dos du patient, quatre ou cinq fois sur des planches, pendant qu'on brûlait de la corne ; épouvantable, lorsqu'il les appliquait sur l'épaule du malheureux avec un *pschit!* qui jouait infernalement le cri de la peau grillée. On riait, et il faisait presque peur. — Et puis, venaient des boniments, des discours de réception, des morceaux académiques, du Bossuet tombé dans le *Tintamarre*... Pour chaque nouveau, il inventait un nouveau tour, des plaisanteries inédites, un chef-d'œuvre comme les sangsues, la farce des sangsues qu'il montrait à sa victime dans un verre, et qu'il lui posait au creux de l'estomac : la victime plaisantait d'abord, puis ne plaisantait plus : elle se figurait sentir piquer les sangsues, tant Anatole les avait bien imitées avec des découpures d'ognon brûlé !

A l'atelier, on l'appelait « la Blague ».

VII

La Blague, — cette forme nouvelle de l'esprit français, née dans les ateliers du passé, sortie de la parole imagée de l'artiste, de l'indépendance de son caractère et de sa langue, de ce que mêle et brouille en lui, pour la liberté des idées et la couleur des mots, une nature de peuple et un métier d'idéal ; la Blague, jaillie de là, montée de l'atelier, aux lettres, au théâtre, à la société ; grandie dans la ruine des religions, des politiques, des systèmes, et dans l'ébranlement de la vieille société, dans l'indifférence des cervelles et des cœurs, devenue le *Credo* farce du scepticisme, la révolte parisienne de la désillusion, la formule légère et gamine du blasphème, la grande forme moderne, impie et charivarique, du doute universel et du pyrrhonisme national ; la Blague du dix-neuvième siècle, cette grande démolisseuse, cette grande révolutionnaire, l'empoisonneuse de foi, la tueuse de respect ; la Blague, avec son souffle canaille et sa risée salissante, jetée à tout ce qui est honneur, amour, famille, le drapeau ou la religion du cœur de l'homme; la Blague, emboîtant le pas derrière l'Histoire de chaque jour, en lui jetant dans le dos l'ordure de la Courtille; la Blague, qui met les gémonies à Pantin; la Blague, le *vis comica* de nos décadences et de nos cynismes, cette ironie où il y a du *rictus* de Stellion et de la goguette du bagne, ce que Cabrion jette à Pipelet, ce que le voyou vole à Voltaire, ce qui va de *Candide* à Jean Hiroux; la Blague, qui est l'effrayant mot pour rire des révolutions; la Blague, qui allume le lampion d'un lazzi sur une barricade; la Blague, qui demande en riant, au 24 février, à la porte des Tuileries : « Citoyen, votre billet! » la Blague, cette terrible marraine qui baptise tout ce qu'elle touche avec des expressions qui font peur et qui font froid; la Blague, qui assaisonne le pain que les rapins vont manger à la Morgue; la Blague, qui coule des lèvres du môme et lui fait jeter à une femme enceinte : « Elle a un polichinelle dans le tiroir! » la Blague, où il y a le *nil admirari* qui est le sang-froid du bon sens du sauvage et du civilisé, le sublime du ruisseau et la vengeance de la boue, la revanche des petits contre les grands, pareille au trognon de pomme du titi dans la fronde de David; la Blague, cette charge parlée et courante, cette caricature volante qui descend d'Aristophane par le nez de Bouginier; la Blague, qui a créé en un jour de génie Prudhomme et Robert Macaire; la Blague, cette populaire philosophie du : « Je m'en fiche! » le stoïcisme avec lequel la frêle et maladive race d'une capitale moque le ciel, la Providence, la fin du monde, en leur disant tout haut : « Zut! » la Blague, cette railleuse effrontée du sérieux et du triste de la vie avec la grimace et le geste de Pierrot; la Blague, cette insolence de l'héroïsme qui a fait trouver un calembour à un Parisien sur le radeau de *la Méduse;* la Blague, qui défie la mort; la Blague, qui la profane; la Blague, qui fait mourir comme cet artiste, l'ami de Charlet, jetant, devant Charlet, son dernier soupir dans le *couic* de Guignol; la Blague, ce rire terrible, enragé, fiévreux, mauvais, presque diabolique, d'enfants gâtés, d'enfants pourris de la vieillesse d'une civilisation; ce rire riant de la grandeur, de la terreur, de la pudeur, de la sainteté, de la majesté, de la poésie de toute chose; ce rire qu'on dirait jouir du bas plaisir de ces hommes en blouse, qui, au Jardin des Plantes, s'amusent à cracher sur la beauté des bêtes et la royauté des lions; — la Blague, c'était bien le nom de ce garçon.

VIII

L'atelier ouvrait le matin de six heures à onze heures en été, de huit heures à une heure en hiver. Le mercredi, il y avait une prolongation de travail d'une heure « l'heure du torse », pour finir le torse commencé la veille : heure supplémentaire payée par la cotisation des élèves. Trois semaines de modèle d'homme, une semaine de modèle de femme, faisaient le mois.

Pendant ces cinq heures d'étude quotidienne, pendant ce travail d'après nature se continuant des mois, des années, Anatole vit défiler les plus beaux corps du temps, l'humanité de choix qui sert de leçon à l'artiste, les statues vivantes qui conservent les lois de proportion, le *canon* de l'homme et de la femme, les types qui dessinent le nu viril ou féminin, l'élégance ou la force, la délicatesse ou la puissance, les lignes avec leurs oppositions, les contours avec leur sexe, les formes avec leur style.

Anatole dessina : il fit la longue éducation de son œil et de son fusain; il apprit à bâtir une académie d'après tous ces corps fameux qui ont laissé leur mémoire dans les tableaux de l'époque : — le corps de Dubosc, ce corps merveilleux de cinquante-cinq ans, qui avait conservé la souplesse et l'harmonieux équilibre de la jeunesse; — le corps de Gilbert, ce corps tout plein des trous d'une sculpture à la Puget, de Gilbert, le modèle pour les satyres, les convulsionnaires, les *ardents*. Il dessina d'après ce corps de Waill, le corps d'un éphèbe florentin, le torse ciselé, les pectoraux accusés sur l'adolescence de la poitrine, les jambes fines et montrant la souple élégance, la longueur filante d'un dessin italien du seizième siècle, des formes de cire sur des muscles d'acier; — le corps de Thomas l'Ours, cet ancien lutteur de Lyon, renvoyé de son régiment à cause de son appétit, le vorace qui prenait son café au lait dans une terrine de sculpteur avec un pain de six livres, et que nourrissaient par commisération les domestiques de Rothschild; un corps de damné de Michel-Ange, les épaules d'Atlas, une musculature de Crotoniate et d'animal dévorateur où les mouvements faisaient courir des boules sous la peau. Anatole eut encore les corps de grâce sauvage, nerveux, ondulants, élastiques, du nègre Saïd, du nègre Joseph de la Martinique, le nègre à la taille de femme, aux bras ronds, qui charmait les fatigues de sa pose par des monologues à demi-voix, gazouillés dans la langue de son pays. Il eut la fin de ces modèles héroïques, à constitution homérique, formés dans l'atelier de David, la poitrine élargie comme à l'air de ces grandes toiles antiques; vieux débris d'un Empire de l'art, auxquels l'atelier ne manquait jamais de faire la charité d'habitude avec les vieux modèles, ce qu'on appelle « un cornet », une feuille de papier tournée vers un des nouveaux, qui circule, et où chacun met le fond de sa poche.

La femme, le corps de la femme, les modes diverses et contraires de sa beauté, Anatole les apprit sur ces corps : — les corps des troix Marix, le trio de Juives dont l'une a sa superbe nudité peinte dans la Renommée de l'Hémicycle de Delaroche; — le corps de Julie Waill, aux formes pleines, à la tête de Junon, à la grande bouche romaine, aux grands beaux yeux énormes de la Tegée de Pompeï; — le corps de madame Legois, le type du modèle pour le dessin classique du ventre et des jambes; — le corps mince, nerveux, distingué dans la maigreur, de Marie Poitou, une nature de sainte, de martyre, de mystique; le corps androgyne de Caroline l'Allemande, qui a posé les bras du Saint-Symphorien de M. Ingres, ennemi des modèles d'hommes, et disant « qu'ils puaient »; — le corps de Georgette, à la taille d'anguille, aux reins serpentins, l'idéal dans un type égyptiaque de la ligne de beauté professée par Hogarth; — le corps à la Rubens, la poitrine exubérante, les jambes magnifiques de Juliette; — le corps de Caroline Alibert, le corps d'une Ourania du Primatice, allongé, effilé, avec des extrémités si souples qu'elle faisait, d'un mouvement, passer tous les doigts d'une de ses mains l'un sous l'autre; — le corps fluet, maigriot, élancé et charmant de Cœlina Cerf, avec ses formes hésitantes de petite fille et de femme, ses lignes d'une ingénue de roman grec, — le plus jeune des modèles, si jeune que les élèves lui payaient, quand elle posait, une livre de sucre d'orge.

IX

De loin en loin, une distraction furieuse, une noce enragée rompait cette monotonie de la vie d'atelier. Par un beau jour tout plein de soleil, et promettant l'été, quelqu'un demandait ce qu'il y avait à la masse; et quand les entrées de 25 francs payés par chaque élève et exigés rigoureusement de tous, sans exception, par Langibout, quand ces entrées, appelées les *bienvenues*, montaient à une somme de quelques centaines de francs, on convenait d'aller manger la masse à la campagne. Alors tout l'atelier partait, suivi du modèle de la semaine, et se lançait aux champs dans les costumes les plus farouches, avec les vareuses les plus rouges, les chapeaux les plus révolutionnaires, des oripeaux hurlants et des mises forcenées. La jeunesse de tous débordait sur le chemin; ils allaient avec des cris, des gestes, des chansons, une gaieté violente qui effarouchait la banlieue et violait la verdure. Tout les grisait, leur nombre, leur tapage, la chaleur; et ils marchaient en casseurs, animés, tumultueux, batailleurs, avec cette insolence de joie qui démange les mains, et cette envie de vaillance qui appelle les coups.

A la porte Fleury, dans un cabaret en plein air, la bande dînait. Et c'était une ripaille, des poulets déchirés, des bouteilles entonnées par le goulot, des paris de goinfrerie et de saoûlerie, une espèce de vanité et d'ostentation d'orgie grasse qui cachait, sous les lilas des environs de Paris, des licences de kermesse et des fonds de tableaux de Teniers.

Puis, la nuit tombée, quand tous étaient ivres, et que les plus doux avaient bu un vin de colère, la troupe, chantant à tue-tête et armée d'échalas pris dans les vignes, se répandait au hasard sur une route où elle espérait trouver l'hostilité, la haine du paysan d'auprès de Paris pour le Parisien. Sur les ciels d'été, les ciels lourds et fumeux, zébrés de noir par des nuages d'orage, les artistes se découpaient en silhouettes agitées et fiévreuses; et la nuit donnant sa terreur à la fantaisie de leurs costumes, à la furie de leurs gestes, à leurs ombres, au point de feu de leurs pipes, il se levait de ce qu'on voyait vaguement d'eux comme une sinistre apparence fantastique de bandits légendaires : on eût cru voir les truands de l'Idéal sur un horizon de Salvator Rosa.

L'atelier en était un soir à une de ces fins de bienvenue. L'on revenait. Sur la route on trouva une cour ouverte, et dans la cour, des blanchisseuses. Aussitôt, l'on eut l'idée d'un bal, et l'on organisa, en plein vent, la salle et la danse avec des chandelles achetées chez un épicier, et que tenaient dans leurs mains ceux qui ne dansaient pas. Le modèle avait apporté un violon : ce fut la musique. Mais, au milieu du quadrille, les garçons du village se ruaient sur les messieurs qui dansaient. La bataille s'engageait, une bataille sauvage, au milieu de laquelle Coriolis se jetant, les manches retroussées, couchait avec son échalas deux des paysans par terre. A la fin, les garçons battus se sauvaient pour aller chercher du renfort dans le pays. Il n'y avait plus qu'à partir.

Mais Coriolis s'entêtait à rester. Il traita ses camarades de lâches. Il ramassa des pierres qu'il jeta dans le cabaret dont il venait de sortir. Il voulait se battre. Il fallut que ses camarades l'entraînassent de force. Tous étaient étonnés de sa rage, de ce besoin fou qu'il avait des coups.

— Comment! tu n'es pas content? — lui dit Anatole, — tu n'as rien reçu et tu en as descendu deux!... Ah! tu y allais bien... Moi, j'ai donné un joli coup de pied à hauteur d'estomac dans un grand serin qui m'ennuyait... Mais deux, c'est très-gentil...

— Non, non, — répéta Coriolis, — des lâches, les amis! Nous aurions dû leur donner une tripotée à ne pas leur donner envie de revenir... Des lâches, je te dis, les amis !

Et sur tout le chemin jusqu'à Paris, son grand corps donna tous les signes d'une colère de créole qui ne veut rien entendre.

Naz de Coriolis était le dernier enfant d'une famille de Provence, originaire d'Italie, qui, à la Révolution de 89, s'était réfugiée à l'île Bourbon. Un oncle, qui était son tuteur, lui faisait une pension de six mille francs, et devait lui laisser à sa mort une quinzaine de mille livres de rentes. Ce nom aristocratique, cette pension, cet avenir, qui était une fortune à côté de la pauvreté de ses camarades, l'élégance de tenue de Coriolis, le monde où l'on se disait qu'il allait, les maîtresses avec lesquelles il avait été rencontré, les restaurants où on l'avait entrevu, mettaient entre lui et l'atelier le froid d'une certaine réserve. Langibout lui-même éprouvait une sorte de gêne avec le « gentilhomme », comme il l'appelait ; et il y avait un peu de brusquerie amère dans la façon dont il laissait tomber sur ses esquisses si vives et si colorées : — « C'est très-bien, très-bien... mais c'est fermé pour moi... vous savez, je ne comprends pas... » On plaisantait un peu Coriolis, mais doucement, prudemment, avec des malices qui ne s'aventuraient pas trop. On savait que les charges trop fortes ne réussiraient pas avec lui. On se rappelait son duel avec Marpon, lors de son entrée à l'atelier, le duel pour rire, avec des balles de liége, traditionnel dans les ateliers, et qui faillit ce jour-là devenir tragique : Coriolis, frappant sur la main du témoin qui allait charger les pistolets, avait fait tomber les deux balles inoffensives, et, tirant de sa poche deux vraies balles de plomb, avait exigé un nouveau et sérieux chargement. Il était donc respecté ; mais c'était tout. Quoiqu'il ne montrât aucune hauteur dans sa personne, ni dans ses manières, quoiqu'il fût reconnu bon garçon, qu'il jouât sa partie dans toutes les gamineries, qu'il fût des jeux, des griseries et des batailles de l'atelier, c'était un camarade avec lequel les autres élèves ne se sentaient pas à l'aise et n'avaient que les rapports de l'atelier. Et dans ce monde, le seul intime de Coriolis était Anatole, un ami de collége de deux ans de grande cour à Henri IV. Amusé par sa gaieté, il lui permettait, lui pardonnait tout, avec cette espèce d'indulgence qu'a un gros chien pour un roquet.

— Reconduis-moi, — lui dit-il, quand ils furent sur le pavé de Paris.

Arrivé chez lui : — Tu déménages? — fit Anatole en regardant le sens dessus dessous de l'appartement et des commencements d'emballage.

— Non, je pars, — dit Coriolis d'un ton de voix dégrisé.

— Tu t'en retournes à Bourbon?

— Non, je vais me promener en Orient.

— Bah ?

— Oui, j'ai besoin de changer d'air... Ici, je sens que je ne peux rien faire... J'aime trop Paris, vois-tu... Ce gueux de Paris, c'est si charmant, si prenant, si tentant! Je me connais et je me fais peur : Paris finirait par me manger... Il me faut quelque chose qui me change... du mouvement... Je suis ennuyé de moi, de ma peinture, de l'atelier, de ce qu'on nous serine ici... Il me semble que je suis fait pour autre chose... Après ça, on croit toujours ça... Enfin, là-bas, je me figure... je verrai bien si Decamps et Marilhat ont tout pris, n'ont rien laissé aux autres. Il y a peut-être encore à voir après eux... Et puis, je serai seul... c'est bon pour se reconnaître et se trouver... Les distractions, absence totale... Plus de dîners de Boissard, plus de soupers, plus de nuits au champagne... Rien! je serai bien forcé de travailler... Mon brave homme d'oncle fait les choses très-proprement... Il est enchanté, tu comprends, de me voir quitter le boulevard... Et dire que toutes ces idées raisonnables-là, c'est une femme qui me les a données!... mon Dieu, oui... en me flanquant à la porte! Ah ça! tu m'écriras, hein? parce qu'une fois là... j'y resterai quelque temps... Je voudrais revenir avec de quoi étaler, devenir quelqu'un quand je remettrai les pieds à Paris... Tu sais, quand on voit son talent quelque part... On m'a dit souvent que j'avais un tempérament de coloriste... Nous verrons bien!

Et devant l'avenir, la séparation, les deux amis,

revenant au passé, se mirent à causer de leur liaison, du collége, retrouvant dans leurs souvenirs l'enfance de leur amitié. Il était trois heures du matin quand Coriolis dit à Anatole :

— Ainsi, c'est convenu, tu m'embarques mercredi...

— Oui, je viendrai avec Garnotelle.

X

On était à la fin du déjeuner d'adieu donné par Coriolis à Anatole et à Garnotelle. Le repas avait été triste et gai, cordial et ému. On y avait bu ce coup de l'étrier qui remue le cœur de celui qui part et de ceux qui restent. Dans le petit atelier, de grandes malles noires, pareilles aux malles d'Anglais qui vont au bout du monde, des caisses, des sacs de nuit, des couvertures serrées dans des courroies, même une petite tente de campagne, dont la grosse toile faisait rêver, ainsi qu'une voile au repos, de nuits lointaines et d'autres cieux, toutes sortes de choses de voyage attendaient, prêtes à être chargées sur le fiacre avancé et arrêté déjà devant la porte de la maison.

A ce moment la porte s'ouvrit, et il parut sur le seuil une femme poussant devant elle une petite fille : l'enfant, timide, ne voulait pas entrer ; n'osant regarder ni se laisser voir, elle s'enfonçait dans la robe de sa mère, et de ses deux petites mains, lui prenant deux bouts de sa jupe, elle essayait de s'en cacher à demi, avec une sauvagerie d'oiseau, comme de deux ailes qu'elle s'efforçait de croiser.

— Personne de ces messieurs n'aurait besoin d'un petit Jésus ? — demanda la femme avec un sourire humble, et, dégageant la tête de l'enfant, elle montra une petite fille aux yeux bleus.

— Oh ! charmante... — dit Coriolis ; et faisant signe à l'enfant :

— Viens un peu, petite...

Un peu poussée par sa mère, un peu attirée par le monsieur, et marchant vers son regard, moitié peureuse et moitié confiante, elle arriva à lui. Coriolis, la mettant sur ses genoux, lui fit prendre des gâteaux dans des assiettes, sur la table. Puis lui passant la main dans ses petits cheveux, des cheveux d'enfant blonde qui sera brune, et s'amusant les doigts de ce chatouillement de soie, il resta un instant à regarder ce grand et profond bonheur d'enfant que la petite avait dans les yeux.

— Ah ça ! la mère je ne sais plus qui... — fit Anatole, — vous prendrez bien une tasse de café avec nous ? Dites donc, on ne vous voit plus poser, pourquoi donc ça ? Vous n'êtes pas trop vieille...

— Ah ! monsieur, j'ai un malheur... Les médecins disent comme ça que j'ai un commencement d'ankilose de la colonne vertébrale... Ce n'est pas que ça me gêne autrement pour n'importe quoi... Mais voilà deux ans au moins que je ne puis plus hancher...

— Une petite tête qui m'aurait été..., — fit Coriolis qui continuait à examiner la petite fille. — C'est dommage... Mais vous voyez, la mère, je pars... A propos, quelle heure est-il?

Il regarda sa montre.

— Diable! nous n'avons que le temps...

Et, se levant, il éleva, par dessous les bras, l'enfant au-dessus de sa tête, l'embrassa et la posa à terre. Mais dans ce mouvement, l'enfant glissant contre lui, accrocha la chaîne de sa montre, et en fit sauter les breloques qui roulèrent, en sonnant, sur le parquet.

— Ne la grondez pas, la mère... Ce n'est pas sa faute à cette enfant, — fit Coriolis, et ramassant les breloques : — C'est bête, ces petites bêtises-là, on s'accroche toujours avec... Mais, au fait, j'y pense... Quand on va là-bas, on ne sait pas trop si on en reviendra... Tiens! Anatole, voilà mon petit poisson d'or, tu en auras toujours bien vingt francs au Mont-de-Piété... Et toi, — dit-il à Garnotelle, — qui vas attraper le prix de Rome un de ces jours, voilà une paire de cornes en corail pour te défendre du mauvais œil en Italie... Ah! et ma roupie?...

Il regarda par terre.

— Tu sais, j'avais essayé dessus mon couteau catalan... Oh! ne cherchez pas, la mère... Si elle était tombée on la verrait... Je l'aurai sans doute perdue.

Le portier entra : — Allons, monsieur Antoine, chargeons tout ça un peu vite... Et en route!

XI

— Petit cochon, vous ne travaillez pas, — répétait Langibout à Anatole, quand il passait derrière lui dans sa visite à l'atelier.

On aurait pu appeler Langibout le dernier des Romains.

Il était le survivant et le type pur de l'ancienne école. Il finissait la race où l'indépendance bourgeoise des artistes du dix-huitième siècle se mêlait au culte de 89 et des idées de liberté. Élève de David, il vivait dans la religion de son souvenir. Les antichambres ministérielles ne l'avaient jamais vu ni mendier ni attendre; et sa vie, roide dans sa dignité, affectait une certaine austérité républicaine, comme une sainteté rude, aujourd'hui perdue dans le monde des arts. Il tenait du vieux grognard et du militaire à la Charlet, avec son libéralisme bougon, ses mécontentements boudeurs et refoulés, son air, sa grosse voix mâchonnant les mots, sa dure et forte moustache, ses cheveux ras. Quand il entrait dans l'atelier, le respect et le salut du silence se faisaient devant sa tête robuste et penchée de côté, ses tempes grises sous son bonnet grec, ses yeux aux paupières lourdes, ses traits carrés, taillés largement dans des traits d'ouvrier, et où se voyait, sous l'air grognon, une bonté de peuple. Un souffle de recueillement passait sur toute cette jeunesse, et les plus gamins se sentaient une petite peur d'émotion quand le maître leur parlait. On l'estimait, on le craignait, et on le vénérait. Dans la gronderie de ses avertissements, dans la forme souvent brutale de ses blâmes et de ses encouragements, il y avait une chaleur de cœur, une brusquerie de vive affection qui n'échappait pas à ses élèves. On lui savait gré de ses colères impuissantes, de ces rages qu'il répandait en gros mots, quand son peu d'influence dans les jugements des concours de prix de Rome avait fait manquer à un de ses élèves un prix enlevé par l'intrigue et la partialité de ses confrères tenant atelier comme lui. On lui était encore reconnaissant de sa tolérance pour les vieux usages transmis par les ateliers de la Révolution aux ateliers de Louis-Philippe. Langibout était indulgent pour les farces, et même pour les charges un peu féroces. Il trouvait que cela essayait et trempait la virilité des gens, disant que les hommes n'étaient pas « des demoiselles »; que de son temps, c'était bien autre

chose, et que personne n'en mourait; que, dans
l'art, il fallait se faire un peu la peau et le cœur à
tout. Et il rappelait la sauvage école des artistes
sous la République une et indivisible, les misères
mâles et farouches où, n'ayant pas de quoi dîner,
il se couchait, prenait une chique dans sa bouche,
versait dessus un verre d'eau-de-vie, et mangeait
la fièvre que cela lui donnait.

Enfin, dans tout l'atelier, Langibout était aimé
pour la simplicité de sa vie, une vie de petit bourgeois, en manches de chemise, quotidiennement
promenée sur ce trottoir de la rue d'Enfer, entre
un *regard* des eaux d'Arcueil et la boutique d'un
chaudronnier; une vie de famille, égayée de temps
en temps d'un petit vin de Nuits qui arrosait les
modestes et cordiaux dîners d'amis du dimanche.

Langibout s'était laissé prendre au charme d'A-
natole, à la séduction qu'exerçait sur tous ce gai
garçon qui semblait né pour plaire et arriver, ce
jeune homme si brillant, si sympathique, dont les
mères des autres élèves se parlaient entre elles,
dans leurs petites soirées, avec une sorte d'envie.
Son intérêt, son affection avaient été gagnés par
l'entrain de ce farceur, et aussi par de certaines
promesses de talent que ses études semblaient montrer. Tant qu'Anatole avait dessiné et peint d'après
l'académie, rien n'avait attiré sur ce qu'il faisait
l'attention de Langibout. Mais quand il arriva à
ces concours d'esquisses de tous les quinze jours,

où le premier recevait en prix de Langibout un exemplaire des Loges de Raphaël ou des Sacrements du Poussin, il se dégagea, montra des aptitudes personnelles, obtint presque toutes les fois la première place. Il avait un certain sens de la composition, de l'arrangement, de l'ordonnance. De beaucoup de lectures, il avait retenu comme des morceaux de reconstitution archaïque, des signes symboliques, des emblèmes, la mémoire d'animaux hiératiques et désignateurs, le hibou de la Minerve athénienne, l'épervier d'Égypte. Il avait attrapé par-ci par-là, à travers les livres feuilletés, un petit bout d'antiquité, un détail de mœurs, un de ces riens qui mettent du caractère et l'apparence du passé dans un coin de toile. Il connaissait le *modius*, emblème d'abondance, et le *strophium*, couronne des dieux et des athlètes vainqueurs. A ce qu'il savait de raccroc, il ajoutait ce qu'il inventait au petit bonheur, et ce qu'il défendait auprès de Langibout avec des citations imaginées, des arguments tirés d'un Homère inédit ou d'une Bible invraisemblable. « Il cherche, celui-là », — disait naïvement aux autres élèves Langibout, confondu dans sa courte science d'érudition.

Par là-dessus, Anatole avait un certain instinct du groupement, l'intelligence du moment précis de la scène indiqué et souligné sur le programme du concours, une entente un peu banale, mais agréablement littéraire, du drame agité dans son sujet.

A côté des autres esquisses, plus colorées, plus ressenties de dessin, son esquisse avait la clarté : ses bonshommes étaient en situation, son décor montrait une espèce de couleur locale, son ébauche de tableau faisait tableau. Et Langibout jugeait que, si jamais il pouvait parvenir à travailler, il était capable de faire aussi bien qu'un autre son trou et son chemin dans l'art. Aussi était-il toujours à le pousser, à le tourmenter, se plantant derrière lui et restant là à lui grommeler dans le dos : — « Le garçon voit bien... Il interprète bien... très-bien, très-bien... Ça va bien... Bonne couleur... fin, solide, lumineux... La tête... la tête y est... le torse, bien construit, le torse... Et puis... Ah! voilà... quelque chose manque... Oui, la volonté... ne jamais aller jusqu'au bout... Faiblesse, paresse... plus de jambes... Tout qui fiche le camp... Plus personne!... En bas, rien... Des jambes? ça, des jambes! Rien... Est-ce que ça porte, ces jambes-là, voyons?... Non, plus rien... Le bas, bonsoir... »

Et la semonce finissait toujours par le refrain : « Petit cochon, vous ne travaillez pas », qu'il jetait dans l'oreille d'Anatole en lui tirant assez rudement les cheveux.

XII

Monsieur,

Monsieur ANATOLE BAZOCHE,

peintre,

31, *rue du Faubourg-Poissonnière.*

Paris

France.

Adramiti, près et par Troie *(Iliade).*
Affranchir.

« Mon vieux,

« Figure-toi que ton ami habite une ville où tout est rose, bleu clair, cendre verte, lilas tendre... Rien que des couleurs gaies qui vous font : pif! paf! dans les yeux dès qu'il y a un peu de soleil. Et ce n'est pas comme chez nous, ici, le soleil : on voit bien qu'il ne coûte rien, il y en a tous les jours. Enfin, c'est éblouissant! Et je me fais l'effet d'être logé dans la vitrine des pierres précieuses au musée de minéralogie. Il faut te dire par là-dessus que les rues, dans ce pays-ci, servent de lits aux torrents qui viennent de la montagne, ce qui fait qu'il y a toujours de l'eau, — quand ce n'est pas une boue infecte, — et que les femmes sont obligées de marcher sur des patins, et qu'il y a de grosses pierres jetées pour traverser... Tu permets? je lâche ma phrase : elle s'embourbe dans le paysage. Donc, il y a toujours de l'eau, et dans cette eau, tu comprends, tout ce carnaval se reflète, et toutes les couleurs tremblent, dansent : c'est absolument comme un feu d'artifice tiré sur la Seine que tu verrais dans le ciel et dans la rivière... Et des baraques! des auvents! des boutiques! un remuement de kaléïdoscope, sans compter ce qui grouille là-dedans, le personnel du pays, des gens qui sont turquoise ou vermillon, des femmes turques, de vrais fantômes avec des bottes jaunes, des femmes grecques avec de larges pantalons, des chemises flottantes, un voile foncé qui leur cache la moitié de la figure, des mendiants... ah! mon cher, des mendiants à leur donner tout ce qu'on a pour les regarder!... et puis des bonshommes farces, bardés, bossués, chargés, hérissés de pistolets, de poignards, de yatagans, avec des fusils trois fois grands comme les nôtres (ça me fait penser à la ceinture de l'Albanais qui me sert d'escorte, écoute l'inventaire : deux pistolets, un yatagan, deux cartouchières, une machine à enfoncer les balles, un couteau, plus une blague et un mouchoir), un coup de jour là-dessus, et crac! ils prennent feu : ils font la traînée de poudre, ils éclairent, avec leur batterie de cuisine, comme un feu de Bengale !

« C'est mon vieux rêve, tu sais, tout cela. L'envie m'en avait mordu en voyant la *Patrouille turque* de Decamps. Diable de patrouille! elle m'avait tapé au cœur... Enfin, m'y voilà, dans la patrie de cette couleur-là... Seulement, il y a un embêtement, — ne le dis pas à ces animaux de critiques, — c'est que c'est si beau, si brillant, si éclatant, c'est si au-dessus de ce que nous avons dans nos boîtes à couleur, qu'il vous prend par moments un découragement qui coupe le travail en deux. On se demande si ce n'est pas un pays fait tout bonnement pour être heureux, sans peindre, avec un goût de confiture de roses dans la bouche, au pied d'un petit kiosque vert et groseille, avec le bleu du Bosphore dans le lointain, un narguilhé à côté de soi, des pensées de fumée, de soleil, de parfum, des choses dans la tête qui ne seraient plus qu'à moitié des idées, une toute douce évaporation de son être dans un bonheur de nuage... Et puis cet imbécile d'Européen revient dans la grande bête que tu as connue; je me sens prendre au collet par l'autre moitié de moi-même, le monsieur actif, le producteur, l'homme qui éprouve le besoin de mettre son nom sur de petites ordures qui l'ont fait suer...

« Enfin, tout de même, mon vieux, c'est bien dommage de faire des tableaux quand on en voit continuellement de tout faits comme celui-ci. Tu vas voir.

« L'autre soir j'étais assis à la porte d'un café. J'avais devant moi un auvent de boucher. Le boucher, gravement, chassait avec une branche d'arbre les mouches des quartiers de viande saignante qui pendaient. Autour de lui, un voltigement de friperie, de vieux tapis multicolores; à côté des enfants aux cheveux en petites nattes, des chiens maigres, une douzaine de chèvres et de moutons pressés et se serrant dans une vague peur commune; une pierre ensanglantée avec du sang dégoulinant, des traces que les chiens léchaient en grognant. Je regardais cela et un petit chevreau noir et blanc, avec ses grosses pattes, qui se tenait presque collé sous une chèvre. Je vis mon boucher quitter sa branche, aller au pauvre petit chevreau qui voulut se débattre, poussa deux ou trois petits cris malheureux, étouffés par les chants et la guitare des musiciens de mon café. Le boucher avait couché le chevreau sur la pierre; il tira un petit yatagan de sa ceinture et lui coupa la gorge : un flot de sang jaillit qui rougit la pierre et s'en alla faire de grands ronds dans l'eau que lappaient les chiens. Alors un enfant qui était là, un bel enfant, au teint de fleur, aux yeux de velours, prit la bête par les cornes, attendant son dernier tressaillement; et de temps en temps il se penchait un peu pour mordre dans une pomme qu'il tenait dans une main avec la corne du petit chevreau... Non, je n'ai jamais rien vu de plus affreusement joli que ce petit sacrificateur avec son amour de tête, ses petits bras nus qui tenaient de toutes leurs forces, mordillant sa pomme au-dessus de cette fontaine de sang, sur cette agonie d'un autre petit...

« Ma maison est tout à fait au bout de la ville, presque dans la campagne, sur une route conduisant à la plaine et descendant à la mer que domine le mont Ida avec le blanc éternel de sa neige. Je m'assieds dehors, et, à la nuit tombante, dans la demi-obscurité qui met les choses un peu plus loin des yeux et un peu plus près de l'âme, j'assiste à la rentrée des troupeaux. C'est le plaisir doux et triste, — tu connais cela, — qu'on prend chez nous, dans un village, sur un banc de pierre, à la porte d'une auberge. Ici, c'est pour moi le moment le plus heureux de la journée, un moment de solennité pénétrante. Je me crois au soir d'un des premiers jours du monde. Ce sont d'abord des dromadaires, toujours précédés d'un petit bonhomme monté sur un âne, la file des chameaux qui avancent lentement, le dernier portant la clochette, les petits courant en liberté et cherchant à téter les mères dès qu'elles s'arrêtent; puis les innombrables troupeaux de vaches; puis les buffles conduits par des bergers au chantonnement mélancolique, à la petite flûte aigrelette; enfin vient l'armée des chèvres et des moutons. Et à mesure que tout cela passe, les chants, les clochettes, les piétinements, les marches traînant la fatigue de la journée, les bruits, les formes qui vont s'endormant dans la majesté de la nuit, eh bien! que veux-tu que je te dise? il me vient une émotion si bonne, si bonne... que c'est stupide de t'en parler.

« Après cela, il faut bien avouer que je suis venu ici le cœur un peu ouvert à tout : avant de partir, il y avait une dame qui m'y avait fait un petit trou pour voir ce qu'il y avait dedans... Ah! en fait d'amour, veux-tu mes impressions *femmes* ici? Voici. En allant en caïque à Thérapia, je suis passé sous les fenêtres d'un harem. C'était éclairé à *gigorno,* comme nous disions pour les vins chauds de Langibout; et, sur les raies de lumière des persiennes, on voyait se mouvoir des ombres, des ombres très-empaquetées, les houris de la maison, rien que cela! qui dansaient et sautaient sur de la musique qu'elles se faisaient avec une épinette et un trombone... Une houri jouant du trombone! Ah! mon ami, j'ai cru voir l'Orient de l'avenir! Et je te laisse sur cette image.

« Tu vois que je pense à toi. Serre la main à tous ceux qui ne m'auront pas oublié. Écris-moi n'importe quoi de Paris, de toi, des amis, — des bêtises, surtout : ça sent si bon à l'étranger!

« A toi,

« N. DE CORIOLIS. »

XIII

Langibout avait raison : Anatole ne travaillait pas, ou du moins il n'avait pas cette persistance, cette volonté et ce long courage du travail qui tire le talent de l'effort continu d'un accouchement laborieux. Il n'avait que l'entrain de la première heure et le premier feu de la chose commencée. Sa nature se refusait à une application soutenue et prolongée.

En tout ce qu'il essayait, il se satisfaisait lui-même par l'à peu près, l'escamotage spirituel, une sorte de rendu superficiel, l'effleurement de son sujet. Pousser l'art jusqu'au sérieux, creuser, fouiller une étude, une composition, était impossible à ce garçon dont la cervelle légère était toujours pleine d'idées volantes. Son imagination enfantine et rieuse, une pensée grotesque qui le traversait, toutes sortes de riens pareils au chatouillement d'une mouche sur le front d'un homme occupé, une perpétuelle inspiration de drôleries, l'enlevaient sans cesse à l'attention, à la concentration de l'étude ; et à tout moment l'atelier le voyait quitter son académie pour aller crayonner quelque charge lui jaillissant des doigts, la silhouette d'un camarade allongeant le Panthéon drôlatique qui couvrait le mur.

Au Louvre, dans l'après-midi, il ne travaillait guère plus. Son esprit, ses yeux se lassaient vite d'interroger la couleur, le dessin des vieilles toiles qu'il copiait; et son observation quittait bientôt les tableaux pour aller au monde baroque des copistes mâles et femelles qui peuplaient les galeries. Il régalait ses malices de toutes ces ironies vivantes jetées au bas des chefs-d'œuvre par la faim, la misère, le besoin, l'acharnement de la fausse vocation; peuple de pauvres, d'un comique à pleurer, qui ramasse l'aumône de l'Art sous le pied de ses Dieux! Les vieilles femmes, aux anglaises grises, penchées sur des copies de Boucher roses et nues, avec un air d'Alecto enluminant Anacréon, les dames au teint orange, à la robe sans manchettes, au bavolet gris sur la poitrine, perchées, les lunettes en arrêt, au haut de l'échelle garnie de serge verte pour la pudeur de leurs maigres jambes, les malheureuses porcelainières, les yeux tirés, grimaçantes de copier à la loupe la *Mise au tombeau* du Titien, les petits vieillards qui, dans leur petite blouse noire, les cheveux longs séparés au milieu de la tête, ressemblent à des enfants Jésus de cinquante ans conservés dans de l'esprit-de-vin, — tout ce monde, avec sa lamentable cocasserie, amusait Anatole et le faisait délicieusement rire en dedans. Au fond de lui passaient des crayonnages en idée, des méditations de caricatures, des figurations bouffonnes, des morceaux d'aperçus impossibles sur le passé, l'intérieur, les plaisirs, les passions de ces êtres déclassés qu'il étudiait avec sa pénétrante curiosité du comique humain, avec son œil toujours occupé, allant d'un vieux chapeau noir, noué à la barre avec ses rubans roses, aux innocentes déclarations d'amour de l'endroit : deux pêches posées par une main inconnue sur une boîte à couleurs. Avait-il tout observé et n'avait-il plus rien à voir? il travaillait à peu près une petite heure, puis il allait causer avec une vieille copiste portant en toute saison la même robe de barége noire, tachée de couleurs, et une palatine en plumes d'oiseau; bonne vieille sentimentale, adorant les discussions métaphysiques, et qui, tout en parlant de son cœur, parlait toujours du nez.

Le plaisir quotidien d'Anatole était de la scandaliser par des paradoxes terribles, des professions de foi d'insensibilité, toutes sortes de paroles troublantes, au bout desquels la pauvre vieille femme s'écriait avec un accent de désespoir presque maternel :

— Mon Dieu! il est sceptique en tout, sceptique en divinité, sceptique en amour! — Et elle se mettait à pleurer, à pleurer sérieusement de vraies larmes sur le manque d'idéal de son jeune ami, et toutes les illusions qu'il avait déjà perdues.

Telle était, dans l'apprentissage de l'art, sa vie et

toute sa pensée, une obsession de la farce, le travail de tête de l'observation comique, un perpétuel rêve de rapin qui cherche et pioche une invention de charges. Et parfois il en trouvait d'admirables et de suprêmement drôles comme celle-ci qui avait fait la joie de tout l'atelier et le bruit du quartier.

C'était à propos de Mongin, un élève qui peignait la figure le matin chez Langibout et travaillait dans la journée chez l'architecte Lemeubre. Mongin, un matin, arriva chez Langibout furieux contre une actrice qui leur avait fait donner un « suif général » par Lemeubre pour avoir manqué de respect à sa femme de chambre, laquelle femme de chambre, disait Mongin, s'obstinait à secouer les tapis au-dessus des fenêtres ouvertes où séchaient les lavis et les épures des élèves ; et Mongin parlait de se venger. Anatole le fit causer sur les habitudes, les dispositions de la maison, l'étage et le train de l'actrice ; puis il lui dit de le prévenir du jour où elle ne sortirait pas le soir et où le cocher serait absent. Ce soir-là venu, il se glissa avec Mongin dans l'écurie, emmaillota avec du linge les sabots des deux chevaux de l'actrice, puis, marche par marche, ils les firent monter, chacun en tirant un avec les doigts par les naseaux, jusqu'au troisième, jusqu'à l'appartement. Là-dessus, un grand coup de sonnette, et la femme de chambre, accourant ouvrir, se trouva devant ces deux grands quadrupèdes plantés sur le palier. Le plus terrible, ce fut de les ôter de là : un cheval qu'on hisse par le procédé d'Anatole peut monter un escalier, mais quant à le faire redescendre, il n'y a pas même à essayer. On fut obligé de passer la nuit à couvrir l'escalier de coulisseaux, à bâtir un vrai praticable pour faire ramener l'attelage à l'écurie. L'actrice eut si peur d'ébruiter l'histoire qu'elle ne se plaignit pas, et la femme de chambre ne secoua plus jamais de tapis.

XIV

Surexcité, mis en verve par son succès, sa popularité de mystificateur, Anatole imaginait, à peu de temps de là, une autre vengeance contre une autre femme qui avait fait tomber sur ses camarades et sur lui une terrible semonce de Langibout.

Il se trouvait, par un malencontreux hasard, que dans le fond de la cour où était l'atelier de Langibout, il y avait un établissement de bains. Cela obligeait les malheureuses jeunes femmes du quartier, qui allaient au bain le matin, à traverser une haie de grands diables garnissant, à l'heure du déjeuner, les deux côtés de la cour, campés contre le mur, en vareuses rouges et la pipe à la bouche. Quand elles sortaient de l'établissement, charmantes, frissonnantes, caressées sous leurs robes du souvenir de l'eau et comme d'un souffle de fraîcheur, elles avaient à déranger les lazzarones couchés en travers de leur chemin. Elles passaient vite, en se serrant ; mais elles sentaient tous ces regards d'hommes les fouiller, les tâter, les suivre ; leurs oreilles accrochaient au passage des fragments d'histoires effarouchantes, des mots dans des récits, des cris d'animaux, qui leur faisaient peur. Les jours de gaieté de l'atelier, on les faisait s'arrêter dans l'angoisse d'une détonation imminente devant un petit canon vide de poudre auquel un élève menaçait de mettre le feu avec une grande feuille de papier allumé. Voyant sa clientèle s'éloigner, les femmes enceintes, les jeunes filles avec leurs mères, et jusqu'aux mères elles-mêmes ne plus revenir, la maîtresse des bains avait été faire ses plaintes à Langibout qui, prenant feu sur la justice et l'honnêteté de ses récriminations, s'était livré contre tout l'atelier à un éclat de colère.

Sur cela, Anatole résolut de punir la dénonciatrice en frappant son commerce au cœur. Un matin, huit bains, qu'il avait été retenir dans un grand établissement de la rue Taranne, stationnaient devant la maison, avec leur adresse sur les planchettes de derrière des huit tonneaux, étonnant, occupant les voisins, la maison, la rue, le quartier, tout un monde qui se demandait s'il n'y avait plus d'eau, plus de bains, dans l'établissement de la maison Langibout. Tout l'atelier écoutait avec délices cette rumeur qui ruinait les robinets d'à côté, quand la porte s'entr'ouvrit.

— Salut, messieurs... — fit une voix d'homme, une voix qui nazillait et bredouillait.

— Salut, messieurs... — répétèrent aussitôt, aux quatre coins de l'atelier, quatre ou cinq voix de jeunes gens répercutant l'accent de l'homme avec une fidélité d'écho.

L'homme se décida à entrer, en souriant humblement. C'était un grand homme gauche, aux traits purs, réguliers, à la lèvre un peu tombante, à l'air ingénu et naturellement ahuri. Une blonde perruque d'amoureux de théâtre lui couvrait le crâne. Il respirait la douceur et le ridicule, appelait, comme certaines bonnes natures grotesques, la sympathie et le rire.

— Salut, messieurs... — reprit-il avec sa même voix embrouillée. — Qu'est-ce que vous voulez ? Voilà des boîtes de fusain que je vends cinquante centimes... j'ai des tortillons... j'ai des estompes... de très-belles estompes en peau... j'en ai aussi en linge... — Et se baissant, il regardait, avec des yeux clignotants et le bout de son nez, les objets qu'il tirait de sa boîte. — C'est-il des canifs à deux lames qu'il vous faut ? Maintenant, messieurs, j'ai de petites maquettes en fil de fer... messieurs, que j'ai inventées... Messieurs, c'est exact... C'est M. Cavelier qui m'a donné les mesures avec

M. Gigoux... Ils ont compté... Tenez, messieurs, regardez... depuis la rotule jusqu'à la malléole, c'est la même distance que de la rotule au bassin... Vous mettez un peu de cire là-dessus... Voyez-vous : ça hanche... Vous avez votre bonhomme, vous avez votre ensemble, vous avez tout... C'est-il des tortillons qu'il vous faut, monsieur Anatole?

— Oui, père Mijonnet... Mettez-m'en là pour deux sous... Mais, dites-moi donc, qu'est-ce que c'est que cette perruque que vous avez là?

— Je vais vous dire, monsieur Anatole... Je vais vous dire...

Et une rougeur d'enfant colora les joues du marchand de tortillons.

— Ce n'est pas pour faire le jeune... Oh! non, vous me connaissez... On me disait toujours que j'avais une tête de bénédictin... Alors, je m'ai fait couper tous les cheveux, là-dessus, sur la tête... et je m'ai fait mouler presque jusque-là...

Et il montra le milieu de sa poitrine.

— Mais, depuis ça, je ne désenrhumais pas... je ne désenrhumais pas, figurez-vous... Alors, ce bon monsieur Barnet, de chez M. Delaroche, a eu pitié de moi : il m'a donné cette perruque-là... Je ne m'enrhume plus... Elle est bien un peu blonde, c'est vrai... dans le jour surtout... mais comme on sait bien que ce n'est pas pour faire des femmes que je la mets...

— Satané farceur de Mijonnet! — fit Anatole.

— Et le Théâtre-Français, qu'est-ce que nous en faisons ?

— Le Théâtre-Français, monsieur Anatole ? Eh bien ! voilà... On avait été gentil pour moi... M. Barnet m'avait fait mon costume... Il m'avait prêté une toge, il m'avait appris à me draper... Il m'avait même fait des sandales, vous savez, avec des lanières rouges... Voilà ces messieurs du théâtre, quand ils m'ont vu, ils ont été enchantés... Ils m'ont mis tout de suite au premier rang des comparses, sur le devant... même que je disais : « Mort à César !... » Tenez ! messieurs, je me posais comme ça, — il se drapa dans son paletot, — et je criais...

— Des tortillons !... — cria Anatole avec la voix même de Mijonnet. — Oui, je sais, on m'a dit cela, mon pauvre Mijonnet. Ça vous a fait renvoyer du théâtre.

— Ah ! monsieur Anatole, vous êtes toujours le même. Il faut que vous vous moquiez... Vous êtes toujours à taquiner le pauvre monde, — bredouilla doucement et plaintivement le père Mijonnet. — Mais c'est des histoires... J'ai toujours été très-convenable aux Français... Tenez, je criais très-bien, comme ça : « Mort à César ! » — Et il s'arracha une note prodigieuse : le cri de Jocrisse dans une conspiration de Brutus !

— Sérieusement, père Mijonnet, votre place était là... Vous aurez eu des jaloux, voyez-vous...

Vous étiez né pour la déclamation... Non, vrai, je ne vous fais pas de blague... Je suis sûr qu'il y en a beaucoup d'entre vous, messieurs, qui n'ont jamais entendu M. Mijonnet réciter la *Chute des feuilles*, de Millevoye... Priez M. Mijonnet...

— Ah! monsieur Anatole, c'est encore une plaisanterie que vous me faites là, — dit sans se fâcher le bonhomme, habitué à cette *scie* d'Anatole.

— La *Chute des feuilles!* la *Chute des feuilles*, Mijonnet!... ou pas de tortillons! — cria l'atelier.

— Vous le voulez, messieurs ?

> De la dépouille de nos bois,
> L'automne avait jonché la terre...
> . . . .
> — De la dépouille de nos bois,
> L'automne avait jonché la terre...

Mijonnet crut que c'était lui qui répétait le vers : c'était Anatole.

— Taisez-vous donc, monsieur Anatole... C'est bête : je ne sais plus si c'est moi ou vous qui parlez...

Mais Anatole continua, toujours avec la voix de Mijonnet :

> Le rossignol était en bois,
> Bocage était au ministère...

— Oh! vous changez, — dit Mijonnet. — Ce n'est pas comme ça dans le livre... Je ne dis plus rien... Ah! merci, mon Dieu, comme voilà des bains ! —

fit-il en se retournant et en apercevant dans l'atelier les huit bains apportés de la rue Taranne.

— C'est pour vous, monsieur Mijonnet, — se hâta de répondre Anatole, éclairé et traversé par une inspiration subite, — un bain d'honneur qu'on vous offre... une gracieuseté de l'atelier... Vous avez le choix des baignoires...

— Tout de même, je veux bien... si ça vous fait plaisir, messieurs, — dit Mijonnet, charmé de l'idée de prendre un bain gratis.

Il se déshabilla et entra dans l'eau. Au bout de quelques minutes, il fut pris dans la baignoire de l'ennui des personnes qui n'ont pas l'habitude du bain. Il se remua, agita les mains, chercha une position, regarda timidement les baignoires à côté, et finit par se hasarder à dire timidement :

— Ça ne vous ferait rien, messieurs, que j'aille dans une autre, n'est-ce pas ?

— C'est pour vous les huit ! — hurla l'atelier avec l'ensemble et le sérieux d'un chœur antique.

Cinq minutes après, comme Mijonnet se promenait d'un bain à l'autre, cherchant de l'eau qui ne l'ennuyât pas, Langibout entra brusquement et violemment dans l'atelier, avec un teint d'apoplectique, les moustaches hérissées. Se jetant sur Mijonnet, qui posait pour l'indécision à cheval entre deux baignoires, et l'attrapant par le bras :

— Comment, grand imbécile ! un vieillard comme vous !... vous prêter à des farces d'enfant!... Habillez-vous de suite... et si jamais vous remettez les pieds ici...

Mijonnet, tremblant, courut à ses habits et se mit à les passer vivement, sans s'essuyer.

Langibout se promenait à grands pas. L'atelier était silencieux, consterné, écrasé sous la colère muette du maître. Anatole, enfoncé dans le collet de sa redingote, ratatiné, les coudes au corps, le nez sur son esquisse, n'osait pas souffler : il espérait pourtant que tout l'orage tomberait sur Mijonnet.

Mijonnet rhabillé, Langibout le poussa dehors; et, en fermant la porte sur lui, il jeta, sans se retourner, par-dessus son épaule :

— Monsieur Bazoche, faites-moi le plaisir de venir me trouver...

XV

Il fallut que la mère d'Anatole mît sa robe de velours pour venir désarmer Langibout et le décider à reprendre son garçon. Le « poil » qu'il eut à subir à sa rentrée, la menace d'une expulsion à la première peccadille refroidirent pour quelque temps la folie de gaieté d'Anatole et ses facétieuses imaginations. Il devint presque raisonnable et se mit à piocher. On le vit arriver à six heures et travailler consciencieusement ses cinq heures de séance, presque silencieux, à demi grave. Il ne perdit plus de journées à courir à la recherche des modèles dans ces excursions en fiacre, à trois ou quatre, qui fouillaient toute la rue Jean-de-Beauvais. Il s'appliquait, poussait ses études, soignait ses esquisses plus qu'il ne les avait jamais soignées, ne bougeant plus de son tabouret, toujours présent quand venait la leçon de Langibout, sur la mine rébarbative duquel il cherchait à voir, avec un regard craintif et un sourire humble, s'il était tout à fait pardonné. Les progrès qu'il se sentait faire, et dont il percevait la reconnaissance autour de lui dans le contentement mal dissimulé de Langibout et les regards curieux et étonnés de ses camarades, soutinrent l'effort de son travail pendant plusieurs mois au bout desquels il se leva en lui, d'une bouffée de vanité, une petite espérance, un grand désir, une ambition.

Anatole était le vivant exemple du singulier contraste, de la curieuse contradiction qu'il n'est pas rare de rencontrer dans le monde des artistes. Il se trouvait que ce farceur, ce paradoxeur, ce moqueur enragé du bourgeois, avait, pour les choses de l'art, les idées les plus bourgeoises, les religions d'un fils de Prudhomme. En peinture, il ne voyait qu'une peinture digne de ce nom, sérieuse et honorable : la peinture continuant les sujets de concours, la peinture grecque et romaine de l'Institut. Il avait le tempérament non point classique, mais académique, comme la France. Le Beau, il le voyait entre David et M. Drolling. Le collége, l'écho imposant des langues mortes et des noms sonores de l'histoire ancienne, l'écrasement des *pensums* et de la grandeur des héros, lui avait plié l'esprit à une sorte de culte instinctif, plat et servile, non de l'antiquité, mais de l'Homère de Bitaubé. Le poncif héroïque lui inspirait un peu du respect qu'imprime au peuple, dans un parterre, la noblesse et la solennité de la représentation d'un temps enfoncé dans les siècles. Il avait à la bouche toutes les admirations reçues, tous les enthousiasmes traditionnels pour les grands stylistes, les grands coloristes; mais, au fond, sans oser se l'avouer, il sentait plus et goûtait mieux un Picot qu'un Raphaël. Ces dispositions faisaient qu'il méprisait à peu près toute la peinture des talents vivants, s'en détournait avec des regards de mépris ou des compliments de protection, et ne regardait guère, avec des yeux furieux d'attention et lui sortant de la tête, que les petites toiles néo-grecques menant Aristophane à Guignol.

Pour un homme de ce tempérament et de ces idées, il y avait un grand rêve: le prix de Rome. Et c'est là qu'allaient bientôt toutes les aspirations de ses heures de travail. Ce que représentait le prix de Rome dans la pensée d'Anatole, ce n'était pas le séjour de cinq ans dans un musée de chefs-d'œuvre; ce n'était pas l'éducation supérieure de son métier et la fécondation de sa tête; ce n'était pas Rome elle-même : c'était l'honneur d'y aller, de passer par ce chemin suivi par tous ceux auxquels il trouvait du talent. C'était pour lui, comme pour le jugement bourgeois et l'opinion des familles, la reconnaissance, le couronnement d'une vocation d'artiste. Dans le prix de Rome, il voyait cette consécration officielle dont, malgré tous leurs dehors d'indépendance, les natures bohêmes sont plus jalouses et plus avides que toutes les autres. Dans Rome, il voyait la capitale de la considération de l'Art, un lieu ennoblissant et supérieurement distingué, qui était un peu pour lui comme le faubourg Saint-Germain pour un voyou.

Il devenait assidu au cours du soir de l'École des beaux-arts. Il avait même une seconde médaille, en ajoutant, avec une touche spirituelle, à sa figure terminée, les habits, la pipe et le cornet de tabac du modèle jetés sur un tabouret. Et tout à coup, pris d'une résolution subite, effrontée, se fiant à un coup de chance, au hasard qui aime les hasardeux, il alla, sans prévenir Langibout, se présenter au premier des trois concours pour le prix de Rome. C'était au mois d'avril 1844.

Par une froide matinée de la fin de ce mois, Anatole, son chevalet à la main, un cervelas dans une poche, arrivait bravement à l'École, sur les cinq heures et demie, avec l'émotion d'une mauvaise nuit. A six heures, l'appel des inscrits était fait. Les premiers médaillés, usant du droit de leur médaille, prenaient possession des vingt cellules; les autres se partageaient à deux les cellules qui restaient. Le professeur du mois apparaissait au fond du corridor, et dictait le sujet de l'esquisse, en appuyant sur les mots soulignés indiquant le moment de la scène, et que ramassaient en sourdine, avec des *queues de mots*, les élèves sur le pas de leurs cellules. Là-dessus, on entrait en loge. Dans les cellules à deux, les défiants se dépêchaient de clouer une couverture entre leur toile et le camarade pour n'être pas *chipés*. Anatole, lui, ne cloua rien, se jeta au travail, mangea son cervelas sans lâcher son esquisse, travailla jusqu'à la dernière minute de la dernière heure. Au dernier quart d'heure de clarté déjà nébuleuse, il mettait encore des points lumineux dans sa toile à la lueur du jour des lieux.

XVI

— Ah! mon cher, quelle chance! — s'écria Anatole en rencontrant, à un coin de rue, Chassagnol qu'il n'avait pas vu depuis le jour du Jardin des Plantes.

Et il se jeta dans ses bras, avec une folie de joie qui le tutoya.

— Tu ne sais pas? je suis reçu le neuvième au concours d'esquisse pour le prix de Rome!

— Le neuvième? — répéta froidement Chassagnol; et lui prenant le bras, il l'emmena du côté d'un café qui répandait sur le pavé le feu de son gaz. Arrivé à la porte, il fit passer Anatole devant lui avec ce geste d'invitation qui offre la consommation, et se jetant sur la première banquette sans rien voir, sans s'occuper des garçons plantés devant lui, des bourgeois qui regardaient, de l'argent qui pouvait bien ne pas être dans la poche d'Anatole, il partit: — Le prix de Rome... ah! ah! ah! le prix de Rome! Voilà! C'est bien cela! Le prix de Rome, n'est-ce pas, hein? Le rêve de six cents niais... tous les ans, six cents niais!

Il jetait des cris, des interjections, des exclamations, des monosyllabes, des morceaux de phrases pénibles, douloureux. Sa voix se pressait, ses mots s'étranglaient. Ce qu'il voulait dire grimaçait sur ses traits crispés. De ses mains tressaillantes de violoniste, agitées au-dessus de sa tête, il relevait fiévreusement les ficelles tombantes de ses cheveux plats. Ses doigts épileptiques se tourmentaient, faisaient le geste d'accrocher et de saisir, battaient l'air devant ses idées, remuaient autour de son front le magnétisme de leurs nerfs. Coup sur coup, il renfonçait dans sa poitrine la corne de son habit boutonné. Un rire mécanique et fou mettait une espèce de hoquet dans sa parole coupée, hachée; et l'on eût cru voir de l'eau qui remplissait d'une lueur trouble ces yeux d'un visage halluciné montrant les misères d'un estomac qui ne mange pas tous les jours, et les débauches de l'opium.

La crise dura quelques instants; puis avec l'élancement d'une source qui a rejeté ce qui l'étouffe et lui pèse, vomi son sable et ses pierres, il jaillit de Chassagnol un flot libre et courant d'idées et de mots, qui roula autour de lui sur l'hébétement des buveurs de bière.

— Insensée!... là! insensée!... l'idée d'une fournée d'avenirs!... d'avenirs! Ah! ah!... Comment!... ce qu'il y a de plus divers et de plus opposé, natures, tempéraments, aptitudes, vocations, toutes les manières personnelles de sentir, de voir, de rendre, les divergences, les contrastes, ce qu'une Providence sème d'originalité dans l'artiste pour sauver l'art humain de la monotonie, de l'ennui; les contraires absolus qui doivent faire la contrariété des admirations, ces germes ennemis et disparates d'un Rembrandt et d'un Vinci à venir... tout cela! vous enfermez tout cela, dans un pensionnat, sous la discipline et la férule d'un pion du Beau! Et de quel Beau! du Beau patenté par l'Institut! Hein! comprends-tu? Du talent, mais si tu avais la chance d'en avoir pour deux sous, tu ne le rapporterais pas de là-bas... Car le talent, enfin le talent, qu'est-ce que c'est, hein, le talent? C'est tout bêtement, et ça dans tous les arts, pas plus dans la peinture que dans autre chose..., c'est la faculté petite ou grande de nouveauté, tu entends? de nouveauté, qu'un individu porte en lui... Tiens! par exemple, dans le grand, ce qui différencie Rubens de Rembrandt, ou, si tu veux, de haut en bas, Rubens de Jordaëns, là, hein?... eh bien, cette faculté, cette tendance de la personnalité à ne pas toujours recommencer un Pérugin, un Raphaël, un Dominiquin, et cela avec une sorte de piété chinoise, dans le ton qu'ils ont aujourd'hui... cette faculté de mettre dans ce que tu fais quelque chose du dessin que tu surprends et perçois toi-même, et toi seul, dans les lignes présentes de la vie, la force, et je dirai le courage d'oser un peu de la couleur que tu vois avec ta vision d'occidental, de Parisien du dix-neuvième siècle, avec tes yeux... je ne sais pas, moi... de presbyte ou de myope, bruns ou bleus... un problème, cette question-là, dont les oculistes devraient bien s'occuper, et qui donnerait peut-être une loi des coloristes... Bref, ce que tu peux avoir de dispositions à être *toi*, c'est-à-dire beaucoup, ou un peu différent des autres... Eh bien! mon cher, tu verras ce qu'on t'en laissera, avec les prêcheries, les petits tourments, les persécutions! Mais on te montrera au doigt! Tu auras contre toi le directeur, tes camarades, les étrangers, l'air de la Villa-Medici, les souvenirs, les exemples, les vieux calques de vingt ans que les générations se repassent à l'École, le Vatican, les pierres du passé, la conspiration des individus, des choses, de ce qui parle, de ce qui conseille, de ce qui réprimande, de ce qui opprime avec le souvenir, la tradition, la vénération, les préjugés... tout Rome, et l'atmosphère d'asphyxie de ses chefs-d'œuvre! Un jour ou l'autre, tu seras empoigné par quelque chose de mou, de décoloré et d'envahissant, comme un nageur par un poulpe... le pastiche te mettra la main dessus, et bonsoir! Tu n'aimeras plus que cela, tu ne sentiras plus que cela : aujourd'hui, demain, toujours, tu ne feras plus que cela... pastiches! pastiches! pastiches! Et puis la vie, là!... Gardez donc de la flamme dans la tête, de l'énergie, du ressort, les muscles et les nerfs de l'artiste, dans cette vie d'employé peintre, dans cette existence qui tient de la communauté, du collége et du bureau, dans cette claustration et cette régularité monacales, dans cette pension! « Une cuisine bourgeoise », comme l'a appelée Géricault... Rudement juste, le mot! C'est là qu'il s'éteint bien le *sursum corda* de l'ambition poignante... Toi? mais dans ce douceâtre et endormant bien-être, dans la fadeur des routines, devant la platitude des perspectives tranquilles, l'avenir assuré, le droit aux commandes, les travaux qui vous attendent... toi? Mais la bourgeoisie la plus basse finira par te couler dans les moelles!... Tu n'oseras plus rien trouver, rien risquer... Tu marcheras dans les souliers éculés de quelque vieille gloire bien sage, et tu feras de l'art pour faire ton chemin ! Ah ! tu ne sais pas ce qu'il a fallu de résistance, d'héroïsme, de solidité à deux ou trois qui ont passé par là... quatre, si tu veux, mais pas plus... pour résister au casernement, à l'énervement de ces cinq ans, à l'embourgeoisement et à l'aplatissement de ce milieu ! Non, vois-tu, mon cher, qu'on fasse toutes les tartines du monde là-dessus, ce n'est pas là l'école qu'il faut au talent : la vraie école, c'est l'étude en pleine liberté, selon son goût et son choix. Il faut que la jeunesse tente, cherche, lutte, qu'elle se débatte avec tout, avec la vie, la misère même, avec un idéal ardu, plus fier, plus large, plus dur et douloureux à conquérir, que celui qu'on affiche dans un programme d'école, et qui se laisse attraper par les forts en thème... Et pourquoi une école de Rome, hein? Dis-moi un peu pourquoi? Comme si l'on ne devrait pas laisser le peintre qui se forme aller où il lui semble qu'il y a des aïeux, des pères de son talent, des espèces d'inspirations de famille qui l'appellent... Pourquoi pas une école à Amsterdam pour ceux qui se sentent des liens de race, une filiation avec Rembrandt? Pourquoi pas une école de Madrid pour ceux qui croient avoir du Vélasquez dans les veines? Pourquoi pas une école de Venise pour les autres? Et puis, au fond, pourquoi des écoles? Veux-tu que je te dise ce qu'il y a à faire, et ce qu'on fera peut-être un jour? Plus de concours, d'émulation d'école, de vieilles machines usées et d'engrenages de tradition : à l'œuvre libre, convaincue, personnelle, témoignant d'une pensée et d'une inspiration, à l'artiste jeune, débutant, inconnu, qui aura exposé une toile remarquable, que l'État donne une somme d'argent, qu'avec cet argent l'artiste aille où il voudra, en Grèce... c'est aussi classique que Rome, à ce que je crois... en Égypte, en Orient, en Amérique, en Russie, dans du soleil, dans du brouillard, n'importe où, au diable s'il veut! partout où le poussera son instinct de voir et de trouver... Qu'il voyage, si c'est son humeur; qu'il reste, si c'est son goût; qu'il regarde, qu'il étudie sur place, qu'il travaille à Paris et sur Paris... Pourquoi pas? Pincio pour Pincio, quand il prendrait Montmartre? Si c'est là qu'il croit trouver son talent, le caractère caché dans toute chose qui se révèle à l'homme unique né pour le voir... Eh bien! celui qu'on encouragera ainsi, en le laissant tout à lui-même, en lui jetant la bride de son originalité sur le cou, s'il est le moins du monde doué, je puis bien t'assurer que ce qu'il fera, ce ne sera ni du beau Blondel, ni du beau Picot, ni du beau Abel de Pujol, ni du beau Hesse, ni du beau Drolling... pas du beau si noble, mais quelque chose qui aura des entrailles, du tressaillement, de l'émotion, de la couleur, de la vie!... ah! oui, qui vivra plus que toutes ces resucées de mythologies-là!... Allons donc! Il y aurait eu des Instituts partout avec des couronnes, que nous n'aurions peut-être pas vu se produire les excessifs, les déréglés, les géants, un Rubens ou un Rembrandt! On nous arrête le soleil à Raphaël! Ah! le prix de Rome!... Tu verras ce que je te dis : une honorable médiocrité, voilà tout ce qu'il fera de toi... comme des autres. Pardieu ! tu arriveras à sacrifier « aux doctrines saines et élevées de l'art »... Doctrines saines et élevées! C'est amusant! Mais, nom d'un petit bonhomme! qu'est-ce qu'elle a donc fait ton école de Rome? Est-ce ton école de Rome qui a fait Géricault? Est-ce ton école de Rome qui a fait ton fameux Léopold Robert? Est-ce ton école de Rome qui a fait Delacroix? qui a fait Scheffer? qui a fait Delaroche? qui a fait Eugène Deveria? qui a fait Granet? Est-ce ton école de Rome qui a fait Decamps? Rome! Rome! toujours leur Rome! Rome? Eh bien, moi je le dis, et tant pis! Rome? c'est la Mecque du *poncif!*... oui, la Mecque du *poncif*... Et voilà ! Hein ? n'est-ce pas? ça va, le baptême y est...

Chassagnol parlait toujours. Et de son éloquence enfiévrée, morbide, qui grandissait en s'exaltant, se levait l'orateur nocturne, le parleur dont les théories, les paradoxes, l'esthétique semblent se griser à la nuit de l'excitation de la veille et de la lumière du gaz, un type de ce génie de la parole parisienne, qui s'éveille, à l'heure du sommeil des autres, sur un bout de table de café, les coudes sur les journaux salis et les mensonges fripés du jour, dans un coin de salle, à la lueur des bougies éclairant vaguement, au fond de l'ombre, les matelas roulés sur les billards par les garçons en manches de chemise.

A une heure, le maître du café fut obligé de mettre à la porte les deux amis. Chassagnol s'égosillait toujours.

Arrivé à sa porte, Anatole monta : Chassagnol monta derrière lui, en homme accoutumé à monter l'escalier de tout ami avec lequel il avait dîné une fois, ôta son habit qui le gênait pour parler, n'entendit pas sonner l'heure au coucou de la chambre, se mit à fumer une pipe sans cesse éteinte, regarda Anatole se déshabiller, et resta, toujours parlant, jusqu'à ce qu'Anatole lui eût offert la moitié de son lit pour obtenir le silence. Encore Anatole eut-il la fin de la tirade de Chassagnol dans un de ses rêves.

Deux jours et deux nuits, Chassagnol ne quitta pas Anatole, emboîtant son pas, l'accompagnant au restaurant, au café, vivant sur ce qu'il mangeait, partageant ses nuits et son lit, continuant à parler, à théoriser, à paradoxer, intarissable sur l'art, sans que jamais un mot lui échappât sur lui-même, ses affaires, la famille qu'il pouvait avoir, ce qui le faisait vivre, sans qu'il lui vînt jamais à la bouche le nom d'un père, d'une mère, d'une maîtresse, de n'importe quel être à qui il tînt, d'un pays même qui fût le sien. Mystère que tout cela dans cet homme bizarre et secret, dont la science même venait on ne savait d'où.

La troisième nuit, Chassagnol abandonna Anatole pour s'en aller avec un autre ami quelconque, qui était venu s'asseoir à leur table de café. C'était son habitude, une habitude qu'on lui avait toujours connue de passer ainsi d'un individu, d'une société, d'un camarade, d'un café à un autre café, à un autre camarade, pour se raccrocher aux gens, quand il les retrouvait, comme s'il les avait quittés la veille, les quitter de nouveau quelques jours après, et s'en aller nouer avec le premier venu une nouvelle intimité d'une moitié de semaine.

XVII

Le lendemain de cette séparation, Anatole entrait dans l'atelier à l'heure où Langibout faisait sa leçon. Il avait le petit air modestement fier qui s'attend à des félicitations.

— Vous voilà, petit misérable! — lui cria Langibout d'une voix terrible dès qu'il l'aperçut. — Comment! avec ce que vous savez, vous avez eu le front de concourir! Et vous êtes reçu le neuvième!

C'est dégoûtant... Mais est-ce que vous avez jamais eu l'idée que vous seriez capable de peindre une académie, petit animal ? Vous serez refusé au second concours, et vous aurez pris pour rien du tout la place d'un autre qui avait la chance d'avoir le prix... Quand je pense que vous auriez pu le faire manquer à Garnotelle ! un garçon qui sait, lui, et qui est à sa dernière année... Ah ! si c'était arrivé, par exemple, je vous aurais flanqué à la porte ! Je vous aurais flanqué à la porte !... — répéta plus vivement Langibout, et il s'avança sur Anatole qui baissa la tête sur son carton, comme devant la menace d'une calotte. Ce furent là toutes les félicitations de Langibout. Du reste, il ne s'était pas trompé : la semaine suivante, au concours de l'académie peinte, Anatole fut refusé. Garnotelle passait le troisième dans les dix admis à entrer en loge.

Garnotelle montrait l'exemple de ce que peut, en art, la volonté sans le don, l'effort ingrat, ce courage de la médiocrité : la patience. A force d'application, de persévérance, il était devenu un dessinateur presque savant, le meilleur de tout l'atelier. Mais il n'avait que le dessin exact et pauvre, la ligne sèche, un contour copié, peiné et servile, où rien ne vibrait de la liberté, de la personnalité des grands traducteurs de la forme, de ce qui, dans un beau dessin d'Italie, ravit par l'attribution du caractère, l'exagération magistrale, la faute même dans la force ou dans la grâce. Son trait consciencieux, sans grandeur, sans largeur, sans audace, sans émotion, était pour ainsi dire impersonnel. Dans ce dessinateur, le coloriste n'existait pas, l'arrangeur était médiocre, et n'avait que des imaginations de seconde main, empruntées à une douzaine de tableaux connus. Garnotelle était, en un mot, l'homme des qualités négatives, l'élève sans vice d'originalité, auquel une sagesse native de coloris, le respect de la tradition de l'école, un précoce archaïsme académique, une maturité vieillotte, semblaient assurer et promettre le prix de Rome.

Malgré trois échecs successifs, Langibout gardait l'espérance opiniâtre du succès pour cet élève persistant et méritant, auquel un double lien l'attachait : une similitude et une parité d'origine, une ressemblance de son vieux talent avec ce jeune talent classique. L'avenir lui semblait ne pouvoir échapper à tout ce qu'il estimait dans ce compatriote de Flandrin, à son caractère, à cette ténacité que Garnotelle mettait en tout, apportant à la plaisanterie même comme l'entêtement d'un canut.

Né de pauvres ouvriers, Garnotelle avait eu la chance de ne pas naître à Paris, et de trouver, autour de sa misérable vocation, toutes les protections qui soutiennent et caressent en province une future gloire de clocher.

Le conseil municipal l'avait envoyé à Paris avec douze cents francs de pension, et, dans sa sollicitude maternelle, l'avait logé dans un hôtel vertueux, où les mœurs des pensionnaires étaient surveillées par un hôtelier tenu à un rapport sur leurs rentrées. Il avait été augmenté de deux cents francs, lors de sa réception à l'École des Beaux-Arts. Au bout de deux médailles, il avait été porté à dix-neuf cents francs. Une pension de deux mille quatre cents francs l'attendait quand il serait envoyé à Rome. Déjà venaient à lui, sans qu'il se fût produit, des commandes, des restaurations de chapelle, des portraits de gens de son endroit. Il sentait derrière lui tous ces bras d'une province qui poussent un fils dont elle attend de l'honneur, du bruit, toutes ces mains qui jettent, au commencement de la carrière de quelqu'un du pays, les recommandations de l'évêque, l'influence toute-puissante du député, le tapage d'éloges de la presse locale.

Malgré cette place de troisième, le maître et l'élève n'étaient pas rassurés. C'était le va-tout de l'avenir de Garnotelle, sa dernière année de concours ; et Langibout avait beau se répéter toutes les chances de ce talent honnête et courageux, ses titres à la justice charitable du jury de l'école, il gardait un fond d'inquiétude. Il lui semblait qu'il y avait de mauvais courants et des menaces dans l'air. Des bruits d'ateliers, un commencement de bourdonnement d'opinion, jetaient en avant les noms de deux ou trois jeunes gens, dont le talent nouveau, hardi, sympathique, pouvait s'imposer au jury et triompher de ses répugnances.

Le programme du concours de cette année-là était un de ces sujets tirés du *Selectæ*, que semblent régulièrement tous les ans dicter à l'Institut, dans un songe, les ombres de Caylus et d'André Bardon : « Brennus assiégeant Rome, les vieillards, les femmes et les enfants assistent au départ des jeunes hommes qui montent au Capitole pour le défendre. *Les Flamines descendent du temple de Janus, portant les vases et les statues sacrées, et distribuent des armes aux guerriers qu'ils bénissent.* »

Garnotelle passa soixante-dix jours en loge à faire son tableau, travaillant jusqu'à la nuit, sans perdre une heure, avec l'acharnement de toute sa volonté, une rage d'application, le suprême effort de toutes les ambitions et de toutes les espérances de sa médiocrité.

Arrivait l'Exposition : son tableau était déjà jugé ; car à ce concours, les élèves ne s'étaient pas contentés, selon l'habitude ordinaire, de *saloper*, c'est-à-dire de faire des trous dans la cloison pour regarder l'esquisse du voisin : profitant de l'inexpérience d'un gardien nouveau qu'on avait fait poser, le dos tourné aux portes des cellules, sous prétexte de faire son portrait, les concurrents s'étaient rendus visite les uns aux autres, et avec la justice loyale et spontanée des jugements de rivaux, le prix avait été décerné d'un commun accord à un tout jeune homme nommé Lamblin. A l'Exposition, ce jugement était confirmé par le public et la critique, qui restaient froids devant la sage ordonnance des Flamines de Garnotelle, la pauvre symétrie des groupes, la banale rouerie des draperies, le mouvement mort et mannequiné de la scène, la déclamation des gestes. Deux toiles de ses concurrents lui étaient opposées, comme supérieures par le sentiment de la scène, l'entente de la grandeur et du pathétique historiques, des parties enlevées de verve. Et pour la première place, elle était donnée sans conteste à la toile de Lamblin, à laquelle les plus sévères accordaient une rare solidité de couleur, et le plus grand goût d'austérité tragique.

Mais Lamblin avait eu l'imprudence d'exposer au dernier Salon un tableau dont on avait parlé, et autour duquel s'était fait un de ces bruits que les professeurs n'aiment pas à entendre autour du nom d'un élève. Puis, il n'avait que vingt-deux ans, l'avenir était devant lui, il pouvait attendre. Lui donner le prix, c'était l'enlever à un honnête travailleur, consciencieux, régulier, modeste, à un concurrent de la dernière année, auquel les échecs mêmes avaient un peu promis le prix de Rome : à ces considérations se joignait un intérêt naturel pour un pauvre diable méritant, et venu de bas, qui s'était élevé par l'étude. Des recommandations puissantes de Lyonnais haut placés firent encore pencher la balance du jury : Garnotelle eut le premier prix. On écarta Lamblin, pour que le rapprochement de son nom, le souvenir de sa toile n'écrasât pas trop le couronné : il n'eut pas même une mention ; et pour sauver le jugement, des articles furent envoyés aux journaux amis, où l'on appuyait sur le caractère d'élévation et de pureté de sentiment du tableau vainqueur. Mais ceci ne trompa personne : c'était un fait trop flagrant que le prix de Rome venait d'être encore une fois donné, non au talent et à la promesse de l'avenir, mais à l'application, à l'assiduité, aux bonnes mœurs du travail, au bon élève rangé et borné. Et la victoire de Garnotelle tomba dans le mépris de l'École, dans le soulèvement qu'inspire à la jeunesse une iniquité de juges et de maîtres.

Anatole était une de ces heureuses natures trop légères pour nourrir la moindre amertume. Il n'eut aucune jalousie de cette victoire qu'il avait tant rêvée. Il trouva que Garnotelle avait de la chance ; ce fut tout. Et lors de la grande partie de campagne d'octobre, à Saint-Germain, à cette fête des prix de Rome, où les cinquante-cinq logistes de l'année mêlés à des anciens, à des amis, courent la forêt, sur des rosses louées, avec des pantalons de clercs d'huissier remontés aux genoux et l'air d'un état-major de bizets dans une révolution, Anatole fut toujours en tête de la grotesque cavalcade. Au dîner traditionnel du pavillon Henri IV, dans la casse de toute la table et le bruit de deux pianos apportés par les prix de musique, il domina le bruit, le tapage, et les deux pianos. Et quand on revint, il étourdit, jusqu'à Paris, la nuit et le sommeil de la banlieue avec la chanson nouvelle, improvisée par un architecte, ce soir-là, au dessert du dîner, et populaire le lendemain :

« Gn'y en a,
Gn'y en a,
Que c'est de la fameuse canaille!... »

XVIII

Cet insuccès suffit à guérir Anatole de son ambition. Il se tourna vers d'autres idées, vers un désir plus modeste et de réalisation plus facile : il voulut avoir un atelier qui lui donnerait le chez lui de l'artiste, la possibilité de faire des portraits, de gagner de l'argent; en un mot, s'*établir* peintre.

Malheureusement sa mère n'était pas disposée à lui payer le luxe d'un atelier. A la fin, elle se décida à aller consulter Langibout, qui l'assura « que les belles choses pouvaient se faire dans une cave ». Armée de cette réponse, elle se refusa décidément à la fantaisie d'Anatole. Cela finit par une scène vive, à la suite de laquelle Anatole remonta fièrement dans sa chambre au sixième, en déclarant qu'il ne prendrait plus ses repas à la maison, et qu'il allait vivre de son talent.

6

Il vécut à peu près un mois de dessins de têtes d'Espagnoles pastellées, les cheveux fleuris de fleurs de grenadier, qu'il vendait à un petit marchand de la rue Notre-Dame-de-Recouvrance. Tout ce mois, il passa et repassa devant un numéro de la rue Lafayette, devant l'écriteau d'un petit atelier à louer, le seul atelier du quartier où Hillemacher n'avait pas encore fait bâtir ces huit grands ateliers qui firent plus tard de la rue un des camps de la peinture de la rive droite.

L'embarras était qu'il fallait une apparence de meubles pour entrer là-dedans; et Anatole gagnait à peine de quoi dîner tous les jours. Le plus souvent, il était nourri par un camarade de l'atelier, avec lequel il compagnonnait; un brave garçon pris par la conscription, et qu'une recommandation d'Horace Vernet avait fait mettre dans la réserve, et placer parmi les infirmiers du Val-de-Grâce, « les canonniers de la seringue ». De la caserne, il apportait à Anatole la moitié de sa ration dans son shako. Cela n'entamait en rien la fermeté de résolution d'Anatole, qui continuait à passer tous les jours par l'escalier de service devant la porte de la cuisine entr'ouverte de sa mère, sans y entrer, avec l'air de mépriser, du haut d'un estomac plein, l'odeur du déjeuner.

Là-dessus, il entendit parler d'un monsieur de province qui cherchait quelqu'un pour lui faire des personnages dans une lithographie. Il demanda l'adresse, et courut à un petit hôtel de la rue du Helder.

— Entrez! — lui cria une voix formidable quand il eut frappé à la porte indiquée. Il se trouva en face d'un Hercule, énormément nu, et tout occupé à faire des ablutions froides.

L'homme ne se dérangea pas; il continua à faire jouer ses membres de lutteur, des muscles féroces, en roulant de gros yeux dans sa grosse tête à barbe dure.

— Proférez des sons, — dit-il à Anatole interdit. Et quand Anatole eut expliqué le motif de sa visite : — Ah! vous savez faire la lithographie, vous?

— Parfaitement, — dit intrépidement Anatole, qui n'avait jamais touché de sa vie un crayon lithographique.

— Où demeurez-vous?

— Rue du Faubourg-Poissonnière, n° 31.

— Garçon! — cria l'homme en se rhabillant à un domestique de l'hôtel, qu'on entendait remuer dans la chambre à côté, — fermez ma malle, et un commissionnaire...

Anatole ne comprenait pas; mais il sentait une vague terreur brouillée lui monter dans les idées, devant cet homme inquiétant par sa force et ses espèces de manières de fou.

— Partons! — dit brusquement l'homme tout à fait rhabillé.

Anatole descendit l'escalier, suivi par le commissionnaire, par la malle, et par l'homme portant sous le bras une immense pierre, concentré, sinistre, muet et caverneux, avec l'air de rouler sous ses épais sourcils froncés des méditations farouches. Il avait l'impression d'un cauchemar, d'une aventure menaçante, et, par-dessus tout, un poignant sentiment de honte. L'idée était horrible pour lui d'introduire cet étranger dans son taudis. S'il ne lui avait pas donné son adresse, il se serait sauvé à un tournant de rue.

Quand le commissionnaire eut enfourné avec peine la grande malle dans la petite chambre, et que la pierre fut posée sur la table qu'elle couvrit, l'homme, après avoir mesuré de l'œil la hauteur et la largeur de la mansarde, posa sa large main sur la couverture, et dit ces simples mots : — C'est votre lit, n'est-ce pas ? Bon, je vais me coucher.

Anatole était tout à fait ahuri. Cependant, il commençait à préparer dans sa tête une timide demande d'explication, quand l'homme tira de sa poche quatre ou cinq cents francs qu'il posa sur la table de nuit.

Anatole vit dans cet or un éblouissement : son futur atelier ! Il ne dit pas un mot.

L'homme s'était couché; tout à coup, sortant à moitié du lit, et se dressant sur son séant : — Au fait, vous ne mangeriez pas quelque chose, vous n'avez pas faim?

— Si, — dit Anatole, — j'ai oublié de déjeuner ce matin.

— Eh bien! faites monter quelque chose du restaurant.

Après le déjeuner, où l'homme ne parla pas à Anatole, et où Anatole n'osa pas lui parler :

— Vous me réveillerez à dix heures, — dit l'homme en se recouchant. — Vous entendez, à dix heures !

Il était une heure. Anatole alla se promener. Toutes sortes d'imaginations lui tournoyaient dans la cervelle. Des histoires de fous dangereux qu'il avait lues lui revenaient. Il ne savait que penser, que croire de ce prodigieux garnisaire installé chez lui, tombé de la lune dans ses draps.

A dix heures, il réveilla le dormeur qui s'habilla et se mit à découvrir, avec toutes sortes de précautions, la pierre sur laquelle on ne voyait que l'indication d'un arc de triomphe, de ce caractère alhambresque qui est le style spécial de la pâtisserie : là-dessous devait être représentée la réception du duc d'Orléans par la garde nationale de Saint-Omer, avec les portraits exacts de tous les gardes nationaux, exécutés d'après de mauvais daguerréotypes contenus dans la malle de leur compatriote.

— Hein? nous allons nous y mettre? — fit l'homme après avoir donné à Anatole toutes les explications du sujet.

— Nous y mettre? Mais je n'ai pas l'habitude de travailler la nuit.

— Tiens?... Ah! bien, très-bien... Vous coucherez dans le lit, la nuit... moi le jour... Nous nous relayerons.

Au bout de douze jours de ce singulier travail, la pierre était finie. L'artiste-amateur de Saint-Omer repartit pour son pays, laissant à Anatole cent vingt-cinq francs, l'estomac refait et réélargi, et le souvenir d'un original très-brave homme qui n'avait trouvé que ce bizarre moyen pour obtenir vite d'un collaborateur ce qu'il voulait, comme il le voulait.

La malle du Saint-Omérois n'était pas au bout de la rue, qu'Anatole sautait rue Lafayette; il retenait le petit atelier. De là il courait chez un brocanteur qui, pour soixante-dix francs, lui vendait un chiffonnier et quatre fauteuils en velours d'Utrecht. A ce superflu, Anatole ajoutait le lit et la table de sa chambre. C'était de quoi répondre d'un terme pour un loyer de cent soixante francs. Et il entrait dans son premier atelier avec cinquante francs d'avance, de quoi vivre tout un mois, trente jours à n'avoir pas besoin de la Providence.

XIX

Atelier de misère et de jeunesse, vrai grenier d'espérance, que cet atelier de la rue Lafayette, cette mansarde de travail avec sa bonne odeur de tabac et de paresse ! La clef était sur la porte, entrait qui voulait. Un éventail de pipes à un sou dans un plat de faïence de Rouen, accompagné, les jours d'argent, d'un cornet de *caporal*, attendait les visiteurs, qui trouvaient toujours pour s'asseoir une place quelconque, un bras de fauteuil, une couverture par terre, un coin sur le lit transformé en divan, et où, en se tassant, on tenait une demi-douzaine. Là venaient et revenaient toutes sortes d'amis, d'hôtes d'une heure ou d'une nuit, les vagues connaissances intimes de l'artiste, des gens qu'Anatole tutoyait sans savoir leur nom, tous les passants que ce seul mot d'atelier attire comme l'annonce d'un lieu pittoresque, comique et cynique : c'étaient des camarades de chez Langibout qui, ce jour-là, avaient pris la rue Lafayette pour aller au Louvre, quelque garçon sans atelier venant exécuter une enseigne chez Anatole, un camarade de collége chatouillé par l'idée de voir un modèle de femme, un garçon plongé dans une étude d'avoué et en course dans le quartier, montant jeter ses dossiers dans le creux d'un plâtre de Psyché, ou bien encore quelque surnuméraire évadé de son ministère sur le coup de deux heures avec l'envie de flâner. On y voyait encore de jeunes architectes, des élèves de l'Ecole centrale, des débutants de tout métier, des stagiaires de tout art, rencontrés, raccolés par Anatole ici et là, dans le voisinage, au café, n'importe où : Anatole n'y regardait pas. Il prenait toutes les connaissances qui lui venaient, et rien ne lui semblait plus naturel que d'offrir la moitié de son domicile à un monsieur qui, dans la rue, avait allumé sa cigarette à la sienne. Cette extrême facilité dans les relations ne tardait pas à lui amener un camarade de lit permanent, sans qu'il sût trop d'où lui venait ce camarade. Il s'appelait M. Alexandre, et il était engagé au Cirque. Son emploi ordinaire était de jouer « le malheureux » général Mélas. C'eût été, du reste, un acteur assez ordinaire sans ses pieds ; mais, par là, il sortait de la ligne : on avait retourné tous les magasins du Cirque, sans pouvoir trouver de chaussure où il pût entrer.

Ainsi animé et hanté, l'atelier d'Anatole était encore visité, généralement sur le tard et vers les heures où commencent les exigences de l'estomac, par quelques femmes sans profession, qui faisaient le tour des hommes qui étaient là, et cherchaient si l'un d'eux avait l'idée de ne pas dîner seul. Le plus souvent, à six heures, elles se rabattaient sur une cotisation qui permettait de faire remonter du café d'à côté des absinthes et des anisettes panachées.

Le mouvement, le tapage ne cessaient pas dans la petite pièce. Il s'en échappait des gaîtés, des rires, des refrains de chansons, des lambeaux d'opéra, des hurlements de doctrines artistiques. L'honnête maison croyait avoir sur sa tête un cabanon plein de fous. Puis venaient des jeux qui faisaient trembler le parquet sur la tête des locataires du dessous : deux pauvres diables de dramaturges, malheureux comme des gens qu'on aurait enfermés sous une cage de singes pour trouver des situations. L'atelier piétinait, se poussait, dansait, se battait, faisait la roue. Il y avait des pantalonnades enragées, des chocs, des chutes, des tombées de corps qu'on eût dit s'assommer en tombant, des luttes à main plate, des bondissements d'acrobate, des tours de force. A tout moment éclatait cet athlétisme auquel invite la vue des statues et l'étude du nu, cette gymnastique folle, enragée, avec laquelle l'atelier continue les récréations du collége, prolonge les batailles, les jeux, les activités et les élasticités de l'enfance chez les artistes à barbe.

Les billets que M. Alexandre avait pour le Cirque, semés dans l'atelier, apportèrent bientôt à cette furie d'exercices une terrible surexcitation. Anatole et ses amis conçurent une grande idée qui, à peine réalisée, amena le congé des deux dramaturges. Ils pensèrent à répéter dans l'atelier les grandes épopées militaires du Cirque. A douze, ils jouèrent l'Empire tous les soirs. Chacun représentait à son tour une puissance coalisée, et quelquefois deux. La table à modèle était la capitale où l'on entrait, et une planche jetée du poêle sur la table figurait le praticable imité du fameux tableau des neiges du Frioul. Pour la campagne de Russie, le décor était simple : on ouvrait la fenêtre. Une femme de la société, qui raffolait du talent de Léontine, fut chargée du rôle de cantinière, à la condition qu'elle fournirait le costume : elle s'habilla avec un pantalon, une paire de bottes, une blouse fendue jusqu'au haut, et le dessus d'une boîte de sardines appliqué sur le chapeau de cuir d'un capitaine au long cours, naufragé à Terre-Neuve, et recueilli dans un coin de l'atelier. Il y eut des revues de la grande armée admirablement passées par Anatole à cheval sur une chaise. Il excellait à dire, d'après les plus pures traditions de Gobert : « Toi ? je t'ai vu à Austerlitz... A cheval, messieurs, à cheval ! » On vit aussi là des marches d'armées pleines d'ensemble, où le roulement des tambours était fait avec un bruit de lèvres, et la sonnerie des clairons imitée dans le creux du bras replié. Mais ce qu'il y eut de plus beau, ce furent les batailles, des batailles acharnées, héroïques, traversées de furieuses charges à la baïonnette avec des lattes d'emballeur, couronnées de la lutte suprême : le combat du drapeau ! Triomphe d'Anatole, où serrant contre son cœur la flèche de son lit, il luttait, se tordait, se disloquait, et finissait par faire passer au-dessus du manche à balai vainqueur tous les ennemis de la France !

XX

Deux lettres tombaient le même jour dans cet atelier et cette vie d'Anatole :

Punaisiana, route de Magnésie.
Septembre 1845.

« Gredin ! me laisser, depuis le temps que je suis ici, sans un bout de lettre, sans un mot ! et je suis sûr que tu n'es pas même mort, ce qui serait au moins une excuse. Du reste, si je t'écris, ce n'est pas que je te pardonne, au contraire. Je t'écris parce que je ne puis pas dormir. Sache que je gîte, pour l'instant, chez le Grec Dosiclès, lequel, pour m'honorer, m'a mis dans un lit où les draps sont brodés de fleurs en or d'un relief désespérant. J'étais si éreinté ce soir, que je commençais à dormir là-dessus, je me gaufrais, je me modelais en creux, mais je dormais... quand tout à coup, je me suis aperçu que chacune de ces fleurs d'or était un calice... un vrai calice de punaises ! Et voilà pourquoi je t'honore de ma prose, sans compter que j'ai eu ces temps-ci des journées qui me démangent à raconter, et qu'il faut que je fasse avaler à quelqu'un.

« Sur ce, suis-moi. En selle, à trois heures du matin, une escorte d'une douzaine d'Albanais et de Turcs, et bien entendu mon fidèle Omar. D'abord des sentiers, des chemins bordés de lauriers-roses et de grenadiers sauvages, au milieu desquels je voyais passer le tout jeune museau d'un petit chameau né dans la nuit et gros comme une chèvre, qui venait nous dire bonjour. A huit heures, nous commencions à monter la montagne : alors des précipices, des chutes d'eau à tout emporter, des pins gigantesques, admirables de formes, des arbres du temps de la création, des arbres pleins de vie et pleins de siècles, de vrais morceaux d'immortalité de la terre, qui ont le respect avec l'ombre autour d'eux. Je ne te parle pas de tout ce que nous faisions fuir dans les broussailles et les feuilles, serpents, oiseaux, écureuils, qui se sauvaient et se retournaient pour nous voir, comme s'ils n'avaient jamais vu de bêtes d'une espèce comme nous. En haut, malgré un froid de chien qui nous fait grelotter sous nos manteaux et nos couvertures, nous restons une heure à regarder ce qu'on voit de là : le Bosphore, les îles, la côte de Troie, blanche, avec des éclats de carrière de marbre, étincelante dans ce bleu, le bleu du ciel et de la mer mêlés, un bleu pour lequel il n'y a ni mots ni couleur, un bleu qui serait une turquoise translucide, vois-tu cela ?

« De là, dégringolade dans la plaine. Des villages dominés par de grands cyprès, de la bonne bête de grosse verdure, comme en Normandie ; des vergers avec de l'eau sourcillante sous le pied de nos chevaux, des arbres qui s'embrassent de leurs branches du haut ; des pêches jaunes, des prunes, des grenades, des raisins de toute couleur glissant des vignes emmêlées aux arbres ; partout sur le chemin, des fruits suspendus, tentants, tombant à la portée de la main ; entre les éclaircies des arbres, des champs de pastèques et de melons que mon escorte sabre à grands coups de yatagan et dont elle m'offre le cœur. Enfin, il me semblait être sur la grande route du paradis, animé par un peuple de paradis qui semblait enchanté de nous voir manger ce qui lui appartenait. Nous croisons des zebecks aux étendards rouges. Nous passons de petites rivières sur des ponts en ogive, un vrai décor de croisade. Il défile des hommes, des femmes, de tout, et jusqu'à un déménagement du pays : cela se compose d'un petit âne blanc sur lequel est un grand diable de nègre, le cafetier, et sur le cafetier, juché, un coq ; puis un gros Turc écrasant une maigre monture ; puis la femme nº 1, montée à califourchon, et flanquée devant et derrière d'un enfant ;

puis la femme n° 2 ; puis un ânon et un mouton en liberté, qui suivent la famille à peu près comme ils veulent. Le soleil se met à baisser : nous tombons dans un groupe de pasteurs, à la grande immobilité découpée sur le ciel, au chant grave, les yeux tournés vers une mosquée : je t'assure qu'ils dessinaient une crâne silhouette de la *Prière orientale*. C'est seulement à la nuit, à la pleine nuit, que nous atteignons Ailvatissa, où un gros dégoûtant de Turc, qui a voulu absolument nous héberger, nous fourre dans la bouche, avec toutes sortes de politesses, les boulettes qu'il se donne la peine de faire avec ses doigts sales : c'était comme mon lit de fleurs !

« Voilà une journée pas mal pittoresque, n'est-ce pas ? Eh bien ! elle ne vaut pas ce que nous avons vu aujourd'hui. Imagine-toi une immense oasis, un bois d'arbres énormes et si pressés qu'ils donnent l'ombre d'une forêt, des platanes géants qui ont quelquefois, autour de leur tronc mort de vieillesse, quarante rejetons enracinés et rejaillissants du sol; imagine là-dessous de l'eau, un bruit de sources chantantes, un serpentement de jolis ruisseaux clairs, et là-dedans, dans cette ombre, cette fraîcheur, ce murmure, pense à l'effet d'une centaine de bohémiens ayant accroché aux branches leur vie errante, campant là avec leurs tentes, leurs bestiaux, les hommes, le torse nu, fabriquant des armes, forgeant des instruments de jardinage sur une petite enclume enfoncée en terre, et charmant le battement du fer avec le rhythme d'une chanson étrange, de belles et sauvages jeunes filles dansant en brandissant sur leur tête des tambours de basque qui leur font de l'ombre sur la figure, des femmes près de flammes et de foyers vifs, faisant cuire des agneaux entiers qu'elles apportent sur des brassées de plantes odoriférantes, d'autres occupées à donner à de petites bouches leurs seins bronzés, des petits enfants tout nus avec un tarbourch couvert de pièces de monnaie, ou bien n'ayant sur la peau que l'amulette du pays contre le mauvais œil : une gousse d'ail dans un petit morceau d'étoffe dorée ; tous, barbotant, s'éclaboussant, dans le bois d'eau et de soleil, courant après des oies effarouchées... Et aux arbres, des berceaux suspendus, des berceaux d'enfants, nids de loques aux mille couleurs, ramassés brin à brin dans les trouvailles des routes...

« Mais en voilà quatre pages. Et je dors. Bonsoir !

« Ecris-moi chez le consul de France, à Smyrne.

« A toi, vieux.

« N. DE CORIOLIS. »

XXI

« Rome, 26 décembre 1844, deux heures du matin.

« Je suis à Rome, je suis à l'École de Rome!... Ah! mon ami, si je l'osais, je pleurerais. Mais pas de phrases. Tu vas voir ce que c'est!

« Nous sommes arrivés ce soir; tu sais, Charagut a dû t'écrire cela, nous avions pris, il y a près de trois mois, un voiturin à Marseille. Nous étions les cinq prix : Jouvency, Salaville, Froment, Gouverneur et Charmond, le musicien. Nous avons passé par la Corniche et pas mal flâné en Toscane : ça a été charmant. Enfin aujourd'hui, c'était le grand jour. A trois heures, nous étions dans un endroit appelé Ponte Molle. Nous savions que les camarades viendraient à notre rencontre : il y en avait quatre. Mais quel drôle de changement! des garçons avec qui nous étions à Paris à tu et à toi, des amis! tu ne t'imagines pas! un froid... et pas seulement du froid, un air tout gêné, tout inquiet, tout absorbé. Avec ça, ils étaient mis comme des brigands, fagotés à faire peur. J'ai demandé à Guérinau pourquoi Férussac, tu sais, Férussac qui a été chez nous, n'était pas venu. Il m'a répondu, comme mystérieusement, qu'il n'avait pas pu venir ; que j'allais le trouver bien changé, qu'il avait une espèce de maladie noire ; qu'on craignait un peu pour sa tête, et qu'il m'avertissait de ne pas le contrarier dans ses idées. Et comme ça toute la route, ç'a été un tas de mauvaises nouvelles des uns et des autres, et des histoires qui nous ont mis tout sens dessus dessous. J'oublie de te dire qu'à Ponte Molle, ils nous ont montré des statues de Michel-Ange : je t'avouerai que ni moi ni Jouvency n'y avons rien compris. Ils trouvent, eux, que c'est ce qu'il a fait de plus beau. Il faut que je te dise quelque chose, mais cela tout à fait entre nous, je te demande le secret : ils sont ici très-malheureux d'une aventure arrivée à Filassier, le prix du *Joseph*, tu te rappelles. A ce qu'il paraît, il est entretenu par une princesse italienne, et publiquement. Il ne s'en cache pas, il se donne en spectacle. Tu comprends la déconsidération que cela jette sur l'Académie, et la position fausse où cela nous met tous à Rome.

« Nous sommes entrés par une grande porte où il y a des obélisques de chaque côté, et ils nous ont de suite conduit dans le Corso voir Saint-Pierre. Mon Dieu ! que cela ressemble peu à l'idée qu'on s'en fait ! Je me figurais une place circulaire avec des colonnes devant : il paraît que ç'a été démoli par le gouvernement pour faire des rues. Et puis, nous avons monté, et nous sommes arrivés, comme la nuit venait, à la villa Médici. On nous a menés à nos chambres : tu ne te figures pas des chambres comme ça : j'en ai une... ignoble! Et nous en avons pour un an, à ce qu'il paraît, à être là! Là-dessus l'*Ave Maria* a sonné : cela sonne le dîner ici, l'*Ave Maria*. Nous sommes descendus à la salle à manger. C'était lugubre; rien que de mauvaises chandelles, pas de nappes; au lieu de serviettes, des torchons, des couverts en étain. Il y avait, pour servir, deux domestiques, mais si sales, qu'ils vous ôtaient d'avance l'appétit. J'ai aperçu que c'était peint en rouge, et qu'il y avait au fond le Faune appuyé, tu sais, avec sa flûte, et puis en haut les portraits des pensionnaires. Fleuricu me montrait tous ceux qui étaient morts : il y en avait des files de sept d'emportés! On était séparé : chaque année avait sa petite table. Les vieux prix, les restants à l'école, les *professeurs*, comme on les appelle ici, en avaient une un peu exhaussée. Ceux que j'ai connus dans le temps m'ont paru terriblement vieillis; et puis, ils ont un teint d'un vert affreux. Tu as bien connu Grimel? Il a les cheveux tout blancs, à présent. On a passé la soupe, et comme les nouveaux sont ici les derniers servis, la soupière nous est arrivée à peu près vide. Personne ne se parlait. Il y avait toujours un silence de glace. Ils ont l'air de se détester tous. Les vieux, autour de Grimel, avaient des regards perdus comme s'ils avaient été dans la lune. Quelques-uns avaient de petits manteaux de laine, et paraissaient avoir froid dessous comme des pauvres. Enfin, il y eut une voix à la table des professeurs : « — Ah! voilà les nouveaux... — Il est bien laid, celui-là... — Lequel? — On dit que le concours était bien faible... » Nous avions le nez dans notre assiette. Il nous arriva une boîte de sardines où il n'y avait plus rien au fond que des arêtes et de l'huile qui sentait l'huile grasse. Il y avait dans la salle un grand brasier plein de braise : voilà que je vois un de ceux qui grelottaient y aller, poser les pieds sur le tour de bois du brasier, et rester là à trembler. Cela faisait mal. Il en vint un autre, puis un autre. Alors il partit des tables : « Sont-ils embêtants, avec leur fièvre, ceux-là! C'est agréable pendant qu'on mange, d'avoir l'hôpital à côté de soi! » Il faut te dire que les domestiques ne parlent qu'italien, ce qui est commode. Nous avions attrapé quelques tirans du bouilli, de l'*alesso*, comme ils disent, quand Filassier a fait son entrée, en bottes, en culotte blanche, en veste de velours, des éperons, une cravache, et un air! Faisant des effets de cuisse, repoussant ce qu'on passait comme un homme qui veut dire qu'il mange mieux ailleurs... C'est révoltant! Je ne comprends pas qu'il en soit arrivé à cette impudeur-là. Là-dessus, j'ai entendu des cris : Michel-Ange! Raphaël!... Je n'ai entendu que cela, et j'ai vu toute une table qui se levait pour en manger une autre... Il y avait même Chatelain qui avait son couteau... Et personne n'essayait de les séparer ! On devient de vraies bêtes féroces ici. Notre graveur, qui est nerveux, a pris le trac : il s'est sauvé dans la cuisine. Heureusement qu'on a fait apporter du vin cacheté, qui m'a semblé par parenthèse plus mauvais que l'ordinaire, et Grimel a proposé gentiment de boire à la santé des nouveaux, en nous disant qu'il « espérait que nous ferions honneur à l'Académie, et que nous reconnaîtrions la généreuse hospitalité que nous y recevions. » Aucun de nous n'a eu le courage de répondre. On est passé au salon. Qu'est-ce qui m'avait donc dit qu'il y avait des aquarelles de carnaval au salon ? C'est une petite chambre nue, très-petite. Nous avons été obligés de nous asseoir par terre, tandis que Charmond jouait son prix, et on m'a conduit à ma chambre : les quatre murs, mon ami. Mon lit et ma malle, rien de plus. Je t'écris, assis sur ma malle. Je te dirai encore que...

« Du même endroit. Octobre 1845.

« Ah ! mon cher, je retrouve ce vieux torchon de lettre oublié dans un coin, et je ris bien ! Mais il faut d'abord que je te finisse ma nuit.

« Je t'écrivais donc sur ma malle lorsque, crac ! ma bougie s'éteint. Je la tâte : froide comme un mort ! Je cherche des allumettes : pas une. J'ouvre ma porte : pas de lumière. Je me risque dans de grands diables d'escaliers et des corridors qui n'en finissent pas. La peur me prend de me casser le cou, je retrouve ma chambre et mon lit à tâtons. Je prends mon meuble de nuit sous mon lit : c'est un arrosoir! Enfin je me couche, je vais fermer l'œil... voilà de la lumière qui se met à serpenter par terre entre les jointures des carreaux, et il part sous mon lit quelque chose comme une mine qui saute! Au même instant la porte s'ouvre, et on me jette dans ma chambre une avalanche de meubles.

« Une farce que tout cela, tu comprends; une farce depuis le commencement jusqu'à la fin! Les soi-disant statues de Michel-Ange, à Ponte Molle, sont de n'importe qui. Le Saint-Pierre qu'on m'a montré, c'est l'église San-Carlo. Férussac ne songe pas plus que moi à aller à Charenton. Il y a deux bonnes lampes dans la salle à manger, et des nappes. Les cheveux blancs de Grimel étaient faits avec de la farine. Filassier, l'honnête garçon, n'est entretenu que par l'école de Rome. Les fiévreux étaient de faux fiévreux. Le vrai salon a bien des aquarelles de carnaval. La dispute à table était en imitation. Ma chambre n'était pas ma chambre. Le meuble de dessous mon lit était percé, et ma bougie était un bout de bougie sur un navet ratissé! Voilà! Ah! les scélérats! les ai-je assez amusés! Car on vous donne, pour ces occasions, une chambre sans volets, sans rideaux, et où on peut vous voir du balcon de la Loggia. Et ils m'ont vu ! je leur ai donné la comédie de l'homme qui rentre désespéré dans sa chambre, ferme la porte, regarde, fait deux ou trois tours, met la main dans son gousset pour trouver un équilibre dans son malheur, tire lentement une manche de sa redingote, cherche un meuble où la poser, et finit par s'asseoir sur sa malle comme un condamné à cinq ans de Rome ! Ils m'ont vu ouvrir ma malle, en tirer un pot de pommade, et me frotter le nez pour le coup de soleil qu'on attrape ordinairement dans le voyage, avec le geste imbécile qu'on a à se frotter le nez quand on n'a pas de glace ! Ils m'ont vu, me graissant bêtement d'une main, tenir et retourner de l'autre, avec agitation, une lettre ! Car, je n'avais pas osé tout te dire. J'avais eu la naïveté de leur parler en chemin d'une Italienne très-gentille que j'avais rencontrée dans le nord de l'Italie, et qui m'avait dit qu'elle allait à Rome; et j'avais trouvé en arrivant à l'Académie une lettre, une lettre à cachet, à devise, une lettre sentant la femme : mais le diable, c'est que ce gueux de poulet était en italien, en un polisson d'italien de cuisine qui me faisait venir l'eau à la bouche, et où j'accrochais un mot par-ci par-là sans pouvoir saisir une phrase... Oh ! non, moi, en pan de chemise, avec la caricature de mon ombre au mur, piochant ma lettre, en m'approchant toujours plus près de la bougie, et en m'enduisant plus fiévreusement le nez... ça devait être trop drôle !

« Le lendemain, ils n'ont pas manqué de me présenter à la dame de la garde-robe de l'École, comme à la femme de M. Schnetz, et j'ai été très-flatté qu'elle me parlât de mon concours !

« Oui, c'est moi, mon cher, qui ai été attrapé comme ça ! Ça doit te donner une assez jolie idée de la manière dont on vous met dedans. Vrai, c'est très-bien fait, cette scie en crescendo. Ça monte, ça monte ; ça vous pince tout à fait à la fin, et ça pince tout le monde. Et puis, tu comprends, on arrive ; il y a le voyage qui vous a remué, la fatigue, l'éreintement. On a l'émotion de l'arrivée, de tout ce qu'on va voir, de Rome. On ne sait pas, on se sent loin. Il y a de l'inconnu dans l'air, un tas de choses qui vous font bête. Bref, ça arrive aux plus forts : on est prêt à tout avaler.

« Je te dirai qu'il y a ici un Beau auquel on sent qu'on ne peut atteindre tout de suite et qui vous écrase. C'est l'impression générale, à ce qu'on me dit, ce qui me console un peu. Il me semble que je n'ai pas encore les yeux ouverts. Je suis dans le demi-jour de la première année. Il paraît qu'ici on est illuminé subitement. Un beau jour on voit. Grimel m'a expliqué cela : il arrive un moment où tout d'un coup ce qu'on a partout sous les yeux vous est révélé. A lui, ça est arrivé du balcon de la Loggia. En regardant de là toute la vieille

Rome, la colonne Antonine, la colonne Trajane, les murs de Rome, la campagne, les monts de la Sabine, le bord de la mer à l'horizon, il a vu, il a compris, il a senti : tout s'est éclairé pour lui.

« En attendant, je travaille dur.

« Qu'est-ce qu'on devient à Paris ?

« Ton bon camarade,

« GARNOTELLE. »

XXII

Des mois, un an se passaient. Anatole continuait cette existence au jour le jour, nourrie des gains du hasard, riche une semaine, sans le sou l'autre, lorsqu'il lui arrivait une fortune. Un éditeur belge qui avait entrepris une contrefaçon des modèles de têtes de Julien à l'usage des pensions et des écoles, s'adressait à lui. Le modèle décalqué sur la pierre, la pierre passée au gras, Anatole n'avait guère qu'à repiquer les valeurs qui n'étaient pas venues. Il en expédia près d'une centaine pendant son hiver. Chacune de ces reproductions lui étant payée quatre-vingts francs, il se fit ainsi près de huit mille francs. C'était pour lui une somme fabuleuse, l'extravagance de la prospérité : il avait l'impression d'un homme sans souliers qui marcherait dans l'or. Tout coula, tout roula dans le petit atelier qui devint une espèce d'auberge ouverte, de café gratuit, à grands soupers de charcuterie, où les cruchons de bière vidés faisaient à la fin le tour des quatre murs, et sortaient sur le palier.

Puis ce furent des fantaisies. Anatole se livra à des acquisitions de luxe, longtemps rêvées. Il acheta successivement diverses choses étranges.

Il acheta une tête de mort dans le nez de laquelle il piqua, sur un bouchon, un papillon.

Il acheta un *Traité des vertus et des vices*, de l'abbé de Marolles, dont il fit le signet avec une chaussette.

Il acheta un cadre pour une étude de Garnotelle, peinte un jour de misère avec l'huile d'une boîte de sardines.

Il acheta un clavecin hors d'usage, où il essaya vainement de s'apprendre à jouer : *J'ai du bon tabac...* Après le clavecin, il acheta un grand morceau de guipure historique ; après la guipure un canot qu'on vendait pour rien, sur saisie, un jour de janvier, et qu'il fit enlever, sous la neige, de la cour des Commissaires-priseurs.

Après le canot, il n'acheta plus rien ; mais il prit un abonnement à une édition par livraisons des œuvres de Fourier, et se commanda un habit noir doublé en satin blanc, — un habit qui devait, dans l'atelier, remplacer la musique : pour l'empêcher de prendre la poussière, Anatole finit par le serrer dans le clavecin dont il enleva l'intérieur.

XXIII

—Garçon !... des huîtres... des grandes... comme votre berceau ! Allez !

C'était Anatole qui lançait sa commande, installé dans la grande salle du restaurant Philippe, à une table en face la porte d'entrée.

Ce jour-là — le jour de la mi-carême, — l'idée d'aller au bal de l'Opéra s'était emparée de lui. Il avait réuni un gilet de flanelle, une paire d'ailes, un maillot, un carquois, et avec cela il s'était déguisé en Amour. Une seule chose l'embarrassait : sa barbe noire. Ne voulant pas la couper, il se résolut à lui donner un accompagnement qui ôtât le manque d'harmonie à son costume : il attacha sur son gilet de flanelle, au creux de l'estomac, un peu de crin qu'il prit dans son matelas. Ainsi habillé, des besicles noires peintes autour des yeux, un ruban bleu de ciel dans les cheveux, des pantoufles de broderie aux pieds, il était parti, allant devant lui, flânant. Malgré la gelée qu'il faisait, il n'avait froid qu'au bout des doigts, et rien ne le gênait que l'ennui de ne pouvoir mettre ses mains dans ses poches absentes. Il s'arrêtait devant les costumiers, regardait les oripeaux de carnaval dans le flamboiement du gaz, marchait tranquillement dans l'escorte d'honneur des gamins : il n'était pas pressé. Au fond, il trouvait le bal de l'Opéra un divertissement d'une distinction un peu bourgeoise, un plaisir d'homme du monde ; et il se demandait s'il ne devait pas aller dans un bal moins bon genre, comme Valentino, Montesquieu. Il arriva à l'Opéra. N'étant pas encore bien décidé, il entra dans un petit café du voisinage, et trouva, dans ce qui se passait là, dans le caractère des habitués, dans les allées et venues des dominos qui leur apportaient des sucres de pomme et des oranges, assez d'intérêt pour y rester près d'une heure. Arrivé à l'entrée de l'Opéra, et salué par l'engueulement des cireurs de bottes que les nuits de bal improvisent, il fit l'honneur à deux ou trois de ces peintres en vernis, auxquels il reconnut une jolie *platine*, de leur répondre, aux applaudissements des groupes du passage. D'un de ces groupes, il sortit à la fin un monsieur qui avait l'air de le connaître, et qui n'eut aucune peine à l'emmener faire une partie de billard au Grand-Balcon. A peine si le monsieur joua : Anatole avait ce soir-là un jeu étourdissant ; il fit des séries de carambolages interminables, en ne se lassant pas d'admirer combien le costume d'Amour, avec la liberté de ses entournures, était favorable aux effets de recul. Il joua ainsi pendant deux grandes heures, dans le café troublé de voir, à travers son demi-sommeil, les fantastiques académies dessinées par les poses de cet Amour à barbe, que le regard des derniers consommateurs enfilait si étrangement, lors des raccourcis du jeu, depuis le talon jusqu'à la nuque.

Il sortit de là, avec la ferme intention d'aller décidément au bal de l'Opéra; mais, au boulevard, sa curiosité se laissait accrocher, arrêter au spectacle du mouvement entourant le bal, à ces figures qui sortent de ces nuits du plaisir, à toutes ces industries de bricole qui ramassent des gros sous et des bouts de cigare derrière le Carnaval.

Et il était en train de suivre et d'escorter une femme qui portait dans un seau du bouillon à la file des cochers de fiacre, quand il vit au cadran de la station : quatre heures moins cinq... — Tiens! dit-il, c'est l'heure d'avoir faim, — et renonçant au bal, il s'était dirigé vers Philippe.

Les masques arrivaient. Anatole criait :

— Oh! c'te tête!... Bonjour, Chose!... Et tu fais toujours des affaires avec le clergé? « A la renommée pour l'encens des rois mages!... » T'es l'épicier du bon Dieu! Tais-toi donc!... Et tu te costumes en Turc' c'est indécent!...

. . . .
. . . .

Et à chaque arrivant, il jetait un pareil passe-port, un signalement grotesque en pleine figure. La salle jubilait. Les soupeurs se poussaient pour entendre de plus près cette pluie de bêtises, apostrophes cocasses, baptêmes saugrenus, l'Almanach Bottin tombant du Catéchisme poissard ! On faisait cercle, on entourait Anatole. Les tables peu à peu marchaient vers lui, se soudaient l'une à l'autre ; et tous les soupers, en se pressant, ne faisaient plus qu'un souper où les folies, versées par Anatole, couraient à la ronde avec les bouteilles de Champagne passant de mains en mains comme des seaux d'incendie. On mangeait, on pouffait. Les nappes buvaient de la mousse, des hommes pleuraient de rire, des femmes se tenaient le ventre, des pierrots se tordaient.

Anatole, exalté, jaillit sur la table, et de là dominant son public, il se mit à danser la danse des œufs entre les plats, essaya des poses d'équilibre sur des goulots de bouteille, toujours parlant, débagoulant, levant pour des toasts inouïs un verre vide au pied cassé, piquant un morceau dans une assiette quelconque, chipant sur une épaule de femme un baiser au hasard, criant : — Ah ! ça me donne vingt ans de moins... et trois cheveux de plus !

Le tout petit jour pointait, ce jour qui se lève comme la pâleur d'une orgie sur les nuits blanches de Paris. Le noir s'en allait des carreaux de la salle. Dans la rue s'éveillaient les premiers bruits de la grande ville. Le travail allait à l'ouvrage, les passants commençaient. Anatole sauta de la table, ouvrit la fenêtre : il y avait dessous des ombres de misère et de sommeil, des gens des halles, des ouvriers de cinq heures, des silhouettes sans sexe qui balayaient, tout ce peuple du matin qui passe, au pied du plaisir encore allumé, avec la soif de ce qui se boit, la faim de ce qui se mange, l'envie de ce qui flambe là-haut!

— Une... deux... trois... ouvrez le bec, mes enfants! — cria Anatole; et saisissant deux bouteilles de champagne, il les vida sans voir dans des gosiers vagues qui buvaient comme des trous. Chaque table se mit à l'imiter, et des trois fenêtres du restaurant, le champagne ruissela quelque temps sans relâche, ainsi qu'un ruisseau d'orage perdu, à mesure, dans une bouche d'égout. La foule s'amassait, se bousculait, il en sortait des hourras, des cris, des têtes qui se disputaient une gorgée. La rue ivre se ruait à boire; le jour montait.

— Gare là-dessous! — fit Anatole; et tout à coup, lâchant ses bouteilles, il parut avec deux têtes encadrées dans l'anse de ses deux bras : l'une de ces têtes était la tête d'un monsieur en habit noir, l'autre la tête d'une débardeuse; et, avançant tout le corps sur l'appui de la fenêtre, se penchant en dehors avec les élasticités d'un pitre sur un balcon de parade, il se mit à débiter, de la voix exclamatrice des *boniments* :

— Le Parisien, messieurs! — Et il désignait le

monsieur en habit se débattant sous son bras, en étouffant de rire. — Vivant, messieurs! En personne naturelle!!... Grand comme un homme! surnommé le *Roi des Français!!!* Cet animal!... vient de province! son pelage! est un habit noir! Il n'a qu'un œil! comme vous pouvez voir! son autre œil!... est un lorgnon! Cet animal, messieurs, habite un pays! borné par l'Académie!... Sauf l'amour! platonique! on ne lui connaît pas! de maladies particulières!... C'est l'animal du monde!... du monde! le plus facile à nourrir! Il mange! et boit de tout! du lait filtré! du vin colorié! du bouillon économique! du chevreuil de restaurant!!! Il y en a même des espèces! qui digèrent! un dîner à quarante sous!!! Cet animal! messieurs! est très-répandu! Il s'acclimate partout! sauf à la campagne! D'humeur douce! il est facile à élever. On peut le dresser, quand on le prend jeune, à retenir un air d'orgue et à comprendre un vaudeville!... Inutile, messieurs, de vous citer des traits de son intelligence : il a inventé la *savate* et les faux-cols!!! Sa cervelle! messieurs! la dissection nous l'a fait connaître! On y trouve! on y trouve! messieurs! le gaz d'une demi-bouteille de champagne! un morceau de journal! le refrain de la *Marseillaise!!!* et la nicotine de trois mille paquets de cigares!!!... Pour les mœurs, il tient du coucou! il aime à faire ses petits dans le nid des autres!!!... Et v'là cet animal!!!... A sa dame, à présent!

Et Anatole montra à la rue la femme qu'il tenait, en la faisant tourner comme une poupée.

—... La Madame à ce monsieur-là! saluez!... Une bête! inconnue! une bête!!! qui enfonce les naturalistes!... La Parisienne! mesdames! sauf le respect que je vous dois!... Des pieds et des mains d'enfant! des dents de souris! une patte de velours! et des ongles de chat!!!... Elle a été rapportée du Paradis terrestre! à ce qu'on dit! Quoique très-délicate! elle résiste aux plus gros ouvrages! Elle peut frotter dix heures de suite! quand c'est pour danser!!!... Cette petite bête! messieurs! se nourrit généralement! de tout ce qui est nuisible à sa santé! Elle mange de la salade! et des romans!!!... Sensible aux bons traitements! messieurs! et surtout aux mauvais!!!... Beaucoup de personnes! un grand nombre de personnes!!! messieurs! sont arrivées à la domestiquer! en lui donnant la nourriture! le logement! le chauffage! l'éclairage! le blanchissage! leur confiance! et quelques diamants!!!... Très-facile à apprivoiser! Généralement caressante! susceptible de jalousie! et même de fidélité!... Enfin! messieurs! cette charmante petite bête! qui marche sans se crotter! est vivipare! pare!!! pare!!!... Et v'la ce que c'est! Allez! la musique!!!

XXIV

— Hein? quoi?— fit Anatole, le dimanche qui suivit ce jeudi-là, en se sentant rudement secoué dans son lit. Il ouvrit la moitié d'un œil, et aperçut Alexandre, dit Mélas, revenu d'Étampes, où il était allé jouer.

— Tiens! le général! c'est toi? Fait-il jour?

Et il sortit à demi des couvertures une figure méconnaissable, qui ressemblait à un masque déteint du carnaval. La sueur avait pleuré sur ses grandes lunettes noires, et le blanc de céruse, coulé sur sa peau, lui donnait des luisants de poisson raclé.

— D'abord, lave-toi, — lui dit Alexandre, — ça te débarbouillera les idées. Tu as l'air d'un spectre qui s'est promené sans parapluie... Sais-tu que tu as fait venir des cheveux blancs à ton portier?

— Moi? Eh bien, je les lui repeindrai, voilà tout...

— Figure-toi qu'hier il a fait monter un médecin...

— Tiens!

— Qui ne t'a pas trouvé de fièvre, et qui a dit qu'on te laisse dormir...

— Ah ça ! quel jour sommes-nous ?

— Dimanche.

— Dimanche ? Mais, alors... sapristi ! C'est bien vendredi matin que j'étais raide...

Et il répéta : Dimanche ! en se perdant dans ses réflexions.

— Il y a donc des trous dans l'almanach. L'année a des fuites... Ah ! bien, voilà deux jours dans ma vie qu'on m'a joliment volés... Le bon Dieu me les doit, oh ! il me les doit...

— Mais qu'est-ce que tu as pu faire ?... Car tu n'es rentré que dans la nuit du vendredi, à je ne sais quelle heure... Le portier ne t'a pas vu...

— Je crois bien... moi non plus... Si tu crois que je me voyais !

— Voyons ! tu dois te rappeler quelque chose ?

— Rien... non, là, vrai, rien... Je me rappelle Philippe, le balcon... des messieurs qui m'ont mené au café... et puis, à partir de là, psit ! plus rien...

— Mais, où as-tu été ?

— Pas devant moi, bien sûr. Attends... Il me semble qu'on m'a fait galoper sur un cheval, dans une allée où il y avait de grands arbres... comme une allée de parc. Et puis, voilà... là, là.

Et il voulut se remettre du côté du mur.

— Est-ce que tu vas te rendormir, dis donc ?

— Ma foi, oui, pour me rappeler, c'est le seul moyen... Ah ! attends, ça me revient... Oui, une chambre... très-grande... où il y avait des portraits de famille... des portraits de famille d'un effrayant ! Il y en avait en noir... des magistrats, avec des sourcils et des nez !... Et puis, il y avait surtout une dame, toujours avec le même nez, en robe jaune, et les joues d'un rouge !... Et c'était peint, mon cher ! Imagine la famille de Barbe-Bleue, sous Louis XV, peinte par un vitrier de village... des Chardin byzantins, vois-tu ça ? Ça me faisait peur, d'autant plus que c'était si drôlement éclairé par le feu d'une grande cheminée... Si j'avais des parents comme ça, par exemple, c'est moi qui les enverrais à une loterie de bienfaisance !... Et puis, je crois que j'ai rêvé que le portrait de la dame en jaune avait la colique, et que ça me la donnait... Et puis, et puis tout à coup j'ai cru qu'on roulait la chambre dans une voiture...

— C'est ça, on t'aura emmené dans quelque château près de Paris. Et puis, tu étais trop saoûl, on t'aura couché, et on t'aura ramené...

— Possible... Ça ne fait rien, c'est embêtant de ne pas savoir tout de même... Il m'est peut-être arrivé des choses très-amusantes... Il y avait peut-être des grandes dames !... Et puis, dis donc... Ah ça ! j'espère que ce n'était pas des filous, ces gens-là... Pourvu qu'ils ne m'aient pas fait signer des billets, les imbéciles !... Avec tout ça, je vais avoir l'air d'un mufle : je ne pourrai pas leur envoyer de cartes au jour de l'an... Heureusement qu'il y a le jugement dernier pour se retrouver ! Bonsoir ! Oh !

laisse-moi dormir encore un peu... Je dors en gros, moi... Sais-tu que j'ai passé ces jours-ci, huit jours de suite sans me coucher?

XXV

Dans cette année 1846, au milieu du « coulage » de son existence, Anatole eut une velléité de travail ; l'idée de faire un tableau, d'exposer, lui vint comme il sortait du Louvre, le dernier jour de l'exposition, échauffé et monté par ce qu'il avait vu, la foule, le public, les tableaux, l'admiration et la presse devant deux ou trois toiles de ses camarades d'atelier.

Il lui restait encore quelque argent sur l'affaire des Julien. L'occasion était bonne pour se payer une œuvre. En revenant il entra chez Desforges, commanda une toile de 100, choisit des brosses, se remonta de couleurs. Puis il dîna vite, et, sa lampe allumée, il se mit à chercher son idée dans le tâtonnement et la bavochure d'un trait au fusain. Le lendemain, un peu mordu de fièvre, du matin, du commencement du jour à sa tombée, il couvrit des feuilles de papier de crayonnages d'esquisse. On frappa à sa porte, il n'ouvrit pas.

Le soir, au lieu d'aller au café, il alla faire une

petite promenade sur la place de la Bastille, et, rentré chez lui, il donna vivement quelques indications dernières à un grand dessin choisi parmi les autres, et qu'il avait fixé au mur avec un clou.

Le lendemain, aussitôt qu'il eut sa toile, il reporta dessus sa composition à la craie. Les amis qu'il laissa entrer ce jour-là riaient, assez étonnés de le voir piocher, et l'appelaient « l'homme qui a un chef-d'œuvre dans le ventre ». Anatole les laissa dire avec la majesté de quelqu'un qui se sentait au-dessus des plaisanteries; et il passa quelques jours à assurer consciencieusement toutes ses places.

Ses places bien assurées, il fuma beaucoup de cigarettes devant sa toile, avec une sorte de recueillement, tourna autour de sa boîte à couleurs, l'ouvrit, la ferma, et à la fin se mit à jeter précipitamment les premiers dessous sur sa toile.

— Ça me démange, vois-tu, — dit-il au camarade qui était là, — je reprendrai cela avec le modèle.

Au bout de quatre ou cinq jours, la toile était couverte, et le sujet du tableau d'Anatole apparaissait clairement.

Ce tableau, où l'élève de Langibout avait mis toute son inspiration, n'était pas précisément de la peinture : il était avant tout une pensée. Il sortait bien plus des entrailles de l'artiste que de sa main. Ce n'était pas le peintre qui avait voulu s'y affirmer, mais l'homme; et le dessin y cédait visiblement le pas à l'utopie. Ce tableau était en un mot la lanterne magique des opinions d'Anatole, la traduction figurative et colorée de ses tendances, de ses aspirations, de ses illusions; le portrait allégorique et la transfiguration de toutes les généreuses bêtises de son cœur. Cette sorte de *veulerie* tendre qui faisait sa bienveillance universelle, le vague embrassement dont il serrait toute l'humanité dans ses bras, sa mollesse de cervelle à ce qu'il lisait, le socialisme brouillé qu'il avait puisé çà et là dans un Fourier décomplété et dans des lambeaux de papiers déclamatoires, de confuses idées de fraternité mêlées à des effusions d'après boire, des apitoiements de seconde main sur les peuples, les opprimés, les déshérités, un certain catholicisme libéral et révolutionnaire, le « Rêve de bonheur » de Papety entrevu à travers le Phalanstère, voilà ce qui avait fait le tableau d'Anatole, le tableau qui devait s'appeler au Salon prochain de ce grand titre : *le Christ humanitaire.*

Étrange toile qui avait les horizons consolants et nuageux des principes d'Anatole! Imaginez une Salente du progrès, une Thélème de la solidarité dans une Icarie de feux de Bengale. La composition semblait commencer par l'abbé de Saint-Pierre et finir par Eugène Sue. Tout en haut du tableau, les trois vertus théologales, la Foi, l'Espérance, la Charité, devenaient dans le ciel, où l'écharpe d'Iris se plissait en façon de drapeau tricolore, les trois vertus républicaines : la Liberté, l'Égalité, la Fraternité. De leurs robes elles touchaient une sorte de temple posé sur les nuages et portant au fronton le mot : *Harmonia*, qui abritait des poëtes et des écoles mutuelles, la Pensée et l'Éducation. Au-dessous de ce nuage, qui planait à la façon du nuage de la Dispute du Saint-Sacrement, on apercevait à gauche un forgeron avec les instruments de la forge passés à sa ceinture de cuir, et dans le fond, la Maturité, l'Abondance, la Moisson : de ce côté, un soleil se levant derrière une ruche éclairait la silhouette d'une charrue. A droite, une sœur de Bon-Secours était en prières, et derrière elle se voyaient des hospices, des crèches, des enfants, des vieillards. Au bas, sur le premier plan, des hommes arrachaient d'une colonne des mandements d'évêque, un frère ignorantin montrait son dos fuyant; un cardinal se sauvait, tout courbé, avec une cassette sous le bras; et d'un tombeau qui portait sur son marbre les armes papales, un grand Christ se dressait, dont la main droite était transpercée d'un triangle de feu où se lisait en lettres d'or : *Pax!*

Ce Christ était naturellement la lumière et la grande figure du tableau. Anatole l'avait fait beau de toute la beauté qu'il imaginait. Il l'avait flatté de toutes ses forces. Il avait essayé d'y incarner son type de Dieu dans une espèce de figure de bel ouvrier et de jeune premier du Golgotha. Il y avait encore mêlé un peu de ressouvenirs de lithographies d'après Raphaël, et un reste de mémoire d'une lorette qu'il avait aimée ; et battant le tout, il avait créé un fils de Dieu ayant comme un air de cabot idéal : son Christ ressemblait à la fois à un Arthur du paradis et à un Mélingue du ciel.

La toile couverte, Anatole flâna quelques jours : il « tenait » son tableau. Puis il arrêta un modèle. Le modèle vint : Anatole travailla mal ; la séance terminée, il ne lui dit pas de revenir.

Anatole n'avait jamais été pris par l'étude d'après nature. Il ne connaissait pas ce ravissement d'attention par la vie qui pose là devant le regard, l'effort presque enivrant de la serrer de près, la lutte acharnée, passionnée, de la main de l'artiste contre la réalité visible. Il n'était pas capable de cette application qui plie le dos, tend les yeux, arme toutes les contentions de l'homme, concentre toutes ses volontés de voir sur le mouvement et le caractère d'une forme, d'une ligne, d'un contour. Il ne ressentait point ces satisfactions qui renversent un peu le dessinateur en arrière, et lui font contempler un instant, dans un mouvement de recul, ce qu'il croit avoir senti, rendu, conquis, de son modèle.

D'ailleurs, il n'éprouvait pas le besoin d'interroger, de vérifier la nature : il avait ce déplorable aplomb de la main qui sait de routine la superficie de l'anatomie humaine, la silhouette ordinaire des choses. Et depuis longtemps il avait pris l'habitude de ne plus travailler que de *chic*, de peindre au jugé avec l'acquis des souvenirs d'école, une habitude de certaines couleurs, un flux courant de figures, la tradition de vieux croquis. Malheureusement il était adroit, doué de cette élégance banale qui empêche le progrès, la transformation, et noue l'homme à un semblant de talent, à un à peu près de style canaille. Anatole, pas plus qu'un autre, ne devait guérir de cette triste facilité, de cette menteuse et décevante vocation qui met au bout des doigts d'un artiste la production d'une mécanique.

Il remplaçait le modèle par une maquette en terre sur laquelle il ajustait, pour les plis, son mouchoir mouillé, et, se trouvant plus à l'aise d'après cela, il se mettait à économiser les extrémités de ses personnages : il se rappelait le magnifique exemple d'un de ses camarades qui, dans un tableau de la Pentecôte, avait eu le génie de ne faire qu'une paire de mains pour les douze apôtres.

Pourtant sa première fougue était un peu passée, et il commençait à trouver que la tentative était pénible, de vouloir faire tenir le monde de l'avenir et la religion du vingtième siècle dans une toile de 100. Il commença un petit panneau, revint de temps en temps à sa grande toile, y fit toutes sortes de changements, au gré de son caprice du moment. Puis il la laissa des jours, des semaines, n'y touchant plus que de loin en loin, et s'en dégoûtant un peu plus à mesure qu'il y travaillait.

L'idée de son « Christ humanitaire » pâlissait d'ailleurs depuis quelque temps dans son imagination et faisait place au souvenir, à l'image présente de Debureau qu'il allait voir presque tous les soirs aux Funambules. Il était poursuivi par la figure du Pierrot. Il revoyait sa spirituelle tête, ses grimaces blanches sous le serre-tête noir, son costume de clair de lune, ses bras flottants dans ses manches; et il songeait qu'il y avait là une mine charmante de dessins. Déjà il avait exécuté, sous le titre des « Cinq sens », une série de cinq Pierrots à l'aquarelle, dont la chromolithographie s'était assez bien vendue chez un marchand d'imagerie de la rue Saint-Jacques. Le succès l'avait poussé dans cette veine. Il pensait à de nouvelles suites de dessins, à de petits tableaux; et tout au fond de lui il caressait l'idée de se tailler une spécialité, de s'y faire un nom, d'être un jour le maître aux Pierrots. Et chez lui ce n'était pas seulement le peintre, c'était l'homme aussi qui se sentait entraîné par une pente de sympathie vers le personnage légendaire incarné dans la peau de Debureau : entre Pierrot et lui, il reconnaissait des liens, une parenté, une communauté, une ressemblance de famille. Il l'aimait pour ses tours de force, pour son agilité, pour la façon dont il donnait un soufflet avec son pied. Il l'aimait pour ses vices d'enfants, ses gourmandises de brioches et de femmes, les traverses de sa vie, ses aventures, sa philosophie dans le malheur et ses farces dans les larmes. Il l'aimait comme quelqu'un qui lui ressemblait, un peu comme un frère, et beaucoup comme son portrait.

Aussi il lâcha bientôt tout à fait son Christ pour ce nouvel ami, le Pierrot qu'il tourna et retourna dans toutes sortes de scènes et de situations comiques fort drôlement imaginées. Et il avait presque oublié son tableau sérieux, lorsqu'un architecte de ses amis vint lui demander, de la part d'un curé, un Christ pour une chapelle de couvent « dans les prix doux ». Anatole reprit aussitôt sa grande toile, enleva tous les accessoires humanitaires, troua la tunique de son Christ pour lui mettre un cœur rayonnant : quoi qu'il fît, le curé ne trouva jamais son bon Pasteur assez évangélique pour le prix qu'il voulait y mettre.

Quand le malheureux tableau lui revint : — Seigneur, — fit Anatole en allant à la toile, — on dit que Judas vous a vendu : ce n'est pas comme moi. Et maintenant, excusez la lessive!

Disant cela, il effaça et barbouilla toute la toile furieusement, jusqu'à ce qu'il eût fait sortir du corps divin un grand Pierrot, l'échine pliée, l'œil émérillonné.

Quelques jours après, dans les caves du bazar Bonne-Nouvelle, le public faisait foule à la porte d'un nouveau spectacle de pantomime devant ce Pierrot signé : *A. B.*, — et qui avait un Christ comme dessous !

XXVI

Venait l'été : Anatole passait de la peinture aux plaisirs, aux joies de l'eau, à la passion parisienne du canotage.

Amarré à Asnières, le canot qu'il avait acheté dans sa veine de richesse s'emplit, tous les jeudis et tous les dimanches, de cette société d'amis et d'inconnus familiers qui se groupent autour du bateau d'un bon enfant, et l'enfoncent dans l'eau jusqu'au bordage. Il tombait dedans des passants, des passantes, des camarades des deux sexes, des à peu près de peintres, des espèces d'artistes, des femmes vagues dont on ne savait que le petit nom, des jeunes premières de Grenelle, des lorettes sans ouvrage, prises de la tentation d'une journée de campagne et du petit-bleu du cabaret. Cela sautait d'une troisième classe de chemin de fer, surprenait Anatole et son équipe dans leur café d'habitude; et s'ils étaient partis, les ombrelles, en s'agitant, arrêtaient du bord le canot en vue. Tout le jour on riait, on chantait; les manches se retroussaient jusqu'aux aisselles, et de jolis bras remuants, maladroits à ce travail d'homme, brillaient de rose entre les éclairs de feu des avirons relevés.

On goûtait la journée, la fatigue, la vitesse, le plein air libre et vibrant, la réverbération de l'eau, le soleil dardant sur la tête, la flamme miroitante de tout ce qui étourdit et éblouit dans ces promenades coulantes, cette ivresse presque animale de vivre que fait un grand fleuve fumant, aveuglé de lumière et de beau temps.

Des paresses, par instants, prenaient le canot qui s'abandonnait au fil du courant. Et lentement, ainsi que ces écrans où tournent les tableaux sous des doigts d'enfant, se déroulaient les deux rives, les verdures trouées d'ombre, les petits bois margés d'une bande d'herbe usée par la marche des dimanches; les barques aux couleurs vives noyées dans l'eau tremblante, les moires remuées par les yoles attachées, les berges étincelantes, les bords animés de bateaux de laveuses, de chargements de sable, de charrettes aux chevaux blancs. Sur les coteaux, le jour splendide laissait tomber des douceurs de bleu velouté dans le creux des ombres et le vert des arbres; une brume de soleil effaçait le Mont-Valérien; un rayonnement de midi semblait mettre un peu de Sorrente au Bas-Meudon. De petites îles aux maisons rouges, à volets verts, allongeaient leurs vergers pleins de linges étincelants. Le blanc des villas brillait sur les hauteurs penchées et le long jardin montant de Bellevue.

Dans les tonnelles des cabarets, sur le chemin de halage, le jour jouait sur les nappes, sur les verres, sur la gaieté des robes d'été. Des poteaux peints, indiquant l'endroit du bain froid, brûlaient de clarté sur de petites langues de sable; et dans l'eau, des gamins d'enfants, de petits corps grêles et gracieux, avançaient, souriants et frissonnants, penchant devant eux un reflet de chair sur les rides du courant.

Souvent aux petites anses herbues, aux places de fraîcheur sous les saules, dans le pré dru d'un bord de l'eau, l'équipage se débandait; la troupe s'éparpillait et laissait passer la lourdeur du chaud dans une de ces siestes débraillées, étendues sur la verdure, allongées sous des ombres de branches, et ne montrant d'une société qu'un morceau de chapeau de paille, un bout de vareuse rouge, un volant de jupon, ce qui flotte et surnage d'un naufrage en Seine. Arrivait le réveil, à l'heure où dans le ciel pâlissant le blanc doré et lointain des maisons de Paris faisait monter une lumière d'éclairage. Et puis c'était le dîner, les grands dîners du canot, les barbillons au beurre et les matelotes dans les chambres de pêcheurs et les salles de bal abandonnées, les faims dévorant les pains de huit livres, les soifs de cinq heures de *nage*, les desserts débordant de bruit, de tendresses, de cris, des fraternités, des expansions, des chansons et des bonheurs du mauvais vin...

XXVII

— Hé! là-bas, mon petit ange, toi... — dit un soir, à un de ces dîners, Anatole à une femme, — tu vas bien sur la matelote. Un peu de discrétion, mon enfant... Je te ferai observer que nous sommes encore trois à servir, et qu'il doit venir un quatrième... Hé! Malambic?... tu l'as connu, toi, Chassagnol?

— Parbleu! Chassagnol... Tu connais ses histoires, dis donc?

— Du tout. Je l'ai rencontré hier. Il y avait bien trois ans que je ne l'avais vu, on aurait dit qu'il m'avait quitté de la veille. Il me demande : Qu'est-ce que tu fais demain? Je lui dis que nous dînons ici. J'irai vous retrouver; et il file... Avec Chassagnol, on ne sait jamais... Il ne se lâche pas sur ses affaires de famille, celui-là...

— Eh bien! il lui en est arrivé, figure-toi! D'abord un héritage de trente mille francs qui lui est tombé.

— Vrai? Tiens, il n'avait pas une tête à ça, — fit Anatole, et se tournant vers une voisine : — Julie, vous allez avoir à côté de vous un monsieur qui a trente mille francs... ne le tutoyez pas la première...

— Mais il ne les a plus... Voilà l'histoire, — reprit Malambic. — Il palpe l'argent d'un oncle, un curé, je ne sais plus... Il le met dans sa malle, ce n'est pas une blague, et il part voir du Rembrandt dans le pays, du vrai, du pur, du Rembrandt conservé sur place, du Rembrandt dans des cadres noirs. Il fait la Hollande, il fait l'Allemagne. Il flâne des mois dans des villes à tableaux... Il se paye des râfles de bric-à-brac chez les juifs... Des musées d'Allemagne, il tombe sur les musées d'Italie, et là, une flâne, tu penses !... dans les ghettos, les tableaux, la rococoterie, des enthousiasmes ! des enthousiasmes de six heures devant une toile ! Avec ça, tu sais qu'il a l'habitude d'aider ses admirations, en se donnant une petit touche d'opium ; il prétend qu'il est comme les gens qui vont entendre des opéras après avoir pris du hatchisch : eux, c'est les oreilles ; lui, c'est les yeux qu'il faut qu'il se grise... La fin de tout cela, c'est qu'après s'être flanqué une bosse d'objets d'art, tout battu, les palais, les collections, les chefs-d'œuvre, les villes, les villages, tous les trous de l'Italie, éreinté, rafalé, à sec d'argent, vendant pour vivre, sur la route, ce qu'il traînait après lui, il est aller tomber à Padoue dans la maison de Rouvillain, Rouvillain de chez nous, tu te rappelles ? qui était là-bas pour un copie du Giotto, que sa ville lui avait commandée. C'est lui, Rouvillain, qui m'a raconté ça... Mais c'est la fin qui est superbe, tu vas voir...

Voilà donc Chassagnol à Padoue. Un jour, lui, l'homme des musées, qui avait des œillères dans la rue, qui n'aurait pas pu dire si les femmes portaient des chapeaux de paille ou des bonnets de coton... enfin Chassagnol, en traversant le marché, voit une jeune fille qui vendait des volailles, mais une jeune fille... tu ne connais pas ça, toi... la beauté du nord de l'Italie, mignonne, maladive... une vierge de primitif, enfin merveilleuse ! J'ai vu l'esquisse que Rouvillain en a faite, comme cela, avec ces volailles, cet éventaire de crêtes rouges... ça a un caractère ! Chassagnol ne fait ni une ni deux : il offre sa main. La vendeuse de poulets, qui était l'*innamorata* d'un très-beau garçon beaucoup mieux que Chassagnol, le refuse net. Alors, devine ce que fait Chassagnol ? Il y avait dans la maison une sœur très-laide, une vraie caricature de la beauté de l'autre... De désespoir, mon cher, et pour se rattraper à la ressemblance, il l'épouse ! il l'a épousée ! Et, là-dessus, il est revenu sans un sou, avec une paysanne et des chambranles de cheminée en marbre provenant de la démolition d'un palais de Gênes, marié, pas changé, et... parbleu comme le voilà ! — fit Malambic en coupant sa phrase.

Chassagnol entrait, boutonné dans cet éternel habit noir que ses plus vieux amis lui avaient toujours vu, et qui semblait sa seconde peau.

— Ma foi, — lui dit Anatole en lui serrant la

main, — on n'était pas sûr que tu viendrais, et tu vois, on ne t'a pas attendu.

— Oui, oui... je n'ai quitté le Louvre qu'à quatre heures... Je sais, je suis en retard, — fit Chassagnol, et il s'assit.

Le dîner continua; mais le froid de ce monsieur noir qui ne parlait pas, tombait sur sa gaieté.

— Ah ça! dis donc, — fit Anatole, — tu as donc été en Italie?

— Moi?... oui, oui, en Italie... En Italie, certainement...

Et Chassagnol s'arrêta, s'enfonçant dans un de ces silences qui repoussent les questions. Penché sur son assiette, il avait l'air d'être à cent lieues des gens et des paroles de là, d'être ramassé en lui-même et tout seul, absent du dîner, ignorant de la présence des autres. Ses sens mêmes paraissaient concentrés et retirés à l'intérieur, sans contact avec un voisinage humain de semblables et de vivants.

La folie du dîner ne tardait pas à revenir, passant par-dessus la tête de ce convive qui faisait le mort, et que les femmes ne regardaient même plus. Le café venait d'être apporté sur la table, quand Chassagnol appelant à lui, d'un brusque coup de coude, l'attention d'Anatole :

— Mon voyage d'Italie, hein, n'est-ce pas? Qu'est-ce que tu me disais? L'Italie? Ah! mon cher! Les primitifs... vois-tu, les primitifs! les *Uffizi!* Florence! Ah! les primitifs!

— Malambic! Malambic! — cria une voix de femme interrompant la tirade, — la ronde du Bas-Meudon!... Et tout le monde à l'accompagnement!... Le monsieur qui parle, là-bas... de la musique! Voyons! un peu de couteau sur votre verre!

Quand la ronde fut finie : — Tiens! les voilà qui vont être embêtants, à parler de leurs machines, — fit une femme qui se leva, et entraîna les autres femmes au dehors, à l'air, au crépuscule, sur le chemin barré de bancs, devant le cabaret.

Chassagnol était resté penché sur Anatole avec une phrase commencée, arrêtée sur les lèvres. Il reprit, dans le silence fait par la fuite des femmes et le recueillement des hommes fumant leurs pipes :

— Ah! les primitifs!... Cimabué! Des tableaux comme des prières... La peinture avant la science, avant tout, avant l'art! Ricco de Candie... Les Byzantins... les mains de Vierge comme des eustaches... l'Ingénu barbare...

Il s'arrêta, et revenant à son habitude de parler en manches de chemise, il ôta son habit, et s'asseyant sur la table, ne s'adressant plus trop à Anatole, mais parlant à tous ceux qui étaient là, à un vague public, aux murs, aux têtes coloriées de tirs à macarons accrochés de travers sur la chaux vive de la pièce, il continua : — Oui, la mosaïque byzantine, la cathèdre, la Mère de Dieu en impératrice, le petit Jésus porphyrophore... adorable! Des ciels d'or, des nimbes... *Ave gratia!* une parole d'or qui s'envole d'un tableau de Memmi... des anges d'orfévrerie, de reliquaire, les ailes arrosées de rubis, Memmi!... des rêves... des rêves qu'on dirait faits sous le grand rosier de Damas du couvent florentin de Saint-Marc... Et Gaddi! magnifique... des casques de rois à barbe pointue, où des oiseaux battent des ailes... Gaddi! la terreur du décor de la Bible, l'Orient de la Bible... un dessinateur de Babylones... des femmes aux mentonnières de gaze près de grands fleuves verts, des paysages comme celui du premier meurtre, des firmaments où il y a le sang d'Abel sous le sang du Christ!... Et Gentile de Fabriano! La chevalerie... des lances, des chameaux, des singes, tout le moyen âge de Delacroix... Fiesole, la *transfiguration* prêchée par Savonarole, l'ange de la peinture à l'œuf... le miniaturiste du paradis... Des saintes comme des hosties... des hosties, des pains à cacheter célestes, hein, c'est ça?... Botticelli... il vous prend comme Albert Durer, celui-là... des plis cassés d'un style! des chairs souffrantes... des lumières boréales... Et Lippi, l'amoureux des blondes... Masaccio... un grand bonhomme! le trait d'union entre Giotto et Raphaël... C'est la Foi qui va à l'Académie... l'Art s'incarnant dans l'humanité... *Et homo factus est...* voilà, hein?... Et ses fonds! des rangées de crânes de sénats marchands... des profils vulturins penchés sur la délibération des intérêts... Et une variété dans tous ces gens-là ! Il y a les virgiliens... Cosimo Roselli... Des tableaux qui vous font chanter : *En nova progenies !...* Baldovinetti... la Fête-Dieu dans une toile... Et puis, des embryons de Michel-Ange, Pollaiolo qui vous casse les reins d'Antée dans le cadre d'une carte de visite... toute la gestation de la Renaissance, ces hommes-là !... Et Ghirlandaio ! le saint Jean-Baptiste, le Précurseur... Il renoue les deux Romes, il mène Dieu au Panthéon, il met des frises d'amour dans le gynécée de la Nativité... Il pose le toit de la crèche sur les colonnes d'un temple, il berce le petit Jésus dans le sarcophage d'un augure... Ghirlandaio... positivement, n'est-ce pas, hein ?

A ce « hein ? » de Chassagnol, la porte s'ouvrit violemment. On entendit les femmes crier : « En barque ! en barque ! » Et presque aussitôt une irruption folle, prenant les hommes par les bras, les soulevant de leurs tabourets, les traîna, avec Chassagnol, jusqu'au canot.

— La Grande ! au gouvernail ! — commanda Anatole à une femme ; et il passa un aviron à Chassagnol pour qu'il ne parlât plus.

Et le canot partit, fou et bruyant de la gaieté du café et des glorias, dans le tralala d'un refrain déchirant un couplet populaire.

Il était neuf heures, le soir tombait. Le ciel, pâlissant d'un côté, s'éclairait de l'autre du rose du soleil couché. Il ne semblait plus passer que des voix sur les rives; et sous les arbres du bord murmuraient des causeries basses de gens, de l'amour qu'on ne voyait pas. Tout s'estompait et grandissait dans l'inconnu et le doute de l'ombre. Les gros bateaux amarrés prenaient des profils bizarres, menaçants; de grands noirs d'huile s'étendaient sur l'eau dormante; les peupliers se massaient avec l'épaisse densité de cyprès, et soudain à la cime de l'un, la lune apparut, ronde, pareille à une lanterne jaune accrochée tout en haut d'un arbre. Lentement le repos de la nuit descendit en s'épandant sur le sommeil du paysage où les sonorités s'éteignaient. L'haleine des industries haletantes se tut aux fabriques. Le bruit du passant expira sur le chemin de halage. Rien ne s'entendit plus qu'un frissonnement de courant, un tintement, l'heure qui tombe d'un clocher de banlieue, l'agaçante crécelle d'une grenouille, le roulement lointain de tonnerre d'un train de chemin de fer sur un pont. La lune montait, marchait avec le canot, comme si elle le suivait, jouait à cache-cache derrière les arbres, surgissant à leur bord et découpant leurs feuilles, puis passant derrière leur masse, et brillant à travers en perçant leur noir de piqûres d'or. En allant, elle éclaboussait de gouttes d'éclairs et d'argent un jonc, le fer de lance d'une plante d'eau, un petit bras de la rivière, une petite anse mystérieuse, une racine, un tronc mort; et souvent les rames, en entrant dans l'eau, frappaient dans sa lumière tombée et coupaient sa face en deux. Le ciel était toujours bleu, du bleu d'une robe de bal voilée de dentelle noire; les étoiles de l'été y faisaient comme un fourmillement de fleurs de feu. La terre et sa rumeur finissante mouraient dans le dernier écho de la retraite de Courbevoie. Le canot glissait, balancé, bercé par le clapotement continu de l'eau et par l'égouttement scandé de chaque coup d'aviron, comme par une mélancolique musique de plainte où tomberaient des larmes une à une. Une fraîcheur se levait dans le soir comme un souffle venant d'un autre monde, et caressait les visages chauffés de soleil sous la peau. Des branches pendantes et balayantes de saules mettaient parfois contre les joues des chatouillements de chevelure...

Peu à peu l'obscurité, la vide et muette grandeur dans laquelle les canotiers glissaient, la douceur solennelle de l'heure, la majesté de sommeil de ce beau silence, glaçaient sur les lèvres la chanson, le rire, la parole. La Nuit, au fond de cette barque de Bohême, embrassait au front et dégrisait l'ivresse du vin bleu. Les yeux, involontairement, se levaient vers cette attirante sérénité d'en haut, regardaient au ciel... Et la bêtise même des femmes rêvait.

XXVIII

L'hiver arrivé, les commandes, les portraits manquant, Anatole fut obligé de descendre aux bas métiers qui nourrissent l'homme d'un pain qui fait d'abord rougir l'artiste, et finissent par tuer, chez tant de peintres, sous le labeur ouvrier, le premier orgueil et la haute aspiration de leur carrière. Il accepta, chercha, ramassa les affaires d'industrie, les travaux de rebut et d'avilissement : les panneaux, dont on déjeune, les paysages de Suisse qui donnent l'argent d'une paire de souliers. Il fit, dans cette misérable partie, tout ce qui concernait son état : des portraits de morts, d'après des photographies ; des dessins décolletés, pour la Russie ; des dessus de cartons de modes pour Rio-Janeiro. Il accrocha des entreprises de Chemins-de-Croix au rabais, qu'il peignait à la diable, aidé de deux ou trois camarades de l'atelier, avec le procédé des tableaux de nature morte exposés sur le boulevard : chacun était chargé d'une couleur, préposé au rouge, au bleu ou au vert. La Passion marchait ainsi d'un train de poste, et l'on enlevait les *stations* pour la province au milieu de parodies effroyables et de charges du crucifiement qui mettaient dans la bouche de l'agonie du Sauveur la pratique de Polichinelle !

Pourtant, malgré tout, souvent la pièce de cent sous manquait. Mais il finissait toujours par venir un hasard, une chance, quelque occasion ; et, dans les moments les plus désespérés, un petit manteau-bleu apparaissait dans l'atelier, un homme providentiel, singulièrement informé des *noces* et des *dèches* d'artistes, surgissant le matin devant le lit où ils dormaient encore, et pour le moins d'argent possible, leur achetant deux ou trois esquisses qu'il marquait par derrière d'une pointe à son nom. L'homme *à la fabrique*, c'est ainsi qu'on l'appelait, était un petit homme, habillé de couleurs sobres, portant des guêtres blanches, les souliers vernis d'un faiseur d'affaires qui a toujours une voiture pour ses courses. Il avait du militaire en bourgeois, un ton net, un air coupant, le teint bilieux, les yeux bridés, le nez d'un garçon de place napolitain, une bouche sans dessin dans une barbe noire. Il faisait son principal commerce de l'exportation des tableaux pour les pays du nouveau monde qui boivent du champagne confectionné à Montmorency. Ses plus gros prix étaient soixante francs ; mais il ne les donnait qu'aux talents qui lui étaient sympathiques et aux peintres de style ; et de soixante francs, il descendait à quatre francs juste pour les petites compositions. Pour peu qu'il crût à l'avenir d'un artiste, il lui faisait

9.

faire toutes sortes de choses ; il apportait des esquisses pour qu'on les lui finît, qu'on y mît du piquant, qu'on les amenât au joli : il payait cela cinq francs. Il faisait peindre des gravures d'Overbeck sur des toiles de six. Il venait encore souvent avec des panneaux sur lesquels étaient lithographiés des sujets de bergerie, des Boucher de paravent, qu'on n'avait plus que la peine de couvrir. Il traitait vite, ne riait jamais, avait des opinions, s'asseyait devant une copie, critiquait, disait des mots d'art : « C'est creux... ça fait lanterne... » demandait plus de plis aux robes de vierges, des lumières dans les yeux, du modelé partout, un tas de petites touches « tic ! comme ça » au bout des doigts, de la conscience, et de l'outremer dans les ciels.

Bref, il demandait tant de choses pour si peu d'argent, qu'Anatole, à la fin, préféra travailler pour M. Bernardin.

XXIX

M. Bernardin, un embaumeur, le rival de Gannal, se trouvait occupé à faire des préparations anatomiques pour le musée Orfila. C'était un préparateur d'un grand mérite, auquel n'avait guère manqué jusque-là, pour devenir célèbre, que la chance d'embaumer des hommes connus. Il était parvenu à conserver le poids et le volume de la nature à ses préparations ; seulement il ne pouvait les empêcher de prendre, avec le temps, une couleur de momification qui détruisait toute illusion. Il proposa à Anatole de les peindre d'après les modèles qu'il lui fournirait. Et ce fut alors qu'Anatole alla tous les jours à une belle et grande maison de la rue du Faubourg-du-Temple. Il montait au cinquième, à une petite chambre de domestique, trouvait là le membre préparé, et, à côté, le même membre, écorché frais par Bernardin, et qui devait lui servir de modèle pour les tons.

Quelquefois, en travaillant, il hasardait un regard dans la cour ; et il n'était pas trop rassuré en voyant toutes les têtes des locataires et l'horreur de tous les étages tournées vers sa mansarde.

Un jour, s'étant mis un peu de sang aux doigts en changeant de place son modèle, il voulut se laver dans une grande terrine, dont il n'avait pas vu dans l'ombre la teinte un peu sanguinolente. Comme il retirait ses mains, il lui vint aux doigts quelque chose comme une peau qui ne finissait pas.

— Ah ! celle-là, c'est d'une jeune fille... — dit négligemment M. Bernardin, en train de préparer de l'ouvrage pour le lendemain. — Oui, c'est le moment... après le carnaval... le passage des femmes dans les hôpitaux...

Il prit un tel frisson à Anatole, qu'il ne revint plus. Cela étonna M. Bernardin qui le payait bien.

A quelques semaines de là, il n'était bruit dans Paris que d'un meurtre mystérieux, d'une femme coupée en morceaux, dont on avait trouvé la tête dans la fontaine du quai aux Fleurs. On frappa chez Anatole : c'était M. Bernardin. Il avait été chargé d'embaumer cette femme, que la police voulait faire exposer et reconnaître. Mais comme elle avait séjourné sous l'eau et qu'elle avait des taches, M. Bernardin, qui voulait faire un chef-d'œuvre, frapper un coup de maître, avait pensé à faire *raccorder* la malheureuse; et il venait demander à Anatole de passer des glacis dessus.

— Mon cher, c'est mon avenir, — dit-il à Anatole. Et il lui offrit un gros prix.

Anatole, que la Morgue avait toujours attiré, et qui était naturellement curieux des grands crimes, se laissa décider. Et une demi-heure après, derrière le rideau tiré de la salle, il travaillait à couvrir, en couleur chair, les taches de la morte, à laquelle le coiffeur de la rue de la Barillerie, plus blanc qu'un linge, faisait la raie, tandis que M. Bernardin, retirant l'un après l'autre de la tête ses yeux en émail, essuyait dessus, soigneusement, la buée avec son foulard !

XXX

Au bout de tous ces travaux de raccroc tombait dans l'atelier la misère que l'artiste appelle de son petit nom la *panne.*

L'hiver revint cette année-là au commencement du printemps. Tous les fournisseurs du quartier étaient usés, « brûlés ». Anatole condamna au feu un vieux fauteuil qui boitait. Du fauteuil, il passa aux tiroirs du chiffonnier, et arriva à ne laisser de ses meubles que les deux côtés qui ne touchaient pas au mur. Les amis avaient fui devant le froid et l'absence de tabac. Alexandre était parti pour Lille, où l'appelait un engagement. Et il ne restait plus à Anatole qu'un camarade, qui avait pris dans son existence la place d'Alexandre.

Il est en Russie un plat national et religieux, l'*Agneau de beurre,* un agneau à la toison faite avec du beurre pressé dans un torchon, aux yeux piqués de petits points de truffe, à la bouche portant un rameau vert. Les Russes attachent une grande importance à la confection artistique de cet agneau qu'on sert dans la nuit de Pâques. Un cuisinier français, maître de cuisine chez le prince Pojarski, pendant un séjour du prince à Paris, s'était mis à étudier chez un sculpteur d'animaux, pour se faire un talent de modeleur de pareilles pièces en beurre et en suif. Au milieu de ses études, saisi par l'amour de l'art, il avait donné sa démission de cuisinier pour se faire artiste. Et, ses économies mangées, par ce hasard des rencontres qui accroche les malheureux aux malheureux, par cet instinct du ménage à deux qui associe presque toujours par paires les pauvres diables pour faire front aux duretés de la vie, il était devenu le compagnon de lit d'Anatole.

La panne continuait pendant l'été et l'automne. Tout manquait, jusqu'à l'homme à la fabrique. Bardoulat — c'était le nom du camarade d'Anatole — commençait à donner des signes de démoralisation.

. — C'est drôle! décidément, c'est drôle! — répétait-il — nous voilà à ramasser des bouts de cigarettes pour fumer, à présent. Ah! c'est drôle, l'art! très-drôle! Maintenant, quand je sors dehors, je marche au milieu de la rue : tu comprends, si j'avais le malheur de casser un carreau!... Oh! très-drôle, tout ça! très-drôle, très-drôle!

— Mon cher — lui disait Anatole pour le remonter — tu cultives un genre qui a eu du succès à Jérusalem, mais qui est mort avec Jérémie... Que diable! nous n'en sommes pas encore à la misère de Ducharmel... Ducharmel, tu sais bien?

auquel on a fait, depuis qu'il est mort, un si beau tombeau par souscription... Et lui, la Providence l'avait affligé d'un enfant... Sais-tu ce qu'un jour, que son moutard avait faim, il a trouvé à lui donner à manger?... Une boîte de pains à cacheter blancs !

XXXI

Le soir, ils s'en allaient tous les deux à la barrière, au *Désespoir*, chez Tisserand le Danseur, où l'on dînait pour neuf sous. Et l'estomac à demi rempli, sans le sou pour une consommation, regardant à travers les rideaux les gens assis dans les cafés, ils s'en revenaient tristement.

Alors commençait la veillée, la causerie, et presque toujours l'ironie d'une conversation succulente. Curieux de tout ce qui avait un caractère étranger, enclin d'ailleurs à cette gourmandise d'imagination qui lui faisait demander sur les cartes des restaurants les mets inconnus et de noms chatouillants, Anatole mettait l'ancien chef du prince Pojarski sur son passé ; et le cuisinier, s'animant au souvenir du feu de ses fourneaux, et comme repris par sa première profession, lui parlait cuisine, et cuisine russe. Les yeux brillants, il énumérait les cailles des gouvernements de Toul et de Koursk, les gélinotes de Wologda, Arkhangel, Kazan; les coqs de bruyères, les bécasses de bois, les sangliers des gouvernements de Grodno et de Minsk; les jambons, les pattes d'ours, tout le gibier conservé gelé toute l'année dans les glacières de Pétersbourg. Il dissertait sur la délicatesse des poissons vivants dans ces fleuves de glace : les sterlets du Volga, l'esturgeon du lac Ladoga, les saumons de la Newa, les lavarets, le soudac, dont le meilleur apprêt est celui dit du *Cabaret rouge;* et les truites de Gatschina, les *carassins* des environs de Saint-Pétersbourg, les éperlans de Ladoga, les goujons perchés, les goujons délicieux de Moscou, les riapouschka, les chabots de Pskoff, dont on se sert dans le carême pour le *stschi* maigre, et dans la semaine du carnaval pour les *blinis.* Et de l'énumération, Bardoulat passait impitoyablement aux détails de son ancien art, avec des termes techniques, des explications, des gestes qui semblaient remuer les choses dans la casserole, des mots qui sentaient bon et qui fumaient. C'était le potage Rossolnick, le potage aux concombres liées, au moment de servir, avec de la crème double et des jaunes d'œuf, dans lequel on met les membres de deux jeunes poulets cuits dans le velouté du potage.

— Le velouté du potage! — répétait Anatole, comme pour se faire passer sur la langue la friandise de l'expression.

Mais Bardoulat ne l'écoutait pas : il était lancé

dans l'extravagance des soupes : le potage de sterlets aux foies de lotte, mouillé de vin de Champagne, les bortsch, les stschi à la paresseuse, le bouillon de gribouis, fait de ces exquis champignons qui ne viennent que sous les sapins, les potages au gruau de sarrazin, au cochon de lait, aux morilles, aux orties, et les potages à la purée de fraises, pour les grandes chaleurs...

Anatole écoutait tout cela, aspirant l'exquisité des plats que l'autre évoquait toujours, les petits pâtés de vesiga, les coulibiac de feuilletage aux choux, les varenikis lithuaniens, les vatrouschkis au fromage blanc, les sausselis farcis des pellmènes sibériens, les ciernikis et nalesnikis polonais : il lui semblait être au soupirail d'une cuisine où Carême travaillerait pour Attila, et il lui entrait des rêves dans l'estomac.

— Mais vois-tu ce qu'il faut manger, — lui dit une fois l'ancien chef, — au premier argent que nous aurons, j'en fais un, tu verras ! Un faisan à la Géorgienne !... C'est qu'il faut du raisin.

— Oh ! — dit négligemment Anatole, — j'en ai vu chez Chevet... vingt francs la boîte, mon Dieu...

— Écoute ! — fit le chef, et se mettant à parler comme un livre de cuisine, — tu vides, tu flambes, tu trousses ton faisan... tu le bardes, tu le mets dans une casserole... ovale, la casserole... tu enlèves avec précaution les pellicules d'une trentaine de noix fraîches, et tu les mets dans la casserole...

— Bon !

— Tu écrases dans un tamis deux livres de raisin et la chair de quatre oranges... tu verses cela sur ton faisan, tu ajoutes un verre de Malvoisie, autant d'infusion de thé vert... Tout cela sur le feu, une heure avant de servir, et lorsque c'est cuit... tu as ajouté, bien entendu, gros comme un œuf de beurre fin... Tu passes les trois quarts de la cuisson à la serviette pour la réduire avec une bonne espagnole... Tu sers... Et ce que c'est bon ! Ah ! mon ami !

— Assez ! — dit d'un ton impératif Anatole.

— Oui, assez, — dit mélancoliquement l'ancien chef de cuisine du prince Pojarski.

Tous deux commençaient à trop souffrir de ce supplice abominablement irritant, torture de tentation pareille à celle qu'auraient des naufragés si, dans le ciel au-dessus d'eux, le *Parfait Cuisinier* s'ouvrait avec des recettes écrites en lettres de feu.

XXXII

Par une journée de froid noir, en décembre, où ils étaient restés au lit, couchés avec leurs vareuses, à jouer au piquet, il leur prit l'idée d'aller se chauffer gratis dans un endroit public.

Il étaient sur le boulevard, ne sachant trop où ils entreraient, hésitant entre le Louvre et un bureau d'omnibus, lorsque Anatole dit :

— Tiens ! si nous allions aux commissaires-priseurs ? Il y a longtemps que j'ai envie d'acheter un mobilier en bois de rose...

Bardoulat ne fit pas d'objection. Ils arrivèrent au long corridor de la rue des Jeûneurs, entrèrent dans une première salle et s'assirent sur deux chaises, les pieds posés sur la bouche d'un calorifère, le corps ramassé dans la chaleur qu'il faisait. Au bout de quelques instants seulement ils regardèrent.

— Ah ! — fit Anatole, — une esquisse de Lestonat... Tiens ! une autre... C'est encore de lui, ça... Et ça aussi... Une crânement bonne chose, cette esquisse-là... Langibout, je me rappelle, quand il la lui a montrée, était joliment content... Que c'est drôle, qu'il *lave* tout ça !... Il est donc connu à présent, qu'il se paye une vente... Ah ! voilà Grandvoinet... là-bas, dans le coin, ce grand... C'était son intime... Il va nous dire... Eh ! Grandvoinet...

Grandvoinet arriva à Anatole :

— Tiens ! c'est toi ? Bonjour...

— Ça se vend-il ?

Grandvoinet ne répondit que par un signe de tête triste.

— Ah ça ! pourquoi vend-il ?
— Pourquoi ?... Tu n'as donc pas lu l'affiche ?
— Non.
— Eh bien ! il est mort... simplement...
— Mort ! bah ?... Comment, lui !... Sapristi ! Lestonat... un garçon auquel, à l'atelier, le père Langibout et tout le monde croyaient tant d'avenir...
— Tiens ! le voilà, à présent, son avenir !

Et Grandvoinet montra de l'œil à Anatole, au bas du bureau du commissaire-priseur, une pauvre maigre jeune femme, vêtue du deuil propre et pauvre de la misère, en chapeau, les épaules serrées dans un châle reteint. Elle était là, droite, ne bougeant pas, les mains dans le creux de sa jupe, avec une figure d'une pâleur jaune, et son chagrin à peine séché dans les yeux. A côté d'elle, et de fatigue se penchant par moments contre son bras, un enfant de deux ou trois ans, juché sur la chaise trop haute pour lui, laissait pendre ses deux jambes qu'il remuait, et dont les pieds, en se tortillant, se tournaient l'un sur l'autre ; et puis, il regardait vaguement, d'un air étonné et distrait, de l'air des enfants trop petits pour voir la mort, et qui sont amusés d'être en noir.

— De quoi est-il mort ? — demanda Anatole.
— De quoi ?... De la peinture, mon cher... de ce joli métier de galère-là ! — fit Grandvoinet d'un ton d'amertume sourde. — Les bourgeois croient

que c'est tout rose, notre vie, et qu'on ne crève pas à ce chien de travail-là ! Tu la connais, toi : l'atelier, depuis le matin six heures jusqu'à midi ; à déjeuner, deux sous de pain et deux sous de pommes de terre frites ; après ça, le Louvre, où l'on peint toute la journée... Et puis, le soir, encore l'école, le modèle de six à huit heures, et ce qu'on fait en rentrant chez soi... Trouvez le temps de dîner seulement là-dedans ! Ah ! elle est jolie, l'hygiène, avec la gargotte, les embêtements, les échignements pour les concours, les éreintements d'estomac, de tête, de piochade, de volonté et de tout... Va, il faut en avoir une santé et un coffre pour y résister !... Soixante-quinze francs !... Mais c'est son plafond pour la Tanucci, l'esquisse, qu'on vend... Quatre-vingts !... Est-ce fin de ton, hein ?... Quatre-vingt-cinq !... Je suis capable de ne rien avoir... Enfin, j'ai tout de même eu une bonne idée de mettre au clou ma montre et ma chaîne... Si je n'avais pas poussé, ce gueux de Lapaque aurait tout eu pour rien... Quatre-vingt-quinze !... On n'a pas idée de ça : il n'y a que lui de marchand ici...

La vente se traînait péniblement avec l'horrible ennui d'une vacation qui ne va pas. Les enchères misérables languissaient. Rien n'avait amené le public à cette dernière exposition d'un peintre à peu près inconnu des amateurs, qui n'avait de talent que pour ses camarades, et dont les autres peintres achetaient les esquisses pour « se monter le coup ». D'ailleurs, la mode n'existait pas encore des ventes d'artistes; et il pesait sur le marché de l'art les préoccupations politiques de la fin de cette année 1847.

Des gens qui étaient là, des vingt personnes espacées autour des tables, la moitié était venue, comme Anatole et son ami, pour se chauffer. A peine si trois ou quatre faisaient un petit mouvement d'avance, quand une toile passait devant eux; et, dans un coin, un homme au chapeau roux dormait tout haut. De temps en temps, un passant regardait, de la porte de la salle, les cadres, les panneaux, le chevalet Bonhomme, les cartons, le mannequin; et voyant si peu de monde, il n'avait pas le courage d'entrer. Le gros commissaire-priseur, renversé sur son fauteuil et se grattant le dessous du menton avec son marteau d'ivoire, se laissait aller à bâiller; le crieur ne donnait plus que la moitié de sa voix; et jusqu'au dos des lourds Auvergnats emportant les numéros adjugés, tout et tous semblaient mépriser cette peinture qui se vendait si mal, ce talent que la réclame de la mort n'avait pas fait monter.

Enfin, on arrivait à la fin de la vente.

La pauvre femme était toujours là, plus douloureuse, plus humiliée à chaque nouvelle adjudication, comme si, devant les morceaux de la vie de son mari vendus si bon marché, pleurait et saignait l'orgueil qu'elle avait placé sur son talent. Le commissaire-priseur se ranimait; et, paraissant sourire à l'idée de son dîner et de son plaisir du soir, il regardait en dessous cette douleur de jeune veuve avec de gros yeux sensuels de célibataire sceptique. Il criait, pressait les enchères, disait :

— Messieurs, il y a un cadre ! — ou bien : — Une belle femme nue, messieurs !... Pas d'erreur ?... Vu ?... On y renonce ? — Il jetait sur les toiles, à mesure qu'elles passaient, ces lourdes et cyniques plaisanteries de son métier, qui enterrent l'œuvre d'un mort dans une profanation de risée.

— Le misérable ! — fit Grandvoinet indigné, — il *égaye* la vente !... Ah ! si sa femme, avec les frais, a seulement de quoi payer les dettes !

Anatole et Bardoulat restèrent sous l'impression de cette triste scène. Dans la rue :

— Merci ! — dit Bardoulat, — ayez donc du talent !

Le soir après dîner, comme Anatole croyait que Bardoulat, sa vareuse ôtée, allait se coucher, il le vit prendre la redingote commune.

— Tu prends notre redingote ? — lui dit-il.

— Oui, je sors un moment...

— A cette heure-ci ?... Coquin !

Dans la nuit, tout en dormant, il sembla à Anatole que le thermomètre baissait : le lendemain, il fut étonné de se trouver seul dans son lit. La journée se passa sans nouvelles de Bardoulat. Le soir, il ne revint pas. Le matin qui suivit, Anatole inquiet commençait à se demander s'il ne ferait pas bien d'aller voir à la Morgue, quand il reçut un petit billet de Bardoulat. Bardoulat s'avouait dégoûté de l'art, et il demandait pardon à Anatole de l'avoir quitté si brusquement, mais il n'osait plus le revoir; il n'en était plus digne : il s'était replacé comme cuisinier chez un Russe qui le faisait partir en courrier pour la Russie.

— Cet animal-là ! — fit Anatole, — il aurait bien dû mettre la redingote dans sa lettre, d'autant plus qu'il est parti avec les derniers quarante sous de la maison!... Enfin, tant mieux qu'il soit parti : avec ses histoires de cuisine, c'était le *supplice de Cancale!*...

XXXIII

Cependant arrivait cette année dure à l'art : 1848, la Révolution, la crise de l'argent.

Anatole n'en souffrait pas trop d'abord. Il trouvait à s'employer dans une série de portraits des députés de la Constituante. Mais après cela, des semaines, des mois se passaient sans qu'il trouvât autre chose à faire que l'en-tête d'une romance légitimiste : *Où est-il?* qu'il exécuta en faisant violence à ses opinions républicaines. Puis, la gêne des temps croissant, il arriva à se laisser embaucher par un individu qui avait eu l'idée de placer en province des livres invendables, des *rossignols* de librairie, avec la prime d'une pendule ou d'un portrait au choix. Chaque portrait, y compris les mains, devait être payé vingt francs à Anatole, et l'on commençait la tournée par Poissy. Anatole et son meneur se glissaient dans les maisons, furtivement, sans rien dire du pourquoi de leur visite, qui les eût fait jeter à la porte; et tout à coup, Anatole ouvrant une boîte qui contenait son portrait, se mettait à côté dans la pose, tandis que son compagnon, levant un mouchoir, démasquait la pendule de la prime. Cette pantomime n'eut aucun succès auprès des bouchers de l'endroit. Elle ne réussit guère mieux dans les autres villes du département. Et, peu de jours avant les journées de Juin, Anatole retomba sur le pavé de Paris, aussi pauvre qu'avant de partir. Les journées de Juin lui donnaient l'idée de faire d'imagination un faux croquis d'après nature de l'épisode de la barrière de Fontainebleau : l'assassinat du général Bréa. Un journal illustré lui payait assez bien ce dessin d'actualité. Anatole en tirait une seconde mouture en lithographiant un portrait du général, dont il vendait pour une trentaine de francs.

Mais c'était son dernier gain, toute affaire s'arrêtait. Il eut beau chercher, courir, solliciter : un moment, il n'y eut plus que la faim à l'horizon désespéré de son lendemain.

Il regarda autour de lui. Ses effets, sa chambre elle-même avait presque toute déménagé au mont-de-piété. Il fouilla machinalement la poche de son gilet : le poisson d'or de Coriolis, qui lui avait si souvent avancé un peu d'argent, était parti pour la dernière fois, et n'était pas revenu. Il chercha dans la pauvreté de ses nippes et le vide de ses meubles : rien, il ne restait plus rien dont le *clou* eût voulu.

Alors, il eut une idée : ses matelas avaient encore le luxe de leurs toiles ; il se mit à les découdre, trouva dessous la laine assez tassée en galette pour y pouvoir coucher, et courant les engager au premier bureau de commissionnaire, il en tira quelques sous. Et il se mit à manger un pain de seigle pour son déjeuner, un autre pour son dîner. En se rationnant ainsi, il calculait qu'il avait de quoi vivre une huitaine de jours. Et il dormit sans mauvais rêve sur la laine de ses matelas.

Il ne trouvait pas qu'il était temps de s'inquiéter. C'était simplement une situation tendue, une faillite momentanée de chance. Puis, il y avait, dans ce qui lui arrivait, une sorte de caractère, un côté pittoresque, comme une nouveauté d'aventure, qui amusaient son imagination. Cette misère absolue lui paraissait une extrémité extravagante, presque drôle. D'ailleurs, il avait toujours adoré le pain de seigle : quand il en achetait un au Jardin des

Plantes pour le donner aux animaux, il le mangeait.

Aussi n'eut-il point de tristesse. Le second jour, il fut tout heureux d'avoir failli dîner avec un camarade enlevé par « une ancienne » après l'absinthe, et presque sur le pas de la gargotte où ils allaient entrer. Les lendemains se succédèrent pareils, nourris des mêmes deux pains de seigle, également déçus par des rencontres d'amis qui le menaient jusqu'au bord d'un dîner. Anatole supporta cet allongement de déveine et cette conjuration de contre-temps sans se laisser abattre. Il se roidissait dans sa philosophie, se disait que rien n'est éternel, trouvait en lui de quoi se plaisanter lui-même, et n'avait pas même la pensée d'injurier le ciel ou d'en vouloir aux hommes. Il espérait toujours, avec une confiance vague, avec un ressouvenir instinctif du système des compensations d'Azaïs qu'il avait autrefois feuilleté à un étalage sur le quai. Deux ou trois fois il trouva en rentrant, sur sa porte, écrit avec le morceau de craie posé à côté dans une petite poche de cuir, le nom d'amis aisés venus pour le voir : il n'alla point chez eux, par une pudeur de timidité, et aussi de belle dignité, qui l'avait toujours empêché d'emprunter.

Comme à la longue il se sentait une espèce d'ennui dans les entrailles, il songea à aller chez sa mère, avec laquelle il était complétement brouillé, et qu'il ne voyait plus que le premier jour de l'an.

Mais pensant au sermon que lui coûterait là une pièce de cent sous, il prit le parti de patienter encore. Il attrapa ainsi la fin de ses pains de seigle; mais, à une dernière digestion, des crampes si atroces le prirent qu'il fut forcé de se coucher.

La nuit commençait à tomber; et avec la nuit, la douleur ne s'apaisant pas, ses réflexions s'assombrissaient un peu, quand la clef tourna dans la porte. Il entendit un frou-frou de soie et de femme : c'était une vieille connaissance de ses parties de canot, qui venait lui demander dix sous pour aller manger une portion à un bouillon. Mais quand elle eut vu l'atelier, elle s'arrêta comme honteuse de demander à plus pauvre qu'elle, le regarda, le vit jaune d'une jaunisse, lui dit de se faire de la limonade, et s'en alla.

Anatole resta seul, souffrant toujours, et laissant aller ses idées à des lâchetés, à des tentations de s'adresser à sa mère.

Sur les dix heures, la femme d'avant le dîner rentra, ôta ses gants, fouilla dans ses poches, et en retira ce qu'elle avait rapporté du restaurant où quelqu'un l'avait emmenée : le citron des huîtres et le sucre du café. La limonade faite, elle voulut la faire chauffer, demanda où était le bois : Anatole se mit à rire. Elle réfléchit un instant, puis tout à coup sortit, et reparut l'air triomphant avec tous les paillassons de la maison qu'elle était allée ramasser sur les paliers. Elle alluma cela, mit la limonade sur le feu, en apporta un verre à Anatole, lui dit : — *Il* m'attend en bas, — et se sauva.

Le lendemain, la crise qui jette la bile dans le sang était passée. Anatole se sentait soulagé, et il se laissait aller à la somnolence de bien-être qui suit les grandes souffrances, quand Chassagnol entra chez lui.

— Tiens ! tu es malade?
— Oui, j'ai la jaunisse.
— Ah ! la jaunisse, — reprit Chassagnol en répétant machinalement le mot d'Anatole, sans paraître y attacher la moindre idée d'importance ou d'intérêt.

C'était assez son habitude d'être ainsi indifférent et sourd au dedans à ce que ses amis lui apprenaient d'eux, de leurs ennuis, de leurs affaires, de leurs maux. Généralement, il paraissait ne pas écouter, être loin de ce qu'on lui disait, et pressé de changer de sujet, non qu'il eût mauvais cœur, mais il était de ces individus qui ont tous leurs sentiments dans la tête. L'ami, dans ce grand affolé d'art, était toujours parti, envolé, perdu dans les espaces et les rêves de l'esthétique, planant dans des tableaux. Cet homme se promenait dans la vie comme dans une rue grise qui mène à un musée, et où l'on rencontre des gens auxquels on donne, avant d'entrer, de distraites poignées de main. D'ailleurs la réalité des choses passait à côté de lui sans le pénétrer ni l'atteindre. Il n'y avait pas de misère au monde capable de le toucher autant qu'une *Famille malheureuse* bien peinte.

— La jaunisse, ce n'est rien, — reprit-il tranquillement. — Seulement, il ne faut pas te faire d'embêtement... Je voulais toujours venir te voir... mais j'ai été pris tous ces temps-ci par Gillain qui est devenu *salonnier* dans un journal sérieux... Et comme il ne sait pas un mot de peinture... Si on publiait demain dans le *Charivari* un Albert Durer, sans prévenir, il croirait que c'est de Daumier... Enfin, il fait un salon, le voilà maintenant critique artistique... C'est absolument comme un homme qui ne saurait pas lire qui se ferait critique littéraire... Alors il prend séance avec moi... Il me fait causer, il m'extirpe mes bonnes expressions, il me suce tout mon technique... C'est si drôle, un homme d'esprit! c'est si bête en art!... Enfin, je lui ai enfoncé un tas de mots : frottis, glacis, clair-obscur... Il commence à s'en servir pas trop mal... Il est capable de finir par les comprendre!... Eh bien, vrai, c'est amusant! Par exemple, je l'ai seriné à la sévérité, raide... Ça sera une cascade d'éreintements... Je lui ai repassé mes principes là-dessus... et nous allons faire une campagne... Je lui ai dit qu'il s'agissait de nettoyer le Temple, de tomber sur le dos aux fausses vocations, à ces milliers de tableaux qui ne disent rien et qui encombrent... Oh! la fausse peinture!... Du talent ou la mort! il n'y a que cela... Il faut décourager trois mille peintres par an... sans cela, dans dix ans, tout le monde sera peintre, et il n'y aura plus de peinture... Dans toute ville un peu propre, et qui tient à son hygiène, il devrait y avoir un barathre, où l'on jetterait toutes les croûtes mal venues, pas viables, pour l'exemple!... Mais, nom d'un chien! l'art, ça doit être comme le saut périlleux : quand on le rate, c'est bien le moins qu'on se casse les reins!... On me dira : Ils mourront de faim... ils ne meurent pas assez de faim! Comment! vous avez tous les encouragements, toutes les récompenses, tous les secours... j'en ai lu l'autre jour la statistique, c'est effrayant... les croix, les commandes, les copies, les portraits officiels, les achats de l'État, des ministères, du souverain quand il y en a un, des villes, des *Sociétés des amis des arts...* plus d'un million au budget!... Et vous vous plaignez! Tenez! vous êtes des enfants gâtés... Ni tutelle, ni protection, ni encouragements, ni secours... voilà le vrai régime de l'art... On ne cultive pas plus les talents que les truffes... L'art n'est pas un bureau de bienfaisance... Pas de sensiblerie là-dessus : les meurt-de-faim en art, ça ne me touche pas... Tous ces gens qui font un tas de saloperies, de bêtises, de platitudes, et qui viennent dire au public : Il faut bien que je vive... Je suis comme d'Argenson, moi, je n'en vois pas la nécessité! Pas de larmes pour les martyrs ridicules et les vaincus imbéciles! Qu'est-ce qui resterait aux autres, alors?

Et puis, est-ce que l'art est chargé de vous faire manger? Est-ce que vous avez pris ça pour un état? Je vous demande un peu les secours qu'on donne à un épicier lorsqu'il a fait faillite!... Mourez de faim, sapristi! c'est le seul bon exemple que vous ayiez à donner... Ça servira au moins d'avertissement aux autres!... Comment! vous ne vous êtes pas affirmé, vous êtes anonyme, vous le serez toujours!... Vous n'avez rien trouvé, rien inventé, rien créé... et parce que vous êtes un artiste, tout le monde s'intéressera à vous, et la société sera déshonorée si elle ne vous met, tous les matins, un pain de quatre livres chez votre concierge! Non, c'est trop fort!...

Ces sévères paroles, cruelles sans le vouloir, sans le savoir, tombaient une à une comme des coups de poing sur la tête d'Anatole. Il lui semblait entendre le jugement de sa vie. Cette condamnation, que Chassagnol jetait en l'air sur d'autres vaguement, c'était la sienne. Pour la première fois, il se sentit l'amertume des misères méritées; il vit le rien qu'il était dans l'art; sa conscience lui montra tout à coup, pendant un instant, son parasitisme sur la terre.

— Si tu me laissais un peu dormir, hein? — fit-il en coupant brusquement la tirade de Chassagnol.

— Ah! — fit Chassagnol qui prit son chapeau, en poursuivant son idée et en monologuant avec lui-même.

A quelques jours de là, Anatole était sur pied. Il devait la vie à sa jeunesse et à une vieille bonne de la maison, sa voisine sur le carré; brave femme, adorant les deux petits enfants de maître qu'elle élevait, et dont Anatole avait pris les têtes pour les mettre dans des tableaux de sainteté. La brave femme avait cru voir ses deux petits chéris dans le ciel; et elle fut trop heureuse d'apporter au malade ses soins et le bouillon qui lui rendirent les forces.

Comme il était convalescent, une rentrée inespérée, le payement d'un transparent qu'il avait fait pour un bal Willis des environs de Paris, quatre-vingts francs arriérés le sortaient de la faim.

XXXIV

Un matin, Anatole fut fort étonné de voir entrer la petite bonne de sa mère lui apportant une lettre. Sa mère le priait de venir passer la soirée chez elle avec un de ses oncles, un frère de son père, qu'il n'avait jamais vu, et qui désirait le connaître.

Le soir, Anatole trouva chez sa mère un baba, du thé, les deux lampes Carcel allumées, et un monsieur à collier de barbe noire qui l'invita à déjeuner avec lui le lendemain.

Le lendemain, sur les deux heures, dans un cabinet du Petit-Véfour, au Palais-Royal, les deux coudes sur une table où trois bouteilles de Pomard étaient vides, l'oncle, le gilet déboutonné, contait, avec l'expansion du Bourgogne, ses affaires à son neveu, la part qu'il avait à Marseille dans une fabrique de produits chimiques pour la savonnerie, ses déplacements pour la commission, le charmant voyage fait par lui, l'année précédente, en Espagne, moitié pour sa maison, moitié pour son plaisir. Et disant cela, il laissait tomber sur ses souvenirs, qu'il semblait revoir, de gros sourires scélérats. Maintenant, il avait envie d'aller à Constantinople. Il aimait le mouvement, et cela lui ferait voir du pays. Puis un homme comme lui devait toujours trouver à brasser quelque chose là-bas. D'ailleurs, comme actionnaire des paquebots, il comptait bien avoir le passage gratuit pour lui, et peut-être pour un compagnon, s'il en trouvait un.

Ce dernier mot, jeté en l'air, tombait dans une demi-ivresse d'Anatole, soudainement réconcilié avec les idées de famille, et qui sentait toutes sortes de tendresses fumeuses aller à son oncle. Il fit : — A Constantinople! — Et il regarda devant lui, fasciné.

Il avait toujours eu un désir flottant, une sourde démangeaison, une espèce d'envie de bureaucrate d'aller à du merveilleux lointain. Il caressait depuis longtemps la pensée vague, confuse, la tentation instinctive de faire quelque grand voyage, de partir flâner quelque part, dans des endroits bizarres, dans des lieux à caractère, à travers des paysages dont il avait respiré l'étrangeté dans des récits et des dessins de voyageurs. Ce qui aspirait en lui à l'exotique, à ces horizons attirants déroulés dans les descriptions qu'il avait lues, c'était le Parisien musard et curieux, le badaud avec ses imaginations d'enfant bercées par *Robinson* et les *Mille et une Nuits*. Constantinople! ce seul mot éveillait en lui des rêves de poésie et de parfumerie où se mêlaient, avec les lettres de Coriolis, toutes ses idées d'Eau des Sultanes, de pastilles du sérail, et de soleil dans le dos des Turcs.

— Eh bien! si tu m'emmenais, moi? — fit-il à brûle-pourpoint.

L'oncle et le neveu se tutoyaient depuis le café.

— Mon Dieu, tout de même, — répondit l'oncle en homme désarçonné par la brusquerie de la demande. — Mais tu ne seras jamais prêt, — reprit-il.

— Quand pars-tu?

— Mais... demain, à cinq heures.

— Oh! j'ai un jour de trop.

Anatole fut exact au chemin de fer. Il avait arraché trois cents francs à sa mère, dont la vanité de bourgeoise était humiliée des costumes dans lesquels on rencontrait son fils à Paris. Il paya sa place, et partit avec son oncle pour Marseille.

A Lyon, la glace était tout à fait rompue entre

les deux voyageurs : l'oncle et le neveu s'étaient confié réciproquement les malheurs de leurs bonnes fortunes.

Arrivés à Marseille, à cinq heures, ils descendirent à l'hôtel des Ambassadeurs. On dîna à table d'hôte. Anatole but un peu trop de vin de Lamalgue, un vin généralement fatal aux nouveaux venus, et monta se coucher. Il dormait, lorsqu'une voix de stentor l'éveilla : Anatole! Anatole! — lui criait son oncle de la rue — nous sommes chez Conception! le pisteur de l'hôtel t'y mènera...

Anatole sauta en bas de son lit, s'habilla; et le pisteur le mena au troisième étage d'une maison de la rue de Suffren, où se trouvaient, autour d'un bol de punch, son oncle, quatre amis de son oncle et la maîtresse de son oncle, mademoiselle Conception, une petite Maltaise, brune de naissance, et danseuse de profession au Grand-Théâtre.

Les trois ou quatre jours qui suivirent parurent délicieux à Anatole. Des promenades sur le Prado, aux Peupliers, des déjeuners à la Réserve, des dîners avec Conception et les amis de son oncle, des soirées au spectacle, au café de l'Univers, c'était sa vie. Son oncle se montrait charmant pour lui; seulement, Anatole trouvait assez singulier qu'il ne parût point s'occuper du tout de la façon dont il allait vivre : il ne parlait pas de l'aider, et n'ouvrait plus la bouche sur le voyage de Constantinople.

Au bout d'une semaine, Anatole commençait à

s'inquiéter assez sérieusement, lorsque le maître de l'hôtel vint lui dire qu'une dame, qui venait de descendre chez lui, demandait un peintre. Cette brave dame avait pour fils un maire d'un village des environs qui, dans un accès de fièvre chaude, s'était tailladé à coups de rasoir la gorge et le ventre. La gangrène étant venue, les médecins désespérant du malade, elle avait fait un vœu à Notre-Dame de la Garde, et son fils ayant été sauvé, elle venait à Marseille faire faire l'*ex-voto*. Anatole se hâta de brosser l'apparition de la bonne Notre-Dame à la mère près de son fils couché. Il eut pour cela une centaine de francs.

Cet *ex-voto* lui amena la commande d'un épisode d'émeute dans les rues de Marseille, commande faite par un monsieur qui s'y fit représenter en Horatius Coclès de la propriété, pour obtenir la croix. Ce tableau, où il lui fallut inventer une insurrection, lui fut très-bien payé. Un portrait qu'il fit d'un agent maritime lui amena toute la série des agents maritimes. Des figures d'odalisques avec des sequins, qu'il exposa à la devanture de Réveste, et qu'on acheta, le firent connaître. L'ouvrage lui vint de tous les côtés. Il gagna de l'argent, mena large et joyeuse vie pendant plusieurs mois.

Il voyait toujours son oncle, il allait souvent chez Conception. Mais l'oncle paraissait fort refroidi à son égard. Il était intérieurement offusqué des succès de son neveu, de la façon dont, avec sa gaieté, son esprit, sa familiarité, Anatole avait réussi dans sa société, au cercle, au café, partout où il l'avait présenté. Il se sentait éclipsé, relégué au second plan, par cette place faite au Parisien, à l'artiste; les histoires marseillaises qu'il essayait de raconter, après les histoires d'Anatole, ne faisaient plus rire : il ne brillait plus. Outre cela, il était blessé d'une certaine légèreté de ton que son neveu prenait avec lui, le traitant par-dessous la jambe avec des plaisanteries d'égalité et de camaraderie inconvenantes, l'appelant, à cause d'un vert caisse d'oranger usuel dans son commerce, « mon oncle *Schwanfurt.* » Il trouvait enfin que mademoiselle Conception s'amusait trop avec « ce crapaud-là, » qu'elle riait trop quand il venait, et qu'elle avait l'air de le regarder comme le plaisir de la maison. Tout cela fit qu'il commença par ne plus inviter Anatole, et qu'il finit par lui remettre un beau jour la note de tous les dîners qu'il lui avait payés, en lui faisant remarquer qu'il avait la discrétion de ne les lui compter que trois francs pièce. Cette réclamation arrivait au moment où la vogue de l'artiste de Paris commençait à baisser. Tous les agents maritimes s'étaient fait peindre ; et tous les Marseillais qui désiraient une odalisque en avaient acheté une chez Réveste. La gêne venait. Et c'était alors que se déclarait à Marseille le choléra qui faisait fuir à Lyon la moitié des habitants, et l'oncle d'Anatole un des premiers.

Anatole, lui, était forcé de rester : il n'avait pas de quoi se sauver. Il se trouva heureusement avoir affaire à un hôtelier qui avait encore plus peur que lui. Cet homme avait voulu lui donner son compte quelques jours avant le choléra : Anatole le vit venir à lui avec une contrition piteuse, le soir du jour où l'on avait enterré le pisteur de l'hôtel. Il y avait déjà plusieurs mois que, forcé de faire des économies, Anatole allait dîner à l'hôtel de la Poste, pour vingt-cinq sous, avec l'état-major des paquebots. Son hôtelier venait le supplier de dîner chez lui, avec lui, au même prix ; il lui offrait même de payer ce qu'il devait à la Poste. Anatole accepta, et pour ses vingt-cinq sous, il eut un dîner à trois services, dans la grande salle à manger de cent couverts, désolée et désertée, au bout de la grande table, où ne s'asseyaient plus que cinq convives, son maître d'hôtel, lui, et trois autres personnes dans sa situation : le pâtre calculateur Mondeux, dont les représentations étaient arrêtées net, et qui ne faisait plus d'argent, même dans les séminaires ; le démonstrateur du pâtre, un nommé Regnault, et Madame Regnault.

On se serrait pour s'empêcher de trembler, on se ramassait les uns sur les autres : tout ce petit monde était fort épouvanté, à l'exception du petit pâtre, qui n'avait pas l'idée du choléra et qui planait dans le septième ciel des nombres. Chaque nuit, un des quatre appelait les autres.

Le thé, le rhum, à toute heure, courait l'escalier : l'hôte était si bouleversé qu'il n'y regardait plus. A la fin, Anatole eut un héroïsme à la Gribouille : pour échapper à ces terreurs, il résolut de plonger dedans à fond; et il alla tout droit se faire inscrire au bureau des cholériques, pour visiter les malades et porter des secours.

Il passa alors des jours, des nuits, à aller où on l'appelait, chez de pauvres diables, enragés de quitter leur vie de misère, chez des poissonniers et des poissonnières qui s'éteignaient le visage éclairé par les bougies d'une petite chapelle, au-dessus de leur lit, enguirlandée de chapelets de coquillages. Il les touchait, les frictionnait, leur parlait, les plaisantait, quelquefois les sauvait : souvent il fit rire la Mort, et lui reprit les gens. Peu à peu, s'aguerrissant dans ce métier où il usait ses peurs, il finit par lui trouver comme un sinistre côté comique; et avec sa nature comédienne, sa pente à l'imitation, son sens de la charge, il faisait, aussitôt qu'il lui revenait un moment de courage, des simulations caricaturales et terribles de ce qu'il avait vu, des convulsions qu'il avait soignées, des morts auxquels il avait fermé les yeux : cela ressemblait à l'agonie se regardant dans une cuiller à potage, et au choléra se tirant la langue dans une glace !

L'épidémie finie, Anatole revint au rêve de Constantinople, qui ne l'avait jamais quitté. Il avait dîné une fois chez son oncle avec un écuyer de Paris, le fameux Lalanne, qui dirigeait un cirque à Marseille. Toutes les affinités de sa nature de clown l'avaient aussitôt porté vers l'écuyer et le personnel de sa troupe : le petit Bach, l'inventeur du célèbre exercice de la boule; Émilie Bach, qui faisait valser son cheval, en le forçant à poser de deux tours en deux tours les pieds de devant sur la barrière des premières; Solié, qui courait debout, dans l'hippodrome de Marseille, la poste à trente-deux chevaux. Toute cette troupe était engagée pour aller donner des représentations à Constantinople, dans le cirque où Madame Bach avait gagné presque une fortune, en laissant le prix d'entrée à la générosité des Turcs, et en faisant la recette à la porte dans un turban.

Anatole vit là une providence : il n'avait qu'à monter en croupe derrière le cirque pour aller là-bas. L'affaire s'arrangeait : il était convenu qu'on le prenait pour contrôleur; mais le contrôleur dans la troupe devait, en cas de besoin, figurer dans le quadrille, et même, s'il le fallait, doubler un écuyer. Anatole n'était pas homme à reculer pour si peu. D'ailleurs, ce qu'on lui demandait rentrait dans sa vocation. Il était naturellement un peu acrobate. Chez Langibout, il aimait à se pendre par les pieds à la barre du modèle. Dans tous les jeux, il était d'une élasticité, d'une souplesse merveilleuse. Il faisait très-bien le saut périlleux du haut de son poêle d'atelier. Il avait à la fois le tempérament et l'enthousiasme des tours de force. Avec ces dispositions, il parvint en quelques semaines à faire le manége debout et à se tenir sur un pied : il aurait bien voulu aller plus loin, quitter le cheval des deux pieds, sauter les banderoles; mais au bout de six mois, il n'en avait pas encore trouvé le courage, lorsqu'on apprit la mort de madame Bach. Constantinople lui échappait encore une fois !

Accablé de la nouvelle, il arpentait tristement le quai du port, — quand tout à coup un homme lui tomba dans les bras en même temps qu'un singe sur la tête.

L'homme était Coriolis.

XXXV

C'était un atelier de neuf mètres de long sur sept de large.

Ses quatre murs ressemblaient à un musée et à un pandémonium. L'étalage et le fouillis d'un luxe baroque, un entassement d'objets bizarres, exotiques, hétéroclites, des souvenirs, des morceaux d'art, l'amas et le contraste de choses de tous les temps, de tous les pays, de tous les styles, de toutes les couleurs, le pêle-mêle de ce que ramasse un artiste, un voyageur, un collectionneur, y mettaient le désordre et le sabbat du bric-à-brac. Partout d'étonnants voisinages, la promiscuité confuse des curiosités et des reliques : un éventail chinois sortait de la terre cuite d'une lampe de Pompéi; entre une épée à trois trèfles qui portait sur la lame : *Penetrabit*, et un bouclier d'hippopotame pour la chasse au tigre, on pouvait voir un chapeau de cardinal à la pourpre historique tout usée; et un personnage d'ombre chinoise de Java découpé dans du cuir était accroché auprès d'un vieux gril en fer forgé pour la cuisson des hosties.

Sur l'un des panneaux de la porte, encadrée dans des arabesques d'Alhambra, une tête de mort couronnait une panoplie qui dessinait vaguement, dessous, l'ostéologie d'un corps. Des sabres à pommeaux, arrangés en fémurs, des lames à manches d'ivoire et d'acier niellé, des poignards courbes ébauchant des côtes, des yatagans, des khandjars albanais, des flissats kabyles, des cimeterres japonais, des cama circassiens, des khoussar indous, des kris malais, se levait une espèce de squelette sinistre de la guerre, le spectre de l'arme blanche. Au-dessus de la porte, deux bottes marocaines en cuir rouge pendaient, comme à califourchon, des deux côtés d'un grand masque de sarcophage, la face noire et les yeux blancs : posés sur le front du large et effrayant visage, des gants persans en laine frisée lui faisaient une sorte d'étrange perruque de cheveux blancs.

A côté de la porte, auprès d'une horloge Louis XIII

à cadran de cuivre et à poids, une crédence moyen âge portait un moulage d'Hygie : devant elle, un ânon de plâtre semblait boire dans un gobelet de fer-blanc plein de vermillon. Entre les jambes d'un écorché, on apercevait comme un coin du Cirque : un petit modèle d'éléphant et un lutteur antique lancé en avant. La Léda de Feuchères, les jambes furieusement croisées autour du cygne, ses genoux lui relevant les ailes, était devant le Mercure de Pigalle, dont l'épaule coupait la gorge d'une nymphe de Clodion. Au-dessus de la crédence, une pochette en ébène enrichie d'incrustations de nacre, représentant des fleurs de lys et des dauphins, masquait à demi un albâtre de Lagny, du seizième siècle, où était figuré le songe de Jacob.

De l'autre côté de la porte, contre une autre crédence, des toiles sur châssis empilées et retournées portaient en lettres noires imprimées : 1, *rue Childebert, Paris, Hardy Alan, fabricant de couleurs fines.*

Le milieu du panneau de gauche était décoré d'un faisceau d'oriflammes et de drapeaux d'or, rouges et bleus, ayant servi à quelque représentation de théâtre, et qui, avec la fulgurance de leurs plis, avec leurs éclairs de lame de cuivre, avaient des lueurs de voûte des Invalides et de coupole de Saint-Marc. Ce faisceau, splendide et triomphal, sortait de casques, de masses d'armes, de boucliers, de rondaches. Là-dessous, une tête de lion empaillée, la gueule ouverte, les crocs blancs, sortait du mur. Elle dominait et semblait garder un fauve chef-d'œuvre, une petite copie du temps du *Martyre de Saint-Marc*, de Tintoret, dont le riche cadre doré se détachait d'une boiserie noire reliée à un coffre en bois de chêne sculpté, orné de petites armoiries peintes et dorées. Sur un coin du coffre qui portait cela, une boîte à couleurs ouverte faisait briller, du brillant perlé de l'ablette, de petits tubes de fer-blanc, tachés et baveux de couleur, au milieu desquels de vieux tubes vides et dégorgés avaient le chiffonnage d'un papier d'argent. Il y avait encore sur le coffre, un grand plat hispano-arabe, à reflets mordorés, où s'éparpillait un paquet de gravures, un serre-papier fait d'un pied momifié couleur de bronze florentin, des petites fioles, une cruche à huile en grès à dessins bleus, et une grande statue en bois de sainte Barbe, à la main de laquelle était suspendu, par un cordonnet, un petit médaillon en cire, le portrait d'une vieille parente de Coriolis, guillotinée en 93.

Le reste du mur, de chaque côté, était couvert de plâtres peints, de grands écussons bariolés et coloriés. Un profil de Diane de Poitiers, la chair rosée, les cheveux blondissants, sous un clocheton gothique et flamboyant, à choux frisés, la Poésie légère de Pradier sur un socle à pivot, des pipes accrochées et serrées à la gorge par deux clous, un fragment du Parthénon, un relief du vase Borghèse, un sceptre de la Mère folle de Dijon en bois sculpté et peint, garni de grelots; une étagère chargée de bouteilles turques zébrées d'or et d'azur, un houka enlacé du serpent poussiéreux de son tuyau, un tas de petits bouts d'ambre, une planche de coquilles, mettaient là une polychromie étourdissante, traversée d'éclairs d'irisations.

Par-dessus une haie de tableaux commencés, posés les uns devant les autres, le premier sur un chevalet Bonhomme, le second sur la peluche rouge de deux chaises, le dernier appuyé contre le mur, l'œil allait, sur le panneau de droite, à un masque de Géricault, sur lequel était jeté de travers un feutre de pitre à plumes de coq. Après le masque, c'était une petite Vierge de retable qui avait, passée derrière le dos, une branche de buis béni tout jauni, apportée à l'atelier par un modèle de femme, un dimanche des Rameaux. A côté de la Vierge, une mince colonnette, à enroulements or, argent, bleu et rouge, semée de croissants de lune argentés et de fleurs de lis d'or, portait en haut une boule couverte de dessins astrologiques.

Après la colonnette, s'étalait une grande toile orientale abandonnée, sur le bas de laquelle étaient écrits, à la craie, des adresses d'amis, des noms de modèles, des dates de rendez-vous, des memento de la vie parisienne, qui entraient dans des jupes d'almées. Au-dessus de la toile était pendue l'ossature d'une tête de chameau, avec tout son harnachement de brides mosaïquées de pierres bleues, tout un entourage de sellerie orientale, d'étriers de mameluck, au milieu desquels tombait un manteau de peau d'un grand chef des *Pieds noirs,* troué d'un trou de balle, et qui avait été échangé, dans le pays, contre vingt-deux poneys.

En bas, une petite armoire vitrée laissait voir, pressées et mêlées, des étoffes d'où s'échappaient des fils d'or, des soieries à couleurs de fleurs, des vestes turques dont chaque bouton d'or enserrait une perle fine. Un peu plus loin, par terre, les cassures métalliques d'un monceau de charbon de terre étincelaient contre le poêle qui allait enfoncer le coude de son tuyau dans le mur, au-dessus d'un bas-relief de saint Michel terrassant le diable, à côté de l'inscription philosophique, gravée en creux dans la pierre par un prédécesseur de Coriolis :

<blockquote>
Quare
Nec time
Hic aut illic mors
Veniet.
</blockquote>

Puis, entre le moulage de la tête d'un chauffeur d'Orgères et un médaillon bronzé d'une tournure furieuse à la Préault, pendaient une paire de castagnettes et deux souliers de danseuse espagnole, qui avaient comme une ombre de chair au talon. La décoration continuait par un bas-relief de camarade, un sujet de prix de Rome, portant le cachet en creux, au haut, à gauche : *École royale des Beaux-Arts.* Et le mur finissait par un moulage de la Vénus de Milo.

Un mannequin, couvert d'un sale costume d'arlequin loué, était debout devant la déesse, et il en écornait un grand morceau avec sa pose de bois qui faisait la cour à Colombine.

Le fond de l'atelier était entièrement rempli par un grand divan-lit qui ne laissait de place, dans un coin, qu'à une psyché en acajou, à pieds à griffes. Sous le jour de la baie, une sorte d'alcôve s'enfonçait là entre deux grandes cantonnières de tapisserie à verdure, sous un large *tendo* de toile grise, qui rappelait le ton et le grand pli lâche d'une voile sur une dunette de navire. Ce *tendo* pendait à des cordes que paraissaient tenir, de chaque côté de la baie, deux grands anges de style byzantin, peints et nimbés d'or. Le divan était recouvert de peaux de panthères et de tigres, aux têtes desséchées. Aux deux encoignures du fond, deux moulages de femme de grandeur naturelle, les deux moulages admirables du corps de Julie Geoffroy et de ses deux faces, par Rivière et Vittoz, se dressaient en espèces de cariatides. C'était la vie, c'était la présence réelle de la chair, que ces empreintes, celle surtout qu'éclairait à gauche une filtrée de jour, ce dos que fouettait, sur tous ses reliefs et sur le plein de ses orbes, une lumière chatouillante allant se perdre le long de la jambe sur le bout du talon.

Une ombre flottante dormait tout le jour dans ce réduit de mystère et de paresse, dans ce petit sanctuaire de l'atelier, qui, avec ses odeurs de dépouilles sauvages et sa couleur de désert, semblait abriter le recueillement et la rêverie de la tente.

Là-dedans, dans cet atelier, il y avait le grand Coriolis qui peignait debout; — Anatole, qui faisait sur un album, en fumant une cigarette, un croquis d'après un corps dormant et perdu dans l'ombre du divan; — et le singe de Coriolis, grimpé et juché sur le dossier de la chaise d'Anatole, fort occupé à faire comme lui, se dépêchant de regarder quand il regardait, crayonnant quand il crayonnait, appuyant avec rage son porte-crayon sur la page blanche d'un petit carnet : à tout moment, il avait des étonnements, des désespoirs; il jetait de petits cris de colère, il tapait sur le papier : son crayon était rentré et ne marquait plus. Il voulait le faire ressortir, s'acharnait, flairait le porte-crayon avec précaution, comme un instrument de magie, et finissait par le tendre à Anatole.

Le jour insensiblement baissait. Le bleuâtre du soir commençait à se mêler à la fumée des cigarettes. Une vapeur vague où les objets se perdaient et se noyaient tout doucement, se répandait peu à peu. Sur les murs salis de traînées de fumée, culottés d'un ton d'estaminet, dans les angles, aux quatre coins, il s'amassait un voile de brouillard. La gaieté de la lumière mourante allait en s'éteignant. De l'ombre tombait avec du silence : on eût dit qu'un recueillement venait aux choses.

Coriolis s'assit sur un tabouret devant sa toile, et se perdit dans les rêveries que l'heure douteuse fait passer dans les yeux d'un peintre devant son œuvre. Anatole alla s'étendre à la place que les pieds du dormeur laissaient libre sur le divan. Le singe disparut quelque part.

Les tableaux semblaient défaillir ; ils étaient pris de ce sommeil du crépuscule qui paraît faire descendre dans les ciels peints le ciel du dehors, et retirer lentement des couleurs le soleil qui s'en va de la journée. La mélancolique métamorphose se faisait, changeant sur les toiles l'azur matinal des paysages en pâleurs émeraudées du soir ; la nuit s'abaissait visiblement dans les cadres. Bientôt les tableaux, vus sur le côté, firent les taches brouillées, mêlées, d'un cachemire ou d'un tapis de Smyrne. La tournure d'un rêve vint aux silhouettes des compositions qui prirent, dans la masse de leurs ombres, un caractère confus, étrange, presque fantastique. Les petites colonnes encastrées dans le mur, les consoles et les portoirs des statuettes, arrêtaient encore un peu de jour qui se rétrécissait en une filée toujours plus mince sur leurs nervures. Au-dessus de la copie du Saint-Marc, du noir était entré dans la gueule ouverte du lion qui paraissait bâiller à la nuit.

Un nuage d'effacement se nouait du plancher au

plafond. Les plâtres devenaient frustes à l'œil, et des apparences de formes à demi perdues ne laissaient plus voir que des mouvements de corps lignés par un dernier trait de clarté. Le parquet perdait le reflet des châssis de bois blanc qui se miraient dans son luisant. Il continuait à pleuvoir ce gris de la nuit qui ressemble à une poussière. La fin de la lumière agonisait dans les tableaux : ils s'évanouissaient sur place, décroissaient sans bouger, mystérieusement, dans la lenteur d'un travail de mort, et dans l'espèce de solennité d'une silencieuse décomposition du jour. Comme lassée et retombant sur l'épaule, la tête de mort sembla se pencher davantage et se baisser sur un manche de yatagan.

Puis ce fut ce moment entre le jour et la nuit où ne se voit plus que ce qui est de l'or : l'ombre avait mangé tout le bas de l'atelier. Il n'y restait plus de lumière qu'aux deux godets de la palette de Coriolis, posée sur une chaise. Les choses étaient incertaines et ne se laissaient plus retrouver qu'à tâtons par la mémoire des yeux. Puis des taches noires couvrirent les tableaux. L'ombre s'accrocha de tous les côtés aux murs. Une paillette, sur le côté des cadres, monta, se rapetissa, disparut à l'angle d'en haut; et il ne resta plus dans l'atelier qu'une lueur d'un blanc vague sur un œuf d'autruche pendu au plafond, et dont on ne voyait déjà plus ni la corde ni la houpe de soie rouge.

A ce moment, le domestique apporta la lampe.

Le dormeur du divan, réveillé par la lumière, s'étira, se leva : c'était Chassagnol.

Quelque temps, il se promena dans l'atelier avec les mouvements, l'espèce de frisson d'un homme agitant et secouant la dernière lâcheté de sa somnolence. Et tout à coup : — Ingres ! Delacroix ! — il jeta ces deux grands noms comme s'il revenait d'un rêve à l'écho de la causerie sur laquelle il s'était endormi.

— Ingres ! Ah ! oui, Ingres ! Le dessin d'Ingres ! Allons donc ! Ingres !... Il y a trois dessins : d'abord l'absolu du beau : le Phidias ; puis le dessin italien de la Renaissance : les Raphaël, les Léonard de Vinci ; puis le dessin *rengaine*... encore beau, mais avec des indications, des appuiements, des soulignements de choses qui doivent être perdues dans la ligne, fondues dans la coulée, le jet de tout le dessin... Tenez ! par exemple, un modèle, mettez le là : Léonard de Vinci le dessinera avec ingénuité... tout auprès... poil par poil, comme un enfant... Raphaël y mettra, dans l'après-nature de son dessin, le ressouvenir de formes, l'instinct d'un noble à lui... Eh bien ! dans le Vinci comme dans le Raphaël, dans celui qui n'a fait que copier comme dans celui qui a interprété, il y aura plus que le modèle, quelque chose qu'ils seront seuls à y voir... Tenez ! voilà une tête de cheval de Phidias... Eh bien ! ça a l'air de n'être que la nature : moulez une tête de cheval et voyez-la à côté !... C'est le mystère de toutes les belles choses de l'antiquité : elles ont l'air moulées; cela semble le vrai et la réalité même, mais c'est de la réalité vue par de la personnalité de génie... Chez Ingres? Rien de cela... Ce qu'il est, je vais vous le dire : l'inventeur au dix-neuvième siècle de la photographie en couleur pour la reproduction des Pérugin et des Raphaël, voilà tout !... Delacroix, lui, c'est l'autre pôle... Un autre homme !... L'image de la décadence de ce temps-ci, le gâchis, la confusion, la littérature dans la peinture, la peinture dans la littérature, la prose dans les vers, les vers dans la prose, les passions, les nerfs, les faiblesses de notre temps, le tourment moderne... Des éclairs de sublime dans tout cela... Au fond, le plus grand des ratés... Un homme de génie venu avant terme... Il a tout promis, tout annoncé... L'ébauche d'un maître... Ses tableaux? des fœtus de chefs-d'œuvre !... l'homme qui, après tout, fera le plus de passionnés comme tout grand incomplet... Du mouvement, une vie de fièvre dans ce qu'il fait, une agitation de tumulte, mais un dessin fou, en avance sur le mouvement, débordant sur le muscle, se perdant à chercher la boulette du sculpteur, le modelage de triangles et de losanges, qui n'est plus le contour de la ligne d'un corps, mais l'expression, l'épaisseur du relief de sa forme... Le coloriste? Un harmoniste désaccordé... pas de généralité d'harmonie.... des colorations dures, impitoyables, cruelles à l'œil, qui ont besoin de s'enlever sur des tonalités tragiques, des fonds tempétueux de crucifiement, des vapeurs d'enfer comme dans son Dante... Une bonne toile, ça !... Pas de chaleur, avec toute cette violence de tons, cette rage de palette... Il n'a pas le soleil... La chair, il n'exprime pas la chair... Point de transparence... des crépis rosâtres, des rouges d'onglée, il fait de cela la vie, l'animation de la peau... Toujours vineux... des demi-teintes boueuses... Jamais la belle pâte coulante, la grande traînée délavée des maîtres de la chair... Avec cela un insupportable procédé d'éclairage des corps et des objets, des lumières faites avec des hachures ou des traînées de pur blanc, des lumières qui ne sont jamais prises dans le ton lumineux de la chose peinte, et qui détonnent comme des repeints... Regardez dans le *Dante* ce brillant de bord d'assiette posé sur la fesse de l'homme repoussant du pied le ventre de la femme... Delacroix ! Delacroix ! Un grand maître ? oui, pour notre temps... Mais au fond, ce grand maître, quoi ? C'est la lie de Rubens !...

— Merci ! — fit Anatole. — Eh bien ? alors, qu'est-ce qui nous restera comme grands peintres ?

— Les paysagistes, — répondit Chassagnol, — les paysagistes...

Une brusque détonation lui coupa la parole.

— Hé ! là-bas ? — fit Anatole en regardant le coin de l'atelier d'où le bruit était parti ; et s'approchant de la petite table sous laquelle on mettait les bouteilles de bière, il aperçut le singe blotti qui, les yeux fermés, faisait très-sérieusement semblant de dormir, en tenant encore dans la main le bouchon d'un cruchon de bière qu'il avait débouché.

— Farceur ! — dit Anatole; et il le saisit par la patte. Le singe se fit tirer comme quelqu'un qu'on va battre; et au moment où Anatole allait lui donner une correction, il fut sauvé par l'annonce du dîner.

XXXVI

Anatole était revenu à Paris, rapatrié par Coriolis qui avait voulu absolument lui payer ses dettes à Marseille et son voyage. Aux résistances, aux susceptibilités, aux délicatesses fières d'Anatole, Coriolis avait répondu par des mots d'une brutalité cordiale, lui disant que « c'était trop bête » et qu'il l'emmenait.

Pendant que Coriolis était en Orient, son oncle était mort; et il revenait, après avoir été à Bourbon prendre possession de la succession. Il était riche, il avait maintenant une quinzaine de mille livres de rentes. Il comptait prendre un grand atelier. Anatole logerait avec lui; et il resterait tant qu'il voudrait, tant qu'il se trouverait bien, jusqu'à ce qu'il y eût dans sa vie une chance, une embellie. La chaleur des offres de Coriolis, leur simple et rude amitié avaient triomphé des scrupules d'Anatole, qui, se laissant faire, était devenu l'hôte de Coriolis, dans son grand atelier de la rue de Vaugirard.

Sans être tendre, Coriolis était de ces hommes qui ne se suffisent pas et qui ont besoin de la présence, de l'habitude de quelqu'un à côté d'eux. Il avait peine à passer une heure dans une chambre où n'était pas un être humain. Il était presque effrayé à l'idée de retrouver la vie enfermée de l'Occident dans un grand appartement où il serait tout seul, seul à vivre, seul à travailler, seul à dîner, toujours en tête-à-tête avec lui-même. Il se rappelait sa jeunesse, où pour échapper à la solitude, il avait toujours mis une femme dans son intérieur et fini ses liaisons en accoquinements. Dans le compagnonnage d'Anatole, il voyait une gaie et amusante société de tous les instants, qui le sauverait de l'enlacement d'une maîtresse, et aussi de la tentation d'une fin qu'il s'était défendue : le mariage.

Coriolis s'était promis de ne pas se marier, non qu'il eût de la répugnance contre le mariage; mais le mariage lui semblait un bonheur refusé à l'artiste. Le travail de l'art, la poursuite de l'invention, l'incubation silencieuse de l'œuvre, la concentration de l'effort lui paraissaient impossibles avec la vie conjugale, aux côtés d'une jeune femme caressante et distrayante, ayant contre l'art la jalousie d'une chose plus aimée qu'elle, faisant autour du travailleur le bruit d'un enfant, brisant ses idées, lui prenant son temps, le rappelant au fonctionarisme du mariage, à ses devoirs, à ses plaisirs, à la famille, au monde, essayant de reprendre à tout moment l'époux et l'homme dans cette espèce de sauvage et de monstre social qu'est un vrai artiste.

Selon lui, le célibat était le seul état qui laissât à l'artiste sa liberté, ses forces, son cerveau, sa conscience. Il avait encore sur la femme, l'épouse, l'idée que c'était par elle que se glissaient, chez tant d'artistes, les faiblesses, les complaisances pour la mode, les accommodements avec le gain et le commerce, les reniements d'aspirations, le triste courage de déserter le désintéressement de leur vocation pour descendre à la production industrielle hâtée et bâclée, à l'argent que tant de mères de famille font gagner à la honte et à la sueur d'un talent. Et au bout du mariage, il y avait encore la paternité qui, pour lui, nuisait à l'artiste, le détournait de la production spirituelle, l'attachait à une création d'ordre inférieur, l'abaissait à l'orgueil bourgeois d'une propriété charnelle. Enfin, il voyait toutes sortes de servitudes, d'abdications et de ramollissements pour l'artiste, dans cette félicité bonasse du ménage, cet état doux, lénitif, cette atmosphère émolliente où se détend la fibre nerveuse et où s'éteint la fièvre qui fait créer. Au mariage, il eût presque préféré, pour un tempérament d'artiste, une de ces passions violentes, tourmentées, qui fouettent le talent et lui font quelquefois saigner des chefs-d'œuvre.

En somme, il estimait que la sagesse et la raison étaient de ne demander que des satisfactions sensuelles à la femme, dans des liaisons sans attachement, à part du sérieux de la vie, des affections et des pensées profondes, pour garder, réserver, et donner tout le dévouement intime de sa tête, toute l'immatérialité de son cœur, le fond d'idéal de tout son être, à l'Art, à l'Art seul.

XXXVII

Assis le derrière par terre, sur le parquet, Anatole passait des journées à observer le singe qu'on appelait Vermillon, à cause du goût qu'il avait pour les vessies de *minium*. Le singe s'épouillait attentivement, allongeant une de ses jambes, tenant dans une de ses mains son pied tordu comme une racine; ayant fini de se gratter, il se recueillait sur son séant, dans des immobilités de vieux bonze : le nez dans le mur, il semblait méditer une philosophie religieuse, rêver au Nirvanâ des macaques. Puis c'était une pensée infiniment sérieuse et soucieuse, une préoccupation d'affaire couvée, creusée, comme un plan de filou, qui lui plissait le front, lui joignait les mains, le pouce de l'une sur le pouce de l'autre. Anatole suivait tous ces jeux de sa physionomie, les impressions fugaces et multiples traversant ces petits animaux, l'air inquiétant de pensée qu'ils ont, ce ténébreux travail de malice qu'ils semblent faire, leurs gestes, leurs airs volés à l'ombre de l'homme, leur manière grave de regarder avec une main posée sur la tête, tout l'indéchiffrable des choses prêtes à parler qui passent dans leur grimace et leur mâchonnement continuel. Ces petites volontés courtes et frénétiques des petits singes, ces envies coléreuses d'un objet qu'ils abandonnent, aussitôt qu'ils le tiennent, pour se gratter le dos, ces tremblements tout palpitants de désir et d'avidité empoignante, ces appétences d'une petite langue qui bat, puis tout à coup ces oublis, ces bouderies en poses ennuyées, de côté, les yeux dans le vide, les mains entre les deux cuisses; le caprice des sensations, la mobilité de l'humeur, les prurigos subits, les passages de la gravité à la folie, les variations, les sautes d'idées qui, dans ces bêtes, semblent mettre en une heure le caractère de tous les âges, mêler des dégoûts de vieillard à des envies d'enfant, la convoitise enragée à la suprême indifférence, — tout cela faisait la joie, l'amusement, l'étude et l'occupation d'Anatole.

Bientôt avec son goût et son talent d'imitation, il arriva à singer le singe, à lui prendre toutes ses grimaces, son claquement de lèvres, ses petit cris, sa façon de cligner des yeux et de battre des paupières. Il s'épouillait comme lui, avec des grattements sur les pectoraux ou sous le jarret d'une jambe levée en l'air. Le singe, d'abord étonné, avait fini par voir un camarade dans Anatole. Et ils faisaient tous deux des parties de jeu de gamins. Tout à coup, dans l'atelier, des bonds, des élancements, une espèce de course volante entre l'homme et la bête, un bousculement, un culbutis, un tapage, des cris, des rires, des sauts, une lutte furieuse d'agilité et d'escalade, mettaient dans l'atelier le bruit, le vertige, le vent, l'étourdissement, le tourbillon de deux singes qui se donnent la chasse. Les meubles, les plâtres, les murs en tremblaient. Et tous deux, au bout de la course, se trouvant nez à nez, il arrivait presque toujours ceci : excité par le plaisir nerveux de l'exercice, l'irritation du jeu, l'enivrement du mouvement, Vermillon, piété sur ses quatre pattes, la queue roide, sa raie de vieille femme dessinée sur son front qui se fronçait, les oreilles aplaties, le museau tendu et plissé, ouvrait sa gueule avec la lenteur d'un ressort à crans, et montrait des crocs prêts à mordre. Mais à ce moment, il trouvait en face de lui une tête qui ressemblait tellement à la sienne, une répétition si parfaite de sa colère de singe, que tout décontenancé, comme s'il se voyait dans une glace, il sautait après sa corde et s'en allait réfléchir tout en haut de l'atelier à ce singulier animal qui lui ressemblait tant.

C'était une vraie paire d'amis. Ils ne pouvaient se passer l'un de l'autre. Quand par hasard Anatole n'était pas là, Vermillon restait à bouder solitairement dans un coin, refusait de jouer avec des mouvements grognons qui tournaient le dos aux personnes; et si les personnes insistaient, il leur imprimait la marque de ses dents sur la peau, sans mordre tout à fait, avec une douceur d'avertissement. Quoiqu'il eût la longue mémoire rancunière de sa race, des patiences de vengeance qui attendaient des mois, il pardonnait à Anatole ses mauvaises farces, ses cadeaux de noisettes creuses. Quand il voulait quelque chose, c'était à lui qu'il faisait son petit cri de demande. C'était à lui qu'il se plaignait quand il était un peu malade, auprès de lui qu'il se réfugiait pour demander une intercession, quand il avait fait quelque mauvais coup et qu'il sentait une correction dans l'air. Quelquefois, au soleil couchant, il lui venait de petits gestes de câlinerie qui demandaient pour s'endormir les bras d'Anatole. Et il adorait lui éplucher la tête.

Il semblait que le singe se sentait comme rapproché par un voisinage de nature de ce garçon si souple, si élastique, à la physionomie si mobile; il retrouvait en lui un peu de sa race : c'était bien un homme, mais presque un homme de sa famille; et rien n'était plus curieux que de le voir, souvent, quand Anatole lui parlait, essayer avec ses petites mains de lui toucher la langue, comme s'il avait eu l'idée de chercher à se rendre compte de ce mécanisme étonnant que ce grand singe avait, et que lui n'avait pas.

A la longue, les deux amis avaient déteint l'un sur l'autre. Si Vermillon avait donné du singe à Anatole, Anatole avait donné de l'artiste à Vermillon. Vermillon avait contracté, à côté de lui, le goût de la peinture, un goût qui l'avait d'abord mené à manger des vessies de couleur ; puis saisi par une rage de gribouiller du papier, il s'était mis à arracher des plumes aux malheureuses poules du portier, à les tremper dans le ruisseau, et à les promener sur ce qu'il trouvait d'à peu près blanc. Malgré tout ce qu'Anatole avait fait pour encourager ces évidentes dispositions à l'art, Vermillon s'était arrêté à peu près là. Il n'avait pu encore tracer, en dessinant d'après nature, que des ronds, toujours des ronds, et il était à craindre que ce genre de dessin monotone ne fût le dernier mot de son talent.

XXXVIII

Tel était l'heureux ménage d'artistes vivant dans cet atelier de la rue de Vaugirard, excellent ménage de deux hommes et d'un singe, de ces trois inséparables : Vermillon, Anatole, Coriolis, — les trois êtres que voici.

Vermillon était un macaque *Rhésus,* le macaque appelé *Memnon* par Buffon. Sur sa fourrure brune, aux épaules, à la poitrine, il avait des bleuissements de poils rappelant des bleus d'aponévroses. Une tache blanche lui faisait une marque sous le menton. Il portait sur la tête des espèces de cheveux plantés très-bas avec une raie qui s'allongeait sur le front. Dans ses grands yeux bruns, à prunelles noires, brillait une transparence d'un ton marron doré. La pinçure de son petit nez aplati montrait comme l'indication d'un trait d'ébauchoir dans une cire. Son museau était piqué du grenu d'un poulet plumé. Des tons fins de teint de vieillard jouaient sur le rose jaunâtre et bleuâtre de sa peau de visage. A travers ses oreilles tendres, chiffonnées, des oreilles de papier, traversées de fibrilles, le jour en passant devenait orange. Ses miniatures de mains, du violet d'une figue du Midi, avaient des bijoux d'ongles. Et quand il voulait parler, il poussait de petits cris d'oiseau ou de petites plaintes d'enfant.

Anatole avait une tête de gamin dans laquelle la misère, les privations, les excès, commençaient à dessiner le masque et la calvitie d'une tête de philosophe cynique.

Coriolis était un grand garçon très-grand et très-maigre, la tête petite, les jointures noueuses, les mains longues, un garçon se cognant aux linteaux des portes basses, au plafond des coupés, aux lustres des appartements de Paris ; un garçon embarrassé de ses jambes, qui ne pouvaient tenir dans aucune stalle d'orchestre, et que, dans ses siestes d'homme du Midi, il jetait plus haut que sa tête sur les tablettes des cheminées et les rebords des poêles, à moins qu'il ne les nouât, en sarments de vigne, l'une autour de l'autre : alors on lui voyait sous son pantalon remonté, un tout petit pied de femme, au cou-de-pied busqué d'Espagnole. Cette grandeur, cette maigreur flottant dans des vêtements amples, donnaient à sa personne, à sa tournure, un dégingandement qui n'était pas sans grâce, une sorte de dandinement souple et fatigué, qui ressemblait à une distinction de nonchalance. Des cheveux bruns, de petits yeux noirs, brillants, petillants, qui éclairaient à la moindre impression ; un grand nez, le signe de race de sa famille et de son nom patronymique, Naz, *naso ;* une moustache dure, des lèvres pleines, un peu saillantes, et rouges dans la pâleur légèrement boucanée de son visage, mettaient dans sa figure une chaleur, une vivacité, une énergie sympathiques, une espèce de tendre et mâle séduction, la douceur amoureuse qu'on sent dans quelques portraits italiens du seizième siècle. A ce charme, Coriolis mêlait le caressant de ce joli accent mouillé de son pays, qui lui revenait quand il parlait à une femme.

Dans ce grand corps, il y avait un fond de tempérament féminin, une nature de paresse, de volupté, portée à une vie sans travail et de jouissances sensuelles, une vocation de goûts qui, si elle n'eût pas été contrariée par une grande aptitude picturale, se fût laissée couler à une de ces carrières d'observation, de mondanité, de plaisir, à un de ces postes de salon et de diplomatie parisienne que les ministres savaient créer, sous Louis-Philippe, pour tel séduisant créole. Même à l'heure présente, engagé comme il l'était dans la lutte de ses ambitions, dans le travail de cet art qui remplissait sa vie, tout soutenu qu'il se sentait par la conscience d'un vrai talent, il lui fallait de grands efforts pour toujours vouloir. La continuité lui manquait dans le courage et le labeur de la production. Il éprouvait à tout moment des défaillances, des fatigues, des découragements. Des journées venaient où l'homme des colonies reparaissait dans le piocheur parisien, des journées qu'il usait, étourdissait, perdait à faire de la fumée et à boire des douzaines de tasses de café. Dans la dure et longue violence qu'il venait d'imposer à ses goûts en Orient, il avait eu, pour se soutenir, l'enchantement du pays, le bonheur enivrant du climat, et aussi le far-niente bienheureux d'une contemplation plus occupée encore à regarder des visions qu'à peindre des tableaux. Travailleur, son tempérament faisait de lui un travailleur sans suite, par boutades, par fougues, ayant besoin de se monter, de s'entraîner, de se lier au travail par la force maîtresse d'une habitude; perdu, sans cela, tombant, de l'œuvre désertée, dans des inactions désespérées d'un mois.

XXXIX

Coriolis était revenu d'Asie Mineure avec un talent dont l'originalité, alors toute neuve, faisait sensation parmi le petit cercle d'amis qui fréquentaient l'atelier de la rue de Vaugirard.

Il rapportait un Orient tout différent de celui que Decamps avait montré aux yeux de Paris, un Orient de lumière aux ombres blondes, tout pétillant de couleurs tendres. Aux objections de première surprise et d'étonnement, il se contentait de répondre : — Si, c'est bien cela ; — et souriait des yeux à ce que sa toile lui faisait revoir. Il n'ajoutait rien de plus. Parfois pourtant, quand on le poussait : — Voyez-vous — se mettait-il à dire — cela, je le sais... et je suis sûr que je le sais... Je suis une mémoire... Je ne suis peut-être pas autre chose, mais j'ai cela du peintre : la mémoire... Je puis poser sur la toile le ton juste, rigoureux, qu'a tel mur là-bas dans telle saison... Tenez ! ce blanc qui est là, dans ce coin de l'atelier, eh bien! je vais vous étonner : c'est précisément la valeur du ton de l'ombre à Magnésie, au mois de juillet... C'est mathématique, voyez-vous... absolu comme deux et deux font quatre...

Une seule fois, un jour où la discussion s'était animée, et où, dans l'entraînement des paroles, l'éloge du talent de Decamps avait fini par être, dans la bouche de Chassagnol, la condamnation de l'Orient de Coriolis, Coriolis assis à la turque sur le divan, le doigt dans un quartier de sa pantoufle qu'il tourmentait, laissa tomber une à une ses idées sur son grand rival, ainsi :

— Decamps!... Decamps n'est pas un naïf... Il n'est pas arrivé tout neuf devant la lumière orientale... Il n'a pas appris le soleil, là... Il n'est pas tombé en Orient avec son éducation de peintre à faire, avec des yeux tout à fait à lui... Il était formé, il savait... Il a vu avec un parti pris. Il a emporté avec lui des souvenirs, des habitudes, des procédés... Il s'était trop rendu compte comment les anciens peintres font la lumière dans les tableaux... Il avait trop vécu avec les Vénitiens, l'école anglaise, Rembrandt... Il a toujours voulu faire le coup de soleil du Rembrandt du Salon carré... Enfin, pour moi, quand il a été là, il ne s'est pas assez livré, oublié, abandonné... Il n'a pas assez voulu voir comment la lumière qu'il avait devant les yeux se faisait, et alors, pour avoir sa lumière plus vive, il a forcé, exagéré ses ombres...

Des coups de pistolet, ses tableaux... Pas de sincérité : il n'a pas eu l'émotion de la nature... Toujours trop de lui dans ce qu'il faisait... Il n'a jamais su, tenez, comme Rousseau, être un refléteur en restant personnel... Puis, Decamps, il a fait très-peu de chose en pleine lumière... Dans ses tableaux, il n'y a jamais de lumière diffuse... Il ne connaît pas ça, les bains de jour, les pleins soleils aveuglant, mangeant tout... Ce qu'il fait toujours, ce sont des rues, des culs-de-sac, des compartiments de lumière dans des corridors d'ombre... Decamps? Jamais une finesse de ton... Des gris? cherchez ses gris!... Ses rouges? c'est toujours un rouge de cire à cacheter... Coloriste? non, il n'est pas coloriste... Criez tant que vous voudrez, non, pas coloriste... On est coloriste, n'est-ce pas, avec du noir et du blanc?... Gavarni est un coloriste dans une lithographie... Partons de là... Qu'est-ce qui fait maintenant qu'une chose peinte avec des couleurs est d'un coloriste, paraît d'un coloriste dans une reproduction gravée ou lithographiée? Qu'est-ce qui fait ça? Une seule chose, absolument, la même chose que pour le noir et le blanc : le rapport des valeurs... Par exemple, voici un Velasquez...

Et Coriolis prit un morceau de fusain, dont il sabra une feuille d'album.

— ... Il combinera d'abord ses valeurs d'ombre et de lumière, de noir et de blanc... Il les combinera dans une tête, un pourpoint, une écharpe, une culotte, un cheval, — et le fusain marchait avec sa parole. — Puis, de quelque couleur qu'il peigne ces différentes choses, orangé, ou jaune, ou rose, ou gris, vous pouvez être sûr qu'il s'arrangera toujours pour garder les valeurs d'ombre et de lumière de son noir et de son blanc... Decamps ne s'est jamais douté de ça... Ce qui l'a sauvé, c'est que presque tous ses tableaux sont des monochromies bitumineuses avec des réveillons, des espèces de crayons noirs relevés de touches de pastel... Ça peut rendre l'Orient de l'Afrique, l'Orient de l'Égypte, je ne sais pas, je n'ai pas étudié ce pays-là ; mais pour l'Asie Mineure... l'Asie Mineure ! Si vous voyiez ce que c'est ! Un pays de montagnes et de plaines inondées une partie de l'année... C'est une vaporisation continuelle... Tenez ! une évaporation d'eau de perles... tout brille et tout est doux... la lumière, c'est un brouillard opalisé... avec des couleurs... comme un scintillement de morceaux de verre coloré...

XL

Lors de son retour en France, vers la fin de l'année 1850, Coriolis s'était trouvé à court de temps pour exposer au Salon qui ouvrait, cette année-là, le 30 décembre. Anatole avait vainement essayé de le décider à envoyer au Palais-National quelques-unes de ses belles esquisses. Coriolis sentait qu'à son âge, n'ayant jamais étalé, il lui fallait un début qui fût un coup d'éclat. Il ne voulait arriver devant le public qu'avec des morceaux faits, où il aurait mis tout son effort, l'achèvement du temps.

L'année 1851 n'ayant pas d'Exposition, il eut tout le loisir de travailler à trois toiles. Il les remania, les caressa, les retoucha, les retournant pour les laisser dormir, y revenant avec des yeux plus froids et détachés de la griserie du ton tout frais, y mettant à tous les coins cette conscience de l'artiste qui veut se satisfaire lui-même.

Le premier de ces trois tableaux, peints d'après ses souvenirs et ses croquis, était le campement de Bohémiens dont il avait envoyé à Anatole l'ébauche écrite. Une lumière pareille à la horde qu'elle éclairait, errante et folle, des rayons perdus, l'éparpillement du soleil dans les bois, des zigzags de ruisseau, des oripeaux de sorcière et de fée, un mélange de basse-cour, de dortoir et de forge, des berceaux multicolores, comme de petits lits d'Arlequin accrochés aux arbres, un troupeau d'enfants, de vieilles, de jeunes filles, le camp de misère et d'aventure, sous son dôme de feuilles, avec son tapage et son fouillis, revivait dans la peinture claire, cristallisée, petillante de Coriolis, pleine de retroussis de pinceau, d'accentuations qui, dans les masses, relevaient un détail, jetaient de l'esprit sur une figure, sur une silhouette.

Sa seconde toile faisait voir une vue d'Adramiti. D'une touche fraîche et légère, avec des tons de fleurs, la palette d'un vrai bouquet, Coriolis avait jeté sur la toile le riant éblouissement de ce morceau de ciel tout bleu, de ces baroques maisons blanches, de ces galeries vertes, rouges, de ces costumes éclatants, de ces flaques d'eau où semble croupir de l'azur noyé. Il y avait là un rayonnement d'un bout à l'autre, sans ombre, sans noir, un décor de chaleur, de soleil, de vapeur, l'Orient fin, tendre, brillant, mouillé de poussière d'eau de pierres précieuses, l'Orient de l'Asie Mineure, comme l'avait vu et comme l'aimait Coriolis.

Le troisième de ses tableaux représentait une caravane sur la route de Troie. C'était l'heure frémissante et douce où le soleil va se lever ; les premiers feux, blancs et roses, répandant le matin dans le ciel, semblaient jeter les changeantes couleurs tendres de la nacre sur le lever du jour vers lequel, le cou tendu, les chameaux respiraient.

La veille de son envoi, Coriolis donnait encore ce dernier coup de pinceau que les peintres donnent à leurs tableaux dans leur cadre de l'Exposition.

XLI

Le jury du Salon fonctionnait depuis quelque temps, quand Coriolis se sentit inquiet, pris de l'impatience de savoir son sort. L'absence de toute lettre de refus, les promesses de réception faites à ses tableaux par ceux qui les avaient vus, ne le rassuraient pas. Anatole avait vaguement entendu dire dans une brasserie que son ami était refusé, au moins pour une de ses toiles. La tête de Coriolis se mit à travailler là-dessus. Il était assez embarrassé pour sortir de cette incertitude qui lui taquinait l'imagination et les nerfs. Anatole lui conseilla d'aller voir leur ancien camarade Garnotelle, qu'il n'avait pas revu depuis son retour de Rome, et qui était devenu un artiste posé, lancé,

« pourri de relations. » Coriolis se décidait à aller voir Garnotelle.

Il arrivait à la cité Frochot, à ce joli phalanstère de peinture posé sur les hauteurs du quartier Saint-Georges; gaie villa d'ateliers riches, de l'art heureux, du succès, dont le petit trottoir montant n'est guère foulé que par des artistes décorés. Vers le milieu de la cité, à une porte en treillage, garnie de lierre, il sonna. Un domestique à l'accent italien prit sa carte et l'introduisit dans un atelier à la claire peinture lilas.

Sur les murs se détachaient des cadres dorés, des gravures de Marc-Antoine, des dessins à la mine de plomb grise, portant sur leur bordure le nom de M. Ingres. Les meubles étaient couverts d'un reps gris qui s'harmonisait doucement et discrètement avec la peinture de l'atelier. Deux vases de pharmacie italienne, à anses de serpents tordus, posaient sur un grand meuble à glaces de vitrine, laissant voir la collection, reliée en volumes dorés sur tranche, des études et des croquis de Garnotelle. Dans un coin, un *ficus* montrait ses grandes feuilles vernies ; dans l'autre, un bananier se levait d'une espèce de grand coquetier de cuivre, à côté d'un piano droit ouvert. Tout était net, rangé, essuyé, jusqu'aux plantes qui paraissaient brossées. Rien ne traînait, ni une esquisse, ni un plâtre, ni une copie, ni une brosse. C'était le cabinet d'art élégant, froid, sérieux, aimablement classique et artistiquement bourgeois d'un prix de Rome, qui se consacre spécialement aux portraits de dames du monde.

Au milieu de l'atelier, au plus beau jour, sur un chevalet d'acajou à col de cygne, reposait un portrait de femme entièrement terminé et verni. Devant ce portrait était un tapis, et devant le tapis, trois fauteuils en place, fatigués d'un passage de personnes, formaient un hémicycle. Ces fauteuils, le tapis, le chevalet, mettaient là un air d'exhibition religieuse, et comme un petit coin de chapelle. Coriolis reconnut le portrait : c'était le portrait de la femme d'un riche financier, un portrait que les journaux avaient annoncé comme devant être le seul envoi de Garnotelle au Salon.

Garnotelle, en vareuse de velours noir, entra.

— Comment! c'est toi? — dit-il en laissant voir le malaise d'équilibre d'un homme qui retrouve un ami oublié. — Tu as été longtemps là-bas, sais-tu? Je suis enchanté... Ah! tu regardes mon exposition...

— Comment, ton exposition?

— Ah! c'est vrai... tu reviens de si loin! tu as l'innocence de ces choses-là... Eh bien! j'ai tout bonnement écrit à la Direction que j'avais besoin d'un délai pour finir... et voilà... Je n'envoie pas comme les autres... et je fais ici ma petite exposition particulière, comme tu vois... Votre tableau ne passe pas comme cela avec le commun des martyrs... Vous êtes distingué par l'administration... cela fait très-bien... Je l'enverrai au dernier jour, et tu verras, il ne sera pas le plus mal placé... Ah ça! et toi? Est-ce qu'on ne m'a pas dit que tu avais quelque chose?

— Oui, trois tableaux de là-bas, et c'est justement pour ça... Je ne sais pas si je suis refusé... Et je voudrais être fixé, savoir décidément...

— Oh! très-bien... C'est très-facile... Je te saurai cela ce soir... Où demeures-tu?

— Rue de Vaugirard, 23.

— Comment habites-tu là? C'est loin de tout. Pour peu qu'on aille un peu dans le monde... les ponts à traverser... Et ça te va-t-il, mon portrait?

— Très-bien... très-bien... Le collier de perles... Oh! il est étonnant... — dit Coriolis sans enthousiasme.

— Mon Dieu! c'est un portrait sérieux, sans tapage... Si j'avais voulu, ces temps-ci... La Tanucci m'a fait demander... Il était deux, trois heures... enfin une heure honnête pour se présenter chez une femme qui ne l'est pas... Elle était au lit... Une chambre de satin, feu et or... éblouissante... Elle s'amusait à faire ruisseler dans une grande cassette Louis XIII, tu sais, avec du cuivre aux angles, des bijoux, des diamants, de l'or... Elle était à demi sortie du lit, les épaules nues, des cheveux superbes, une chemise... tu sais de ces chemises qu'elles ont!... elle m'a demandé son portrait comme une chatte... J'ai été héroïque, j'ai refusé... Vois-tu, mon cher, au fond, ces portraits-là, quand on voit du monde, quand on connaît des femmes bien, c'est toujours une mauvaise affaire... ça jette de la déconsidération sur un talent... il faut laisser cela aux autres... Tu dis... ton adresse ?

— 23, rue de Vaugirard.

— Je t'écris, vois-tu, pour plus de sûreté... parce que j'ai tant de choses... Et puis, je veux aller te voir... Tu me montreras tout ce que tu as rapporté... Je serais très-curieux... Veux-tu que nous descendions ensemble jusqu'aux boulevards ? Je suis invité à déjeuner ce matin...

Il sonna son domestique, passa un habit, et quand ils furent dehors : — Pourquoi, — dit-il à Coriolis, — n'habites-tu pas par ici ?

— Pourquoi ? — répondit Coriolis. — Tiens, regarde... — et il désigna une croisée. — Vois-tu ces bougies roses à cette toilette, des bougies couleur de chair qui font penser à la jambe d'une danseuse dans un bas de soie ? Vois-tu cette bonne sur le trottoir qui promène ce petit chien de la Havane ? La bonne a du blanc, et le petit chien a du rouge... Sens-tu cette odeur de poudre de riz qui descend les escaliers et sort par la porte comme l'haleine de la maison ?... Eh bien ! mon cher, voilà ce qui me fait sauver... J'en ai peur... Il flotte trop de plaisir pour moi par ici... La femme est dans l'air...

on ne respire que cela! Je me connais, il me faut ma rue de Vaugirard, mon quartier, un quartier d'étudiants qui ressemble à l'hôtel Cicéron de la vache enragée... Ici, je redeviendrais un créole... et je veux faire quelque chose...

— Ah! moi pour travailler, il n'y a que Rome... ma belle Rome! Quand avec l'école nous allions acheter, je me rappelle, aux *Quattro Fontane*, des oranges et des pommes de pin pour les manger dans les thermes de Caracalla...

Et disant cela, Garnotelle quitta Coriolis avec une poignée de main, sur la porte du café Anglais.

Le lendemain matin, Coriolis reçut une carte de Garnotelle, qui portait écrit au crayon : « Les trois *reçus.* »

XLII

Un grand jour que le jour d'ouverture d'un Salon!

Trois mille peintres, sculpteurs, graveurs, architectes l'ont attendu sans dormir, dans l'anxiété de savoir où l'on a placé leurs œuvres, et l'impatience d'écouter ce que ce public de première représentation va en dire. Médailles, décorations, succès, commandes, achats du gouvernement, gloire bruyante du feuilleton, leur avenir, tout est là, derrière ces portes encore fermées de l'Exposition. Et les portes à peine ouvertes, tous se précipitent.

C'est une foule, une mêlée. Ce sont des artistes en bande, en famille, en tribu ; des artistes gradés donnant le bras à des épouses qui ont des cheveux en coques, des artistes avec des maîtresses à mitaines noires ; des chevelus arriérés, des élèves de la Nature coiffés d'un feutre pointu ; puis des hommes du monde qui veulent « se tenir au courant » ; des femmes de la société frottées à des connaissances artistes, et qui ont un peu dans leur vie effleuré le pastel ou l'aquarelle ; des bourgeois venant se voir dans leurs portraits et recueillir ce que les passants jettent à leur figure ; de vieux messieurs qui regardent les nudités avec une lorgnette de spectacle en ivoire ; des vieilles faiseuses de copies, à la robe tragique, et qu'on dirait taillée dans la mise-bas de mademoiselle Duchesnois, s'arrêtant, le pince-nez au nez, à passer la revue des torses d'hommes qu'elles critiquent avec des mots d'anatomie. Du monde de tous les mondes : des mères d'artistes, attendries devant le tableau filial avec des larmoiements de portières ; des actrices fringantes, curieuses de voir des marquises en peinture ; des refusés hérissés, allumés, sabrant tout ce qu'ils voient avec le verbe bref et des jugements féroces ; des frères de la Doctrine chrétienne, venus pour admirer les paysages d'un gamin auquel ils ont appris à lire ; et çà et là, au milieu de tous, coupant le flot, la marche familière et l'air d'être chez elles, des modèles allant aux tableaux, aux statues où elles retrouvent leur corps, et disant tout haut : « Tiens ! me voilà ! » à l'oreille d'une amie, pour que tout le monde entende... On ne voit que des nez en l'air, des gens qui regardent avec toutes les façons ordinaires et extraordinaires de regarder de l'art. Il y a des admirations stupéfiées, religieuses, et qui semblent prêtes à se signer. Il y a des coups d'œil de joie que jette un concurrent à un tableau raté de camarade. Il y a des attentions qui ont les mains sur le ventre, d'autres qui restent en arrêt, les bras croisés et le livret sous un bras, serré sous l'aisselle. Il y a des bouches béantes, ouvertes en *o*, devant la dorure des cadres ; il y a sur des figures l'hébétement désolé, et le navrement éreinté qui vient aux visages des malheureux obligés par les convenances sociales d'avoir vu toutes ces couleurs. Il y a les silencieux qui se promènent avec les mains à la Napoléon derrière le dos ; il y a les professants qui pérorent, les noteurs qui écrivent au crayon sur les marges du livret, les toucheurs qui expliquent un tableau en passant leur gant sale sur le vernis à peine séché, les agités qui dessinent dans le vide toutes les lignes d'un paysage, et reculent du doigt un horizon. Il y a des dilettantes qui parlent tout seuls et se murmurent à eux-mêmes des mots comme *smorfia*. Il y a des hommes qui traînent des troupeaux de femmes aux sujets historiques. Il y a des ateliers en peloton, compactes et paraissant se tenir par le pan de leurs doctrines. Il y a de grands diables à cravates de foulard, les longs cheveux rejetés derrière les oreilles, qui serpentent à travers les foules et crachent, en courant, à chaque toile, un lazzi qui la baptise. Il y a, devant d'affreux vilains tableaux convaincus et de grandes choses insolemment mal peintes, comme de petites églises de pénétrés, des groupes de catéchumènes en redingotes, chacun le bras sur l'épaule d'un frère, immobiles, changeant seulement de pied de cinq en cinq minutes, le geste dévotieux, la parole basse, et tout perdus dans l'extatisme d'une vision d'apôtres crétins...

Spectacle varié, brouillé, sur lequel planent les passions, les émotions, les espérances volantes, tourbillonnantes, tout le long de ces murs qui portent le travail, l'effort et la fortune d'une année!

Coriolis voulut ce jour-là faire « l'homme fort ». Il n'avança pas l'heure du déjeuner, par une espèce de déférence pour la blague d'Anatole. Mais au dessert l'impatience commença à le prendre. Il trouvait qu'Anatole mettait des éternités à prendre son café. Et le voyant siroter son gloria en disant tranquillement : — Nous avons bien le temps! — il l'enleva brusquement de table, l'emporta dans un coupé et se jeta avec lui dans les salles. Anatole voulait s'arrêter à des tableaux, l'appelait, le retenait : Coriolis s'échappait, allait devant lui ; il voulait se voir.

Il arriva à ses tableaux. Sa première toile lui donna dans la poitrine ce coup de poing que vous envoie votre œuvre exposée, accrochée, publique. Tout disparut ; il eut ce premier grand éblouissement de sa chose où chacun voit en grosses lettres : MOI !

Puis il regarda : il était bien placé. Cependant, au bout d'un moment, il trouva que sa place, si bonne qu'elle fût, avait des inconvénients, des voisinages qui lui nuisaient. La lumière ne donnait pas juste sur sa Halte de Bohémiens ; le jour l'éclairait un peu à faux. Sa Vue d'Adramiti avait l'honneur du grand Salon ; mais le portrait gris et terriblement sobre de Garnotelle, placé à côté, le faisait paraître un peu trop « bouchon de carafe ». Du reste, ses trois tableaux étaient sur la cimaise. Sans doute, ce n'était pas tout ce qu'il aurait voulu : Coriolis était peintre, et, comme tout peintre, il ne se serait estimé tout à fait bien placé que s'il avait été exposé absolument seul dans le Salon d'honneur. Mais enfin c'était satisfaisant, il n'avait pas à se plaindre ; et tout heureux d'être débarrassé d'Anatole accroché par d'anciens amis d'atelier, il se mit à se promener dans le voisinage de ses tableaux en faisant semblant de regarder ceux qui étaient à côté, l'oreille aux aguets, essayant d'attraper des mots de ce qu'on disait de lui, et laissant tomber des regards d'affection sur les gens qui stationnaient devant sa signature.

Bientôt lui arriva une joie que donne le succès direct, tout vif et présent, la joie chaude de l'homme qui se voit et se sent applaudi par un public qu'il touche des yeux et du coude. Il lui passa un chatouillement d'orgueil au bruit de son nom qui marchait dans la foule. Il était remué par des bouts de phrases, des exclamations, des chaleurs de sympathie, des riens, des gestes, des approbations de tête, qui saluaient et félicitaient ses toiles. Une bande de rapins en passant lança des hourras. Un critique s'arrêta devant, et demeura le temps de penser un feuilleton sans idées. Peu à peu, l'heure s'avançant, les passants s'amassèrent; aux regardeurs isolés, aux petits groupes succéda un rassemblement grossissant, trois rangées de spectateurs tassés, serrés, emboîtés l'un dans l'autre, montrant trois lignes de dos, froissant entre leurs épaules deux ou trois robes de femmes, et renversant une soixantaine de fonds ronds de chapeaux noirs où le jour tombé d'en haut lustrait la soie.

Coriolis serait resté là toujours si Anatole n'était venu le prendre par le bras en lui disant :

— Est-ce que tu ne consommerais pas quelque chose ?

Et il l'emmena dans un café des boulevards où

Coriolis, en fumant son cigare et en regardant devant lui, revoyait tous ces dos devant ses tableaux.

XLIII

A ce triomphe du premier jour succéda bien vite une réaction.

On ne trouble point impunément les habitudes du public, ses idées reçues, les préjugés avec lesquels il juge les choses d'art. On ne contrarie pas sans le blesser le rêve que ses yeux se sont faits d'une forme, d'une couleur, d'un pays. Le public avait accepté et adopté l'Orient brutal, fauve et recuit de Decamps. L'Orient fin, nuancé, vaporeux, volatilisé, subtil de Coriolis le déroutait, le déconcertait. Cette interprétation imprévue dérangeait la manière de voir de tout le monde; elle embarrassait la critique, gênait ses tirades toutes faites de couleur orientale.

Puis cette peinture avait contre elle le nom de son auteur, ce qu'un nom noble ou d'apparence nobiliaire inspire contre une œuvre de préventions trop souvent justifiées. La signature *Naz de Coriolis*, mise au bas de ces tableaux, faisait imaginer un gentilhomme, un homme du monde et de salon, occupant ses loisirs et ses lendemains de bal avec le passe-temps d'un art. A beaucoup de juges de goût peu fixé, allant pour rencontrer sûrement le talent là où ils croient être assurés de rencontrer le travail, l'application, la peine de tout un homme et l'ambition de toute une carrière d'artiste, ce nom donnait toutes sortes d'idées de méfiance, une prédisposition instinctive à ne voir là qu'une œuvre d'amateur, d'homme riche qui fait cela pour s'amuser.

Toutes ces mauvaises dispositions, la petite presse, qui a ses embranchements sur les brasseries de la peinture, les ramassa et les envenima. Elle fut impitoyable, féroce pour Coriolis, pour cet homme ayant des rentes, qu'on ne voyait point boire de chopes, et qui, inconnu hier, accaparait, à la première tentative, l'intérêt d'une exposition. Le petit peuple du bas des arts ne pouvait pardonner à une pareille chance. Aussi pendant deux mois Coriolis eut-il les attaques de tous ces arrière-fonds de café, où se baptisent les gloires embryonnaires et les grands hommes sans nom, où chauffent ces succès de la Bohême, auxquels chacun apporte l'abnégation de son dévouement, comme s'il se couronnait lui-même en couronnant quelqu'un de la bande. On le déchira spécialement à l'estaminet du *Vert-de-gris*, le rendez-vous des *amers*. Les *amers*, les amers spéciaux que fait la peinture, ceux-là qu'enrage et qu'exaspère cette carrière qui n'a que ces deux extrêmes : la misère anonyme, le néant de celui qui n'arrive pas, ou une fortune soudaine, énorme, tous les bonheurs de gloire de celui qui arrive; les amers, tout ce monde d'avenirs aigris, de jeunes talents grisés de compliments d'amis et ne gagnant pas un sou, furieux contre le monde, exaspérés contre la société, la veine et le succès des autres, haineux, ulcérés, misanthropes qui s'humaniseront à leur première paire de gants gris-perle, — les amers se mirent à *exécuter* tous les soirs la personne et le talent de Coriolis jusqu'à l'entière extinction du gaz, soufflant la technique de l'éreintement à deux ou trois criticules qui venaient prendre là le mauvais air de l'art.

Coriolis trouvait enfin une dernière opposition dans la réaction commençant à se faire contre l'Orient, dans le retour des amateurs sévères, posés, au style du grand paysage encanaillé à leurs yeux par un trop long carnaval de turquerie.

En face de cette hostilité presque universelle, Coriolis était à peu près désarmé. Il lui manquait les amitiés, les camaraderies, ce qu'une chaîne de relations organise pour la défense d'un talent discuté. Les huit ans passés par lui en Orient, la sauvagerie paresseuse qu'il en avait rapportée, son enfoncement dans le travail avaient fait l'isolement autour de lui. Cependant, comme il arrive presque toujours, des sympathies sortirent des haines. Ce qui se lève sous le contre-coup de l'injustice et de l'unanimité des hostilités, le sens de combattivité et de générosité qui se révolte dans un public, mettaient la dispute et la violence d'une bataille dans la discussion du nouvel Orient de Coriolis. Devant la partialité de la négation, les éloges s'emportaient jusqu'à l'hyperbole; et Coriolis sortait des jalousies, des passions et de la critique, maltraité et connu, avec un nom lapidé et une notoriété arrachée à une sorte de scandale.

Au milieu de toutes ces sévérités, des attaques des journaux, de la dureté des feuilletons, Coriolis tombait presque journellement sur l'éloge de Garnotelle. Il y avait pour son ancien camarade un concert de louanges, un effort d'admiration, une conspiration de bienveillance, d'aménités, de phrases agréables, de douces épithètes, de restrictions respectueuses, d'observations enveloppées. Presque toute la critique, avec un ensemble qui étonnait Coriolis, célébrait ce talent honnête de Garnotelle. On le louait avec les mots qui rendent justice à un caractère. On semblait vouloir reconnaître dans sa façon de peindre la beauté de son âme. Le blanc d'argent et le bitume dont il se servait étaient le blanc d'argent et le bitume d'un noble cœur. On inventait la flatterie des épithètes morales pour sa peinture : on disait qu'elle était « loyale et véridique », qu'elle avait la « sérénité des intentions et du faire ». Son gris devenait de la sobriété. La misère de coloris du pénible peintre, du pauvre prix de Rome, faisait trouver et imprimer qu'il avait des « couleurs gravement chastes ». On rappelait, à propos de cette belle sagesse, l'austérité du pinceau bolonais; un critique même, entraîné par l'enthousiasme, alla, à propos de lui, jusqu'à traiter la couleur de basse, matérielle et vicieuse satisfaction du regard; et faisant allusion aux toiles de Coriolis qu'il désignait comme attirant la foule par le sensualisme, il déclarait ne plus voir de salut pour l'Art contemporain que dans le dessin de Garnotelle, le seul artiste de l'Exposition digne de s'adresser, capable de parler « aux esprits et aux intelligences d'élite ».

XLIV

L'étonnement de Coriolis était naïf. Cette vive et presque unanime sympathie de la critique pour Garnotelle s'expliquait naturellement.

Garnotelle était l'homme derrière le talent duquel la critique de ces critiques qui ne sont que des littérateurs pouvait satisfaire sa haine d'instinct contre le *morceau peint,* contre le bout de toile ou le panneau de couleur éclatante, contre la page de soleil et de vie rappelant quelque grand coloriste ancien, sans avoir l'excuse de la signature de son grand nom. Il était soutenu, poussé, acclamé par tout ce qu'il y a d'imperception et d'hostilité inavouée, dans les purs phraseurs d'esthétique, pour l'harmonie de pourpre du Titien, le courant de pâte d'un Rubens, le gâchis d'un Rembrandt, la touche carrée d'un Velasquez, le tripotage de génie de la couleur, le travail de la main des chefs-d'œuvre. Le peintre satisfaisait le goût de ces doctrines, aimées de la France, sympathiques à son tempérament, qui mènent l'admiration de l'estime publique et des gens distingués à une certaine manière de peindre unie, sage, lisse, blaireautée, sans pâte, sans touche, à une peinture impersonnelle et inanimée, terne et polie, reflétant la vie dans un miroir dont le tain serait malade, fixant et desséchant le trait qui joue et trempe dans la lumière de la nature, arrêtant le visage humain avec des lignes graphiques rigides comme le tracé d'une épure, réduisant le coloris de la chair aux teintes mortes d'un vieux daguerréotype colorié, dans le temps, pour dix francs.

Garnotelle servait de drapeau et de ralliement à la critique purement lettrée, et au public qui juge un peintre avec des théories, des idées, des systèmes, un certain idéal fait de lectures et de mauvais souvenirs de quelques lignes anciennes, l'estime d'une certaine propreté délicate, une compétence bornée à un mépris acquis et convenu pour les tons roses de Dubuffe. L'école sérieuse, puissante et considérée, descendue des professeurs et des hommes d'État critiques d'art, l'école doctrinaire et philosophique du Beau, l'armée d'écrivains penseurs qui n'ont jamais vu un tableau même en le regardant, qui n'ont jamais goûté devant un ton cette jouissance poignante, cette sensation absolue que Chevreul dit aussi forte pour l'œil que les sensations des saveurs agréables pour le palais ; ces juges d'art qui n'apprécient jamais l'art par cette impression spontanée, la sensation, mais par la réflexion, par une opération de cerveau, par une application et un jugement d'idées ; tous ces théoriciens ennemis de la couleur par rancune, affectant pour elle le mépris, répétant que cela, cette chose divine que rien n'apprend, la couleur, peut s'apprendre en huit jours, que la peinture doit être simplement un dessin lavé à l'huile ; que la pensée, l'élévation de l'Idée doivent faire et réaliser cette chose plastique et d'une chimie si matérielle : la Peinture, — tels étaient les gens, les théories, les sympathies, les courants d'opinion qui constituaient le grand parti de Garnotelle.

De là le succès des portraits de Garnotelle. Leur absence de vie, leur décoloration passait pour du style ; leur platitude était saluée comme une idéalisation. On voulait trouver dans leur air de papier peint je ne sais quoi d'humble, de modeste, de religieux, l'agenouillement d'une peinture, pâle d'émotion, aux pieds de Raphaël. Il y avait une entente pour ne pas voir toute la misère de ce dessin mesquin, tiraillé entre la nature et l'exemple, timide et appliqué, cherchant aux personnages de basses enjolivures bêtes ; car Garnotelle ne savait pas même tirer de ses modèles la forte matérialité trapue, l'épaisse grandeur de la Bourgeoisie : il arrangeait les bourgeois qu'il peignait en portiers songeurs, travaillait à les poétiser, tâchait de mettre une lueur de rêverie dans un ancien député du juste-milieu et d'alanguir un ventru avec de l'élégance. Il maniérait le commun, et jetait ainsi sur la grosse race positive, dont il était le peintre presque mystique, le plus divertissant des ridicules.

Mais les portraits les plus applaudis de Garnotelle étaient ses portraits de femmes : minutieuses et laborieuses copies de traits et de plis de robes, images patientes de dames sérieuses et roides, dans des intérieurs maigres. Réunis, ils auraient fait douter de la grâce, de l'animation, de l'esprit qu'a toute la personne de la Parisienne du dix-neuvième siècle. C'étaient des mains étalées gauchement sur les genoux avec les doigts forcés comme des pincettes, des physionomies ayant un air de calme dormant et de placidité figée, auquel s'ajoutait une sorte de mortification morne, provenant des longues et nombreuses séances exigées par le consciencieux portraitiste. Il semblait y avoir un travail pénible, très-mal éclairé, un travail de prison, dans ce douloureux dessin, dans ces ostéologies s'enlevant sur des fonds olive, dans ces femmes décolletées qu'on eût dit posées par le peintre sous un jour de souffrance. Vaguement, devant ces portraits, l'idée vous venait de bourgeoises en pénitence dans les Limbes. Ce que Garnotelle leur mettait pour pensée et pour ombre sur le front avait l'air d'une préoccupation de ménage, d'un souci d'addition, ou plutôt de ces réflexions de femme qui marchande une chose trop chère. Malgré tout, c'étaient les portraits à la mode. Les femmes, en dépit de toute la coquetterie qu'elles ont d'elles-mêmes et de cette immortalité de leur beauté, les femmes s'étaient laissé persuader que cette façon rigoureuse de les peindre avait de la sévérité et de la noblesse. Ce qu'elles perdaient avec Garnotelle en jeunesse et en piquant, elles pensaient qu'il le leur rendait en autorité de grâce et en transfiguration sérieuse. Et parmi les plus élégantes, les plus riches et les plus jolies, les portraits de ce peintre, à propos duquel elles avaient entendu nommer si souvent Raphaël, devenaient un objet de jalousie, d'envie, une exigence imposée à la bourse du mari.

XLV

Il y avait encore, pour le succès de Garnotelle, d'autres raisons.

Garnotelle n'était plus l'espèce de sauvage timide, marchant dans les pas d'Anatole, attaché et collé à lui, vivant de sa société et à son ombre. Il n'était plus ce pauvre garçon, ce rustre gêné, mal appris, honteux de lui-même, qui demandé, par hasard, dans un château pour une décoration, avait passé quinze jours sans se laisser arracher une parole, avec des larmes d'embarras lui venant presque aux yeux, quand l'attention des femmes s'occupait de lui, et qu'il avait peur comme un petit paysan que veut embrasser une belle dame. L'École de Rome a un mérite qu'il faut reconnaître : si elle ne fait rien pour le talent des gens, elle fait beaucoup pour leur éducation ; si elle n'inspire pas le peintre, elle forme et dégrossit l'homme. Par la vie en commun, l'espèce de frottement d'un club académique, le façonnement des natures abruptes au contact des natures civilisées, ce que les gens bien nés enseignent et font gagner aux autres, ce que les lettrés donnent et communiquent d'instruction aux illettrés, par son salon, ses réceptions, la villa Médici fabrique, dans des tempéraments de peuple, des espèces de gens du monde que cinq ans élèvent, en apparence de manières, en superficie de savoir, en politesse acquise, au niveau du commun des martyrs et des exigences de la société actuelle. Là avait commencé la métamorphose de Garnotelle, encouragée par la bienveillance de deux ou trois salons français et étrangers, où les gâteries des femmes l'enhardissaient à prendre peu à peu l'aplomb et l'habitude du monde.

Sa tête lui servait et aidait à ses succès : il plaisait par une beauté brune, un peu commune et marquée, mais de ce genre qu'aiment les femmes, une beauté vulgairement souffrante, où de la pâleur, presque de la maladie, un reste de vieux malheurs de sang, devenu une espèce de teint fatal, mettaient ce caractère, qui l'avait fait surnommer par ses camarades « l'ouvrier maisain ». Dans ce physique, le monde ne voulait voir que le tourment de la pensée, les stigmates du travail, l'émaciement de la spiritualité. Et pour les yeux des femmes, Garnotelle était la figure rêvée, une poétique incarnation du pittoresque et romanesque personnage qui peint avec son cœur et sa santé; il était ce malheureux céleste : — l'*artiste!*

A Paris, par des liaisons nouées à Rome dans une famille française, il était entré dans un monde de femmes du haut commerce et de la haute banque, un monde orléaniste de femmes sérieuses, intelligentes, cultivées, mêlées aux lettres, à l'art, tenant le haut bout de l'opinion publique par leurs salons et leurs amis du journalisme. Il trouva là de puissantes protectrices, supérieures à la banalité, ardentes et remuantes dans l'amitié, mettant leur activité et leur dévouement d'esprit au service des intimes habitués de leur maison, faisant d'eux, de leur nom, de leur célébrité, de leur carrière, l'intérêt, l'occupation, l'orgueil de leur vie de femme et la petite gloire de leur cercle. Il eut toutes les bonnes fortunes et tout le profit de ces liaisons pures, de ces attachements, de ces adoptions qui finissent par laisser tomber sur la tête d'un peintre le sentimentalisme ému d'une bourgeoise éclairée, passionnent ses démarches, ses prières, ses intrigues, tout ce que peut une femme à l'époque du Salon pour le lancement d'un succès.

En dehors de ce monde, Garnotelle allait encore dans quelques salons de la haute aristocratie étrangère, où il rencontrait de grands noms avec lesquels il pouvait peser sur le ministère, des femmes au désir despotique, habituées à tout vouloir dans leur pays, et qui n'avaient perdu qu'un peu de cette habitude en France. C'était pour Garnotelle une récréation et un délassement, que ce monde aimant le plaisir, la liberté, les artistes. Il s'y sentait entouré de la naïve admiration des étrangers pour un talent de Paris : il était le peintre, le Français, l'homme célèbre que les femmes, les jeunes filles courtisaient avec la vivacité et l'ingénuité ravissante des coquetteries russes. On le choyait, on l'enguirlandait. Il était le cornac des plaisirs, la fête des soirées, l'invité annoncé et promis. Les sociétés se le disputaient, se l'arrachaient, avec des jalousies féminines et des querelles gracieuses qui chatouillaient et réjouissaient sa vanité jusqu'au fond. Il était là comme dans une délicieuse atmosphère d'enchantement amoureux.

On ne le voyait dans ces salons que masqué par une jupe, la tête à demi levée derrière un fauteuil de femme, mêlé aux robes, toujours dans une intimité d'aparté, dans une pose d'enfant gâté, discret, étouffant de petits rires, des demi-paroles, des chuchotements, ce qui bruit tout bas autour d'un secret, d'une confidence, avec de petites mines, des silences, des contemplations, des yeux d'admiration, tout un jeu d'adoration d'une épaule, d'un bras, d'un pied, qui touchait les femmes comme le platonisme et le soupir d'un amour qui leur aurait fait la cour à toutes. Aux hommes aussi il trouvait moyen de plaire et de paraître amusant avec un rien de cet esprit que tout peintre ramasse dans la vie d'atelier. Et s'agissait-il de l'achat d'un de ses tableaux par quelque gros banquier? Une conspiration de sympathies s'organisait dans l'ombre, et il avait non-seulement la femme, mais les experts, les familiers, le médecin même pour lui, travaillant à forcer la main au Million.

Appuyé sur ces relations et ces protections, persuadé que tout ce qu'il pouvait avoir à demander au gouvernement serait emporté par des exigences de jolies femmes, ou des transactions de femmes influentes, Garnotelle qui, sous sa peau de mondain, avait gardé de la finesse et de la malice du paysan, estimait qu'il était inutile, presque dangereux, de passer pour un ami du gouvernement. Il ne se montrait pas aux soirées officielles, boudait les avances, jouant la réserve et la froideur d'un homme appartenant à l'Institut et attaché à ses doctrines.

Près du maître des maîtres, il avait une humilité parfaite. Avec son nom et sa position, il sollicitait de l'aider dans ses travaux ; il s'offrait à lui peindre des fonds, des *à-plats*, à lui couvrir des ciels, des terrains, à lui poncer des draperies « pour se dévouer et apprendre », disait-il. Il s'informait, comme d'une cérémonie sacrée, du jour où il y avait exposition chez lui. Et devant le tableau, dont il semblait ne pas oser s'approcher de trop près, il restait à distance respectueuse, plongé dans une muette contemplation. Dans ce genre d'admiration accablée, écrasée, la seule à laquelle pût encore se prendre la vanité du maître blasé sur la pantomime enthousiaste, les spasmes, les lèvements d'yeux extatiques, les monosyllabes entrecoupés, il avait imaginé une invention sublime, et qui avait attaché à son avenir la protection du grand homme. A une exposition intime, il avait gardé devant « l'œuvre » un silence morne ; puis, rentré chez lui, il avait écrit au maître une lettre où il laissait naïvement échapper son découragement, se disait désespéré par cette perfection, cette grandeur, cette pureté, qui lui ôtaient l'espérance de jamais rien faire, presque la force de travailler encore ; et faisant répandre par ses amis le bruit de son découragement, il avait attendu, cloîtré dans son atelier, jusqu'à ce qu'une lettre du maître relevât son courage avec des éloges, l'encourageât à vivre et à peindre.

De plus, Carnotelle était un des habitués les plus assidus de cette société de l'*Oignon*, réunissant et reliant les anciens prix de Rome avec deux grands dîners annuels et quelques petits dîners subsidiaires, dans une espèce de franc-maçonnerie de la courte-échelle, où l'on se passait les travaux, les commandes, les voix à l'Institut, entre la poire et le fromage, entre des pièces de vers en l'honneur des gloires académiques et des satires contre les autres gloires.

Avec la presse, il était froidement poli. Il ne gâtait pas les critiques de lettres ni d'esquisses, ne les recherchait pas, et tenait à distance ceux qu'il rencontrait dans les salons avec une poignée de main qui leur tendait seulement le bout d'un doigt ou de deux. Cette attitude de réserve lui avait valu le respect avec lequel la plupart des feuilletons parlaient de son talent.

Ainsi adulé, respecté, protégé, appuyé, renté par l'argent de ses portraits, renté par l'argent de son atelier, un atelier aristocratique de jeunes et riches étrangers payant cent francs par mois, et s'engageant pour six mois; riche et parvenu à tous les bonheurs, comblé dans ses désirs et ses ambitions, le Garnotelle du succès, le Garnotelle des chemises brodées et des parfums à base de musc, n'ayant plus rien de son passé que ses longs che-

veux, qu'il gardait comme son auréole d'artiste, Garnotelle se montrait parfois enveloppé d'une vague tristesse. Il paraissait avoir le noble et solennel fond de souffrance d'un homme éloigné « de l'objet de son culte. » Il se plaignait à demi-mot de n'être plus là où étaient ses regrets et son amour; et de temps en temps, il laissait échapper, avec une voix attendrie et un regard d'aspiration religieuse, une :
— « Chère Rome, où es-tu ? » — qui apitoyait autour de lui un public d'imbéciles sur cette pauvre âme sombre d'exilé.

XLVI

Le talent, l'ambition, l'énergie de Coriolis sortaient de ces contradictions, de la contestation, fouettés et aiguillonnés. La bataille autour de ses tableaux, de son nom, de son Orient, ce soulèvement de colères soudaines et d'ennemis inconnus lui donnaient la surexcitation de la lutte, le poussaient à la volonté d'une grande chose, d'une de ces œuvres qui arrachent au public la pleine reconnaissance d'un homme.

On ne le connaissait que par ses côtés de coloriste pittoresque. Il voulait se révéler avec les puissantes qualités du peintre; montrer la force et la science du dessinateur, amassées en lui par des études patientes et acharnées de nature, qui mettaient à ses moindres croquis l'accent et la signature de sa personnalité.

Abandonnant le tableau de chevalet, il attaquait le nu dans un cadre où il pouvait faire mouvoir la grandeur du corps humain. Le décor de sa scène était un *Bain turc*. Sur la pierre moite de l'étuve, sur le granit suant, il plia et courba une femme, sortant, comme de l'arrosement d'un nuage, de la mousse de savon blanc jetée sur elle par une négresse presque nue, les reins sanglés d'une *foutah* à couleurs vives. La baigneuse, sur son séant, se présentait de face. Elle était gracieusement ramassée et rondissante dans la ligne d'un disque : on l'eût dite assise dans le C d'un croissant de lune. Ses deux mains se croisaient dans ses cheveux, au bout de ses bras relevés qui dessinaient une anse et une couronne. Sa tête, penchée, se baissait mollement, avec un chatouillement d'ombre, sur sa gorge remontée. Son torse avait les deux contours charmants et contraires de cette attitude penchée : pressé d'un côté, serré entre le sein et la hanche, il se tendait de l'autre, déroulait le dessin de son élégance ; et jusqu'au bout des deux jambes de la baigneuse, l'une un peu repliée, l'autre longuement allongée, l'opposition des lignes se continuait dans l'ondulation d'un balancement. Derrière ce corps ébauché, sorti de la toile avec du pastel, Coriolis avait massé au fond des groupes de femmes qu'on entrevoyait dans une buée de vapeur, dans une aérienne perspective d'étuve rayée de traits de soleil qui faisaient des barres.

Au commencement de l'hiver, Coriolis avait fini ce tableau. Anatole, qui n'était pas complimenteur et qui n'avait guère de sympathie pour les sujets orientaux, ne put retenir, devant la toile achevée :

— Très-bien, ton corps de femme... c'est ça !

Coriolis avait l'horreur de certains peintres pour le compliment qui porte à faux, qui loue une qualité qu'ils n'ont pas, ou un coin d'une œuvre qu'ils sentent n'être pas le bon de cette œuvre. Un éloge à côté avait beau être sincère et de bonne foi : il jetait Coriolis dans des colères d'enfant.

— « C'est ça ! » dit-il en se retournant avec un geste violent. — Ah ! tu trouves que c'est ça, toi ?... Ça ! mais c'est d'un commun !... ce n'est pas plus le corps que je veux... Voilà six semaines que je m'échine dessus... Tu as bien fait de me dire que c'était bien... Allons ! je te dis, c'est bête... bête comm une académie de parisienne... et tortillé... Tiens ! Il traîne sur les quais une Vénus de Goltzius... qui a des perles aux oreilles, avec des colombes qui volent autour... voilà !... Je sentais bien que c'était mauvais. Mais, attends !

Et Coriolis commença à effacer sa figure. Anatole essaya de l'arrêter, l'injuria, l'appela « imbécile et chercheur de petite bête. » Coriolis continuait à démolir sa baigneuse en disant :

— Après cela, c'est le diable, un torse qui vous donne la note... C'est dégoûtant maintenant... Il n'y a plus un corps à Paris... Voyons! voilà six mois que nous n'avons pu avoir un modèle propre... Une femme qui ait pour un liard de race, de distinction, un ensemble pas trop canaille... où ça se trouve-t-il? sais-tu, toi? Oh! les modèles!... une espèce finie... Rachel a commencé à les perdre avec le Conservatoire... Il n'y a plus de modèles! Ça vous donne deux séances... et puis, à la troisième, vous rencontrez votre étude, dans un petit coupé, coiffée en chien, qui vous dit : « Bonjour !... » Une femme lancée, et plus de pose! Et celles qu'on a encore la chance d'attraper, sont-ce des modèles? Ça ne tient pas la pose... ça n'a pas de tendons... ça ne *crispe* pas !... ça ne *crispe* pas !...

XLVII

L'hiver de Paris a des jours gris, d'un gris morne, infini, désespéré. Le gris remplit le ciel, bas et plat, sans une lueur, sans une trouée de bleu. Une tristesse grise flotte dans l'air. Ce qu'il y a de jour est comme le cadavre du jour. Une froide lumière, qu'on dirait filtrée à travers de vieux rideaux de tulle, met sa clarté jaune et sale sur les choses et les formes indécises. Les couleurs s'endorment comme dans l'ombre du passé et le voile du fané. Dans l'atelier, un mélancolique effacement ôte le rayon à la toile, promène, entre les quatre grands murs, une sorte d'ennui glacé, polaire, glisse du plâtre qui perd ses lignes à la palette qui perd ses tons, et finit par remplacer, dans la main du peintre, les pinceaux par la pipe.

Ces jours-là, on voyait à Vermillon des attitudes paresseuses, engourdies, inquiètes et souffrantes. Travaillé par le malaise de ce vilain temps, ayant comme le froid de la neige au fond de lui, il se postait près du poêle, et passait des demi-heures, immobile, en équilibre sur son derrière, et se chauffant ses deux pattes dans ses deux mains. Toute son attention paraissait concentrée sur le rouge de la bouche du poêle. La demi-heure passée, il tournait sa tête sur son épaule, regardait de côté, avec méfiance, cette plaque de faux jour blanchissant dans le cadre de la baie, se grattait le dessous d'une cuisse, poussait un petit cri, regardait encore un peu le ciel, et ne le reconnaissant pas, il paraissait y chercher une seconde le souvenir de quelque chose de disparu. Puis il revenait à la chaleur du poêle, et s'enfonçait dans une espèce de nostalgie profonde et de méditation concentrée, avec un air confondu, cette espèce de peur de voir le soleil mort, qu'ont observée les naturalistes chez les singes en hiver.

Tout à côté, Anatole faisait comme le singe, se chauffait les pieds, en se pelotonnant près du poêle, se regardait fumer, et entre deux cigarettes essayait de taquiner la plante du pied de Vermillon. Mais Vermillon, grave et préoccupé, repoussait ses agaceries.

Pour Coriolis, après quelques essais de travail lâche, quelques coups de brosse, il prenait dans une crédence une poignée d'albums aux couvertures bariolées, gaufrées, pointillées ou piquées d'or, brochées d'un fil de soie, et jetant cela par terre, s'étendant dessus, couché sur le ventre, dressé sur les deux coudes, les deux mains dans les cheveux, il regardait, en feuilletant, ces pages pareilles à des palettes d'ivoire chargées des couleurs de l'Orient, tachées et diaprées, étincelantes de pourpre, d'outremer, de vert d'émeraude. Et un jour de pays féerique, un jour sans ombre et qui n'était que lumière, se levait pour lui de ces albums de dessins japonais. Son regard entrait dans la profondeur de ces firmaments paille, baignant d'un fluide d'or la silhouette des êtres et des campagnes; il se perdait dans cet azur où se noyaient les floraisons roses des arbres, dans cet émail bleu sertissant les fleurs de neige des pêchers et des amandiers, dans ces grands couchers de soleil cramoisis et d'où partent les rayons d'une roue de sang, dans la splendeur de ces astres écornés par le vol des grues voyageuses. L'hiver, le gris du jour, le pauvre ciel frissonnant de Paris, il les fuyait et les oubliait au bord de ces mers limpides comme le ciel, balançant des danses sur des radeaux de buveurs de thé; il les oubliait dans ces champs aux rochers de lapis, dans ce verdoiement de plantes aux pieds mouillés, près de ces bambous, de ces haies efflorescentes qui font un mur avec de grands bouquets. Devant lui, se déroulait ce pays des maisons rouges, aux murs de paravent, aux chambres peintes, à l'art de nature si naïf et si vif, aux intérieurs miroitants, éclaboussés, amusés de tous les reflets que font les vernis des bois, l'émail des porcelaines, les ors des laques, le fauve luisant des bronzes tonkin. Et tout à coup, dans ce qu'il regardait, une page fleurissante semblait un herbier du mois de mai, une poignée du printemps, toute fraîche arrachée, aquarellée dans le bourgeonnement et la jeune tendresse de sa couleur. C'étaient des zigzags de branches, ou bien des gouttes de couleur pleurant en larmes sur le papier, ou des pluies de caractères jouant et descendant comme des essaims d'insectes dans l'arc-en-ciel du dessin nué. Çà et là, des rivages montraient des plages éblouissantes de blancheur et fourmillantes de crabes ; une porte jaune, un treillage de bambou, des palissades de clochettes bleues laissaient deviner le jardin d'une maison de thé; des caprices de paysages jetaient des temples dans le ciel, au bout du piton d'un volcan sacré; toutes les fantaisies de la terre, de la végétation, de l'architecture, de la roche déchiraient l'horizon de leur pittoresque. Du fond des bonzeries partaient et s'évasaient des rayons, des éclairs, des gloires jaunes palpitantes de vols d'abeilles. Et des divinités apparaissaient, la tête nimbée de la branche d'un saule, et le corps évanoui dans la tombée des rameaux.

Coriolis feuilletait toujours : et devant lui passaient des femmes, les unes dévidant de la soie cerise, les autres peignant des éventails ; des femmes buvant à petites gorgées dans des tasses de laque rouge ; des femmes interrogeant des baquets magiques ; des femmes glissant en barque sur des fleuves, nonchalamment penchées sur la poésie et la fugitivité de l'eau. Elles avaient des robes éblouissantes et douces, dont les couleurs semblaient mourir en bas, des robes glauques à écailles, où flottait comme l'ombre d'un monstre noyé, des robes brodées de pivoines et de griffons, des robes de plumes, de soie, de fleurs et d'oiseaux, des robes étranges, qui s'ouvraient et s'étalaient au dos, en ailes de papillon, tournoyaient en remous de vague autour des pieds, plaquaient au corps, ou bien s'en envolaient en l'habillant de la chimérique fantaisie d'un dessin héraldique. Des antennes d'écaille piquées dans les cheveux, ces femmes montraient leur visage pâle aux paupières fardées, leurs yeux relevés au coin comme un sourire ; et accoudées sur des balcons, le menton sur le revers de la main, muettes, rêveuses, de la rêverie sournoise d'un Deburau dans une pantomime, elles semblaient ronger leur vie, en mordillant un bout de leur vêtement.

Et d'autres albums faisaient voir à Coriolis une volière pleine de bouquets, des oiseaux d'or becquetant des fruits de carmin, — quand tombait, dans ces visions du Japon, la lumière de la réalité, le soleil des hivers de Paris, la lampe qu'on apportait dans l'atelier.

XLVIII

— La Bastille ! l'Odéon ! Montmartre ! Saint-Laurent ! les correspondances !... Personne n'a de correspondance ?

— Tiens ! tu fais très-bien la charge, — dit Anatole, étonné d'entendre faire une imitation au grave Coriolis.

—... Et l'omnibus repart... Une suite de malechances ce soir-là... Un mauvais dîner chez Garnotelle... de la pluie, pas de voitures, et l'omnibus !... C'est peut-être l'habitude qui me manque... mais je trouve ça mortel, l'omnibus... cette mécanique qui fait semblant d'aller et qui s'arrête toujours! On voit les gens sur le trottoir qui vont plus vite que la voiture... Et puis rien que l'odeur!... Ça sent toujours le chat mouillé, un omnibus!... Enfin, je m'embêtais... J'avais fini d'épeler les annonces qu'on a sur la tête, la bougie de l'Étoile, la benzine Collas... Je regardais stupidement des maisons, des rues, de grandes machines d'ombre, des choses éclairées, des becs de gaz, des vitrines, un petit soulier rose de femme dans une montre, sur une étagère de glace, des bêtises, rien du tout, ce qui passait... J'en étais arrivé à suivre mécaniquement, sur les volets des boutiques fermées, l'ombre des gens de l'omnibus qui recommence éternellement... une série de silhouettes... Pas un bonhomme curieux... tous, des têtes de gens qui vont en omnibus... Des femmes... des femmes sans sexe, des femmes à paquet... Zing! le cadran du conducteur, un voyageur! Il n'y avait plus qu'une place au fond... Zing! une voyageuse... complet! J'avais en face de moi un monsieur avec des lunettes qui s'obstinait à vouloir lire un journal... Il y avait toujours des reflets dans ses lunettes... Ça me fit tourner les yeux sur la femme qui venait de monter... Elle regardait les chevaux par-dessous la lanterne, le front presque contre la glace de la voiture... une pose de petite fille... l'air d'une femme un peu gênée dans un endroit rempli d'hommes... Voilà tout... Je regardai autre chose... As-tu remarqué, toi, comme les femmes paraissent mystérieusement jolies en voiture, le soir?... De l'ombre, du fantôme, du domino, je ne sais pas quoi, elles ont de tout cela... un air voilé, un empaquetage voluptueux, des choses d'elle qu'on devine et qu'on ne voit pas, un teint vague, un sourire de nuit, avec ces lumières qui leur battent sur les traits, tous ces demi-reflets qui leur flottent sous le chapeau, ces grandes touches de noir qu'elles ont dans les yeux, leur jupe même remuante d'ombres... — La Madeleine! le boulevard! la Bastille! Pas de correspondance!... — Tiens! elle était comme ça... tournée, regardant, un peu baissée... La lueur de la lanterne lui donnait sur le front... c'était comme un brillant d'ivoire... et mettait une vraie poussière de lumière à la racine de ses cheveux, des cheveux floches comme dans du soleil... trois touches de clarté sur la ligne du nez, sur un bout de la pommette, sur la pointe du menton, et tout le reste, de l'ombre... Tu vois cela?... Très-charmante cette femme... et c'est drôle, pas Parisienne... Des manches courtes, pas de gants, pas de manchettes, la peau des bras... une toilette, on n'y voyait rien dans sa toilette... et je m'y connais... une tenue de grisette et de bourgeoise, avec quelque chose dans toute la personne de déroutant, qui n'était pas de l'une et qui n'était pas de l'autre... — Auteuil! Bercy! Charenton! le Trône! Palais-Royal! Vaugirard! n° 17! n° 18! n° 19!... — Ici, une éclipse...

elle a tourné le dos à la lanterne... sa figure en face de moi est une ombre toute noire, un vrai morceau d'obscurité... plus rien, qu'un coup de lumière sur un coin de sa tempe et sur un bout de son oreille où pend un petit bouton de diamant qui jette un feu de diable... L'omnibus va toujours son train... Le Carrousel, le quai, la Seine, un pont où il y a sur le parapet des plâtres de savoyard... puis des rues noires où l'on aperçoit des blanchisseuses qui repassent à la chandelle... Je ne la vois plus que par éclairs... toujours sa pose... son oreille et le petit diamant... Et puis tout à coup, au bout de cette vilaine rue du Vieux-Colombier, elle a fait signe au conducteur... Mon cher, elle a passé devant moi avec une marche, des gestes!... des gestes de statue, parole d'honneur... Et ce n'est pas facile d'avoir du style, une femme, en omnibus... Je ne l'ai un peu vue qu'à ce moment-là... elle m'a paru avoir un type, un type... Elle est entrée dans un sale magasin où il y a en montre des lorgnettes en ivoire et du plaqué.

— Des lorgnettes? Au 27 ou au 29 alors?

— Ah! le numéro, je n'en sais rien.

— Un magasin de vieux neuf, enfin?... Brune et des yeux bleus bizarres, ta femme, n'est-ce pas?...

— Je crois...

— Oh! elle est bonne! C'est la Salomon...

— Salomon? Mais il y avait une vieille femme, il

me semble, je me souviens, dans le temps, qui nous apportait de la parfumerie...

— Ça, c'est la mère... qui a fait des enfants, des bottes... tous qui posent... la mère au magasin, à la brocante... Elle, c'est la fille, c'est sa dernière... une dix-huitaine d'années... Ton affaire, au fait... Serin que je suis! je n'y avais pas pensé... Manette... Manette Salomon...

— Si tu lui écrivais de ma part, de venir, hein? de venir lundi, tiens... Je verrai si elle me va...

— Parfaitement... Ah! plus de papier... Voilà la lettre de mort de Paillardin... Je prends la page blanche... Oui c'est au 27 ou au 29... La mère lui remettra... Je crois qu'elle ne demeure plus avec elle...

XLIX

Le lundi, Manette Salomon ne vint pas. Coriolis l'attendit le lendemain et les autres jours de la semaine : elle ne parut pas, n'écrivit pas, ne fit rien dire. Coriolis se décida à chercher un autre modèle.

Il passa en revue les corps connus. Il fit poser tout ce qui se présentait à son atelier, les poseuses d'occasion et de misère, jusqu'à une pauvre femme qui monta sur la table à modèle en costume d'Ève, avec son chapeau, son voile, et un oiseau de paradis sur la tête. Aucun de ces galbes de femme n'avait le caractère de lignes qu'il cherchait ; et découragé, s'en remettant au temps, à quelque heureuse rencontre pour trouver l'inspiration de nature qu'il voulait, il lâcha sa figure principale et se mit à retravailler le reste de son tableau.

Un soir qu'Anatole et lui battaient les boulevards, avec une soirée vide devant eux, Anatole tomba en arrêt devant l'affiche d'un grand bal à la salle Barthélemy.

— Tiens ! — dit-il, — c'est le Carnaval des juifs... si nous y allions ?

Ils entrèrent rue du Château-d'Eau dans la salle où la fête de la *Pourime*, — le vieil anniversaire de la chute d'Aman et de la délivrance des Juifs par Esther, — était célébrée par un bal public.

Quelques pauvres costumes, les oripeaux du « décrochez-moi ça », de vieilles vestes de débardeur couleur raisin de Corinthe usé, sautaient au milieu des paletots et des redingotes. La famille et l'honnêteté apparaissaient çà et là par places, sur les côtés de la danse, dans des coins où s'élevait comme un mâchonnement de mauvais allemand, un patois demi-français sonnant de consonnes tudesques, dans des files de vieilles femmes branlant de la tête à la mesure de la musique, les mains posées à plat sur les genoux avec la rigidité de statues d'Égypte, dans des groupes d'enfants parsemés sur le gradin de la banquette, souriant et dansant des yeux, en remuant à demi les bras. C'était un bal qui ressemblait, au premier aspect, à tous les autres bals parisiens où le cancan fait le plaisir. Cependant, au bout de deux ou trois tours, Coriolis commença à y démêler un caractère. Cette foule, pareille de surface et d'ensemble à toutes les foules, ces hommes, ces femmes sans particularité frappante, habillés des costumes, des airs de Paris, et tout Parisiens d'apparence, laissèrent voir bientôt à son œil de peintre et d'ethnographe le type effacé, mais encore visible, les traits d'origine, la fatalité de signes où survit la race. Il remarqua des visages brouillés, sur lesquels se mêlait la coupe fière de profil des peuples de désert à des humilités louches de commerces douteux de grande ville, des teints plombés tout à la fois par un ancien soleil et par une réverbération de vieil argent, des jeunes gens aux cheveux laineux, à la tête de bélier, des figures à cheveux papillotés, à gros diamant faux sur la chemise, étalant ce luxe de velours gras qu'aiment les marchands de choses suspectes, de petits yeux allumés de la fièvre du lucre, et des sourires d'Arabes dans des barbes de crin. Il reconnut, sous les capuchons et les palatines, ces femmes qu'il avait vues au plein air du Temple et dans les boutiques de la rue Dupetit-Thouars. C'étaient des blondes d'Alsace, à la blondeur dorée du blé mûr, des chevelures noires et crépées, des nez busqués, des ovales fuyant dans des pâleurs ambrées de joue et de cou d'où se détachait la coquille rose de l'oreille, des coins de lèvres ombrées de poil follet, des bouches poussées en avant comme par un souffle : des épaules décolletées avaient une ombre de duvet dans le creux du dos. A toutes, il voyait ces yeux tout rapprochés du nez et tout cernés de bistre, ces yeux allumés comme de femmes poudrées, ces yeux vifs de bête aux cils sans douceur laissant à nu le noir d'un regard étonné, parfois vague.

— Tiens! la Manette... — fit tout à coup Anatole, et il montra à Coriolis une femme qui regardait de la galerie d'en haut danser dans la salle. Coriolis aperçut un bras enveloppé dans un châle dénoué, un coude appuyé sur la balustrade, une main soutenant une tête, un bout de profil, un ruban feu nouant des cheveux pris dans une résille à perles d'acier. Immobile, Manette laissait le bal venir à ses yeux, avec un air de contentement paresseux et de distraction indifférente.

— Eh bien! — dit Coriolis à Anatole — monte-lui demander pourquoi elle n'est pas venue.

Anatole redescendit de la galerie au bout de quelques instants.

— Mon cher, elle est furieuse... Il paraît que notre lettre n'était pas signée... Elle m'a dit qu'il n'y a qu'aux chiens qu'on écrit sans mettre son nom... Et puis, elle s'est encore vexée que nous ne lui ayons pas fait l'honneur d'une feuille de papier à lettre toute neuve... Je lui ai tout dit pour la radoucir... Enfin, si tu y tiens, montons là-haut... Tu n'as qu'à lui faire des excuses... Mets ça sur moi, dis que c'est moi, appelle-moi pignouf... tout ce que tu voudras!... Au fond, je crois qu'elle a envie de venir... Il n'y a que sa dignité... tu comprends? La dignité de mademoiselle!... A la fin, elle m'a demandé si c'était bien de toi que les journaux avaient parlé... — Et comme ils montaient le petit escalier qui allait à la galerie : — Ah! tu vas en voir par exemple deux sibylles avec elle... de vrais enfants de Moïse et de Polichinelle!

Manette était assise à une table où posaient trois verres de bière à moitié vidés, à côté de deux vieilles femmes. L'une, les yeux troubles et louches, le visage rempli et gêné par un nez énorme et crochu, avait l'air d'une terrible caricature encadrée dans la ruche noire d'un immense bonnet noué sous son menton de galoche : un fichu de soie, aux ramages de madras, d'un jaune d'œillet d'Inde, croisait sur son cou décharné. Les yeux, la bouche, les narines remplis du noir qu'ont les têtes desséchées, la figure charbonnée comme par le poilu horrible d'une singesse, l'autre portait, rejeté en arrière sur des cheveux de négresse, un chapeau blanc de marchande à la toilette, orné d'une rose blanche; et des effilés de poils de chèvre pendaient des épaulettes de sa robe.

Anatole fit la présentation, et s'attabla avec son ami à la table des trois femmes qui se serrèrent pour leur faire place. Coriolis parla à Manette, s'excusa. Manette le laissa parler sans l'interrompre, sans paraître l'entendre; puis quand il eut fini, tournant vers lui un de ces regards « grande dame » qu'ont tous les yeux de femme quand ils le veulent, elle le toisa du bout des bottes jusqu'à la racine des cheveux, détourna la tête, et, après un silence, elle se décida à lui dire qu'elle voulait bien, et qu'elle viendrait « prendre la pose » le lundi suivant. Et presque aussitôt, tirant de sa ceinture sa petite montre pendue à la chaîne d'or qui battait sur sa robe de soie noire, elle se leva, salua Coriolis, et disparut suivie de ses deux monstres gardiens.

L

Le lundi, Manette fut exacte. Après quelques mots, elle commença à se déshabiller lentement, rangeant avec ordre sur le divan les vêtements qu'elle quittait. Puis elle monta sur la table à modèle avec sa chemise remontée contre sa poitrine, et dont elle tenait entre ses dents le festonnage d'en haut, dans le mouvement ramassé, pudique, d'une femme honnête qui change de linge.

Car, malgré leur métier et leur habitude, ces femmes ont de ces hontes. La créature bientôt publique qui va se livrer toute aux regards des hommes, a les rougeurs de l'instinct, tant que son talon ne mord pas le piédestal de bois qui fait de la femme, dès qu'elle s'y dresse, une statue de nature, immobile et froide, dont le sexe n'est plus rien qu'une forme. Jusque-là, jusqu'à ce moment où la chemise tombée fait lever de la nudité absolue de la femme la pureté rigide d'un marbre, il reste toujours un peu de pudicité dans le modèle. Le déshabillé, le glissement de ses vêtements sur elle, l'idée des morceaux de sa peau devenant nus un à un, la curiosité de ces yeux d'hommes qui l'attendent, l'atelier où n'est pas encore descendue la sévérité de l'étude, tout donne à la poseuse une vague et involontaire timidité féminine qui la fait se voiler dans ses gestes et s'envelopper dans ses poses. Puis, la séance finie, la femme revient encore, et se retrouve à mesure qu'elle se rhabille. On dirait qu'elle remet sa pudeur en remettant sa chemise. Et celle-là qui donnait à tous, il n'y a qu'un instant, toute la vue de sa jambe, se retournera pour qu'on ne la voie pas attacher sa jarretière.

C'est dans la pose seulement que la femme n'est plus femme, et que pour elle les hommes ne sont plus des hommes. La représentation de sa personne la laisse sans gêne et sans honte. Elle se voit regardée par des yeux d'artistes; elle se voit nue devant le crayon, la palette, l'ébauchoir, nue pour l'art de cette nudité presque sacrée qui fait taire les sens. Ce qui erre sur elle et sur les plus intimes secrets de sa chair, c'est la contemplation sereine et désintéressée, c'est l'attention passionnée et absorbée du peintre, du dessinateur, du sculpteur, devant ce morceau du Vrai qu'est son corps : elle se sent être pour eux ce qu'ils cherchent et ce qu'ils travaillent en elle, la vie de la ligne qui fait rêver le dessin.

De là aussi, chez les modèles, ces répugnances, cette défense contre la curiosité des amis, des connaissances venant visiter un peintre, ces peurs, ces alarmes devant tous les gens qui ne sont pas du métier, ce trouble sous ces regards embarrassants d'intrus qui regardent pour regarder, et qui font que tout à coup, au milieu d'une séance, un corps de femme s'aperçoit qu'il est nu et se trouve tout déshabillé. — Un jour, dans l'atelier de M. Ingres, une femme posait devant trente élèves, trente paires d'yeux; tout à coup, on la vit se précipiter de la table à modèle, effarée, frissonnante, honteuse de toute la peau, et courant à ses vêtements se couvrir bien vite tant bien que mal du premier qu'elle trouva : qu'avait-elle vu? Un couvreur qui la regardait d'un toit voisin, par la baie au-dessus de sa tête.

Cette honte de femme dura une seconde chez Manette. Soudain, elle laissa tomber de ses dents desserrées la fine toile qui glissa le long de son corps, fila de ses reins, s'affaissa d'un seul coup au bas d'elle, tomba sur ses pieds comme une écume. Elle repoussa cela d'un petit coup de pied, le chassa par derrière ainsi qu'une queue de robe; puis, après avoir abaissé sur elle-même un regard d'un moment, un regard où il y avait de l'amour, de la caresse, de la victoire, nouant ses deux bras au-dessus de sa tête, portant son corps sur une hanche, elle apparut à Coriolis dans la pose de ce marbre du Louvre qu'on appelle le *Génie du repos éternel*.

La Nature est une grande artiste inégale. Il y a des milliers, des millions de corps qu'elle semble à peine dégrossir, qu'elle jette à la vie à demi façonnés, et qui paraissent porter la marque de la vulgarité, de la hâte, de la négligence d'une création productive et d'une fabrication banale. De la pâte humaine, on dirait qu'elle tire, comme un ouvrier écrasé de travail, des peuples de laideur, des multitudes de vivants ébauchés, manqués, des espèces d'images à la grosse de l'homme et de la femme. Puis de temps en temps, au milieu de toute cette pacotille d'humanité, elle choisit un être au hasard, comme pour empêcher de mourir l'exemple du Beau. Elle prend un corps qu'elle polit et finit avec amour, avec orgueil. Et c'est alors un véritable et divin être d'art qui sort des mains artistes de la Nature.

Le corps de Manette était un de ces corps-là : dans l'atelier, sa nudité avait mis tout à coup le rayonnement d'un chef-d'œuvre.

Sa main droite, posée sur sa tête à demi tournée et un peu penchée, retombait en grappe sur ses cheveux ; sa main gauche, repliée sur son bras droit, un peu au-dessus du poignet, laissait glisser contre lui trois de ses doigts fléchis. Une de ses jambes, croisée par devant, ne posait que sur le bout d'un pied à demi levé, le talon en l'air ; l'autre jambe, droite et le pied à plat, portait l'équilibre de toute l'attitude. Ainsi dressée et appuyée sur elle-même, elle montrait ces belles lignes étirées et remontantes de la femme qui se couronne de ses bras. Et l'on eût cru voir de la lumière la caresser de la tête aux pieds : l'invisible vibration de la vie des contours semblait faire frémir tout le dessin de la femme, répandre, tout autour d'elle, un peu du bord et du jour de son corps.

Coriolis n'avait pas encore vu des formes si jeunes et si pleines, une pareille élégance élancée et serpentine, une si fine délicatesse de race gardant aux attaches de la femme, à ses poignets, à ses chevilles, la fragilité et la minceur des attaches de l'enfant. Un moment, il s'oublia à s'éblouir de cette femme, de cette chair, une chair de brune, mate et absorbant la clarté, blanche de cette chaude blancheur du Midi qui efface les blancheurs nacrées de l'Occident, une de ces chairs de soleil, dont la lumière meurt dans des demi-teintes de rose thé et des ombres d'ambre.

Ses yeux se perdaient sur cette coloration si riche et si fine, ces passages de ton si doux, si variés, si nuancés, que tant de peintres expriment et croient idéaliser avec un rose banal et plat; ils embrassaient ces fugitives transparences, ces tendresses et ces tiédeurs de couleurs qui ne sont plus qu'à peine des couleurs, ces imperceptibles apparences d'un bleu, d'un vert presque insensible, ombrant d'une adorable pâleur les diaphanéités laiteuses de la chair, tout ce délicieux je ne sais quoi de l'épiderme de la femme, qu'on dirait fait avec le dessous de l'aile des colombes, l'intérieur des roses blanches, la glauque transparence de l'eau baignant un corps. Lentement, l'artiste étudiait ces bras ronds, aux coudes rougissants, qui, levés, blanchissaient sur ces cheveux bruns, ces bras au bas desquels la lumière, entrant dans l'ombre de l'aisselle, montrait des fils d'or frisant dans du jour; puis, le plan ferme de la poitrine blanche et azurée de veinules; puis cette gorge plus rosée que la gorge des blondes, et où le bout du sein était de la nuance naissante de l'hortensia.

Il suivait l'indication presque tremblée des côtes, la ligne à peine éclose d'un torse de jeune fille, encore contenu et comprimé dans sa grâce, à demi mûr, serré dans sa jeunesse comme dans l'enveloppe d'un bouton. Une taille à demi épanouie, libre, roulante, heureuse, comme la taille des femmes qui n'ont jamais porté de corset, lui montrait cette jolie indication molle et sans coupure, la ceinture naturelle marquée d'un sinus d'amour dans le bronze et le marbre des statues antiques. De cette taille, son regard allait au douillet modelage, aux inflexions, aux méplats, à la rondeur enveloppée, à la douce et voluptueuse ondulation d'un ventre de vierge, d'un ventre innocent, presque enfantin, sculpté dans sa mollesse et délicatement dessiné dans le *flou* de sa chair : une petite lumière, à demi coulée au bord du nombril, semblait une goutte de rosée glissant dans l'ombre et le cœur d'une fleur. Il allait à ce bas du ventre, où il y avait de la convexité d'une coquille et du rentrant d'une vague, à l'arc des hanches, à ces cuisses charnues, caressées, sur le doux grain de leur peau, de blancheurs tranquilles et de lueurs dormantes, à ces genoux moelleux, délicats et noyés, cachant si coquettement sous leurs demi-fossettes l'agrafe des muscles et le nœud des os, à ces jambes polies et lustrées, qui semblaient garder chez Manette, comme chez certaines femmes, le luisant d'un bas de soie, à ce fuseau de la cheville, à ces malléoles de petite fille, où s'attachait un tout petit pied, maigre et long, l'orteil en avant, les doigts un peu rosés au bout...

Sous cette attention qui semblait ne pas travailler, Manette à la fin éprouva une sorte d'embarras. Laissant retomber ses bras et décroisant ses jambes, elle parut demander à Coriolis de lui indiquer la pose.

—Nom d'un petit bonhomme!—s'écria Anatole dans un élan d'admiration, et mettant sur ses genoux un carton, il commença à tailler un fusain.

—Tu vas faire une étude, *toi?*—lui dit Coriolis avec un « toi » assez durement accentué.

— Un peu... Je ne t'ai pas dit... un fabricant de papier à cigarettes... Il m'a demandé une Renommée grandeur nature... Quatre cents balles! s'il vous plaît...

Coriolis, sans répondre, alla à Manette, la mit dans la pose de sa baigneuse, revint à sa place et se mit à travailler. De temps en temps, il s'arrêtait, tirait et froissait sa moustache, regardait de côté Anatole, auquel il finit par dire :

— Tu es assommant avec ton tic!... Tu ne sais pas comme c'est nerveux...

Anatole avait pris la bizarre habitude, toutes les fois qu'il peignait ou dessinait, de se mordiller perpétuellement un bout de la langue qu'il avançait à un coin de la bouche, comme la langue d'un chien de chasse.

— Je vais te tourner le dos, voilà tout...

— Non, tiens, laisse-moi... va-t'en, veux-tu? Aujourd'hui... je ne sais ce que j'ai... j'ai besoin d'être seul pour faire quelque chose...

Le lendemain et pendant tout le mois, Anatole alla se promener pendant la séance de Manette : il avait pris son parti de faire sa Renommée « de chic ».

LI

— Qu'est-ce que tu as fait hier? — disait un matin à la fin du déjeuner Coriolis à Anatole.

— Hier, j'ai été au Père-Lachaise.

— Et aujourd'hui?

— Ma foi, je pourrais bien y retourner... je trouve ça très-amusant comme promenade...

— Ça ne te fait pas penser à la mort?

— Oh! à celle des autres... pas à la mienne... — fit Anatole avec un mot dans lequel il était tout entier.

Il y eut un silence. Les idées de Coriolis semblèrent se perdre dans la fumée de sa pipe; puis il lui échappa, comme s'il pensait tout haut :

— Un drôle d'être! En voilà pas mal que je vois... Je n'en ai pas encore vu une comme ça...

Et se tournant vers Anatole :

— Figure-toi une femme qui travaille avec vous jusqu'à ce qu'elle soit tombée dans votre pose... Et une fois qu'elle y est, c'est superbe!... on bûcherait deux heures, qu'elle ne bougerait pas... C'est qu'elle a l'air de porter un intérêt à ce que vous faites... Oh! mon cher, c'est étonnant... Tu sais, ça se voit quand ça ne va pas... Il y a des riens... un mouvement de lèvres, un geste... On est nerveux... il vous passe des inquiétudes dans le corps... Enfin, ça se voit... Eh bien! cette mâtine-là, quand elle voyait que ça ne marchait pas, elle avait l'air aussi ennuyé que ma peinture... Et puis quand j'ai commencé à m'échauffer, quand ça s'est mis à venir, voilà qu'elle a eu un air content! Il me semblait qu'elle s'épanouissait... Tiens! je vais te dire quelque chose de stupide : on aurait dit que sa peau était heureuse!... Vrai! je voyais le reflet de ma toile sur son corps, et il me semblait qu'elle était chatouillée là où je donnais un coup de pinceau... Une bêtise, je te dis... quelque chose de bizarre comme le magnétisme, le courant de caresse d'un portrait à une figure... Et puis, à chaque repos, si tu avais vu sa comédie!... Tiens, comme ça... son jupon à demi passé, la chemise serrée à deux mains sur sa poitrine, en tas, comme un mouchoir de poche... elle venait regarder avec une petite moue, en se penchant... Elle ne disait rien... elle se regardait... une femme qui se voit dans une glace, absolument... Et quand c'était fini, elle s'en allait avec un mouvement d'épaules content... Elle venait toujours les pieds dans ses petits souliers, sans mettre les quartiers... C'est très-gentil les femmes qui boitent, qui clochent,

comme ça... Une drôle de femme tout de même !...
Quand je la fais déjeuner, elle me parle tout le
temps des tableaux où elle est, de ce qu'elle a posé...
Oh! d'abord, elle n'aurait donné qu'une séance, il
y aurait eu dix autres femmes après elle, ça ne fait
rien, c'est elle, et pas les autres... Là-dessus, il ne
faut pas la contrarier : elle vous grifferait ! Elle est
d'une jalousie sur ces questions-là... et éreinteuse !
Je t'assure que c'est amusant de l'entendre abimer
ses petites camarades... Elle en fait des portraits !
Jusqu'à des noms de muscles qu'elle a retenus
pour les échigner !... c'est très-malin ça... Oh ! une
vraie vanité... C'en est comique... D'abord, c'est
toujours elle qui a trouvé le mouvement... Elle est
persuadée que c'est son corps qui fait les tableaux...
Il y a des femmes qui se voient une immortalité
n'importe où, dans le ciel, dans le paradis, dans
des enfants, dans le souvenir de quelqu'un... elle,
c'est sur la toile ! pas d'autre idée que ça... L'autre
jour, sais-tu ce qu'elle m'a fait ? Il me fallait un
dessin de draperie... Je l'arrange sur elle... je la
vois qui fait une tête... une tête ! Figure-toi une
reine qu'on insulte !... Moi, je ne comprenais pas
d'abord... Et puis c'est devenu si visible ! Elle avait
si bien l'air de me dire : Pour qui me prenez-vous ?
Est-ce que je suis un mannequin, moi ? Vous
n'avez droit qu'à ma nudité pour vos cinq francs...
Et avec cela elle posait si mal, et une figure si
maussade... j'ai été obligé d'y renoncer... Il faudra

que j'en prenne une autre pour les draperies... Depuis, elle m'a dit qu'elle ne posait jamais pour ça, qu'elle n'avait pas osé me le dire... Et si tu savais de quel ton elle m'a dit : *pour ça!*... Elle trouvait que je lui avais manqué, positivement... J'étais pour elle un homme qui ferait un porte-manteau de la Vénus de Milo !

LII

Ce jour-là, Coriolis avait dit à Anatole de ne pas l'attendre. Il devait dîner dehors et ne rentrer que fort tard, s'il rentrait.

Anatole, se trouvant seul, alla passer sa soirée au café de Fleurus.

Le café de Fleurus, dans la rue de ce nom, au coin du jardin du Luxembourg, était alors une espèce de cercle artistique fondé par Français, Achard, Nazon, Schulzenberger, Lambert et quelques autres paysagistes, auxquels s'étaient joints des peintres de genre et d'histoire, Toulmouche, Hamon, Gérôme. Dans la salle, décorée de peintures par les habitués et ornée d'une figure de la grande Victoire entourée de l'allégorie de ses amours, un dîner des vendredis s'était organisé sous le nom de « *Dîner des grands hommes.* » Le dîner, restreint d'abord à un petit nombre de peintres, puis ouvert à des médecins, à des internes d'hôpitaux, avait bientôt été égayé par la surprise d'une loterie, tirée à chaque dessert, et imposant au gagnant l'obligation de fournir un lot pour le dîner suivant. De là, une succession de lots d'artistes, d'objets d'art, de meubles ridicules, de dessins et de pots de chambre à œil, de bronzes et de clysopompes, de tableaux et de bonnets grecs, une tombola de souvenirs et de mystifications qui faisaient éclater chaque fois de gros rires. Peu à peu la table s'agrandissait : elle arrivait à compter une cinquantaine de convives, lors du retour de la colonie pompéienne, après la fermeture de la *Boîte à thé*, cet essai de phalanstère d'art, sur les terrains de la rue Notre-Dame-des-Champs, licencié, dispersé par le mariage, l'envolée des uns et des autres. Ce dîner, l'habitude de chaque soir, avait fait du café une sorte de club gai, spirituel, où la cordialité se respirait dans une réunion de camarades et de gens de talent. Anatole y venait souvent ; Coriolis y apparaissait quelquefois.

— Imaginez-vous — disait un des habitués — imaginez-vous !... il m'est tombé une fois un bourgeois qui m'a dit : « Monsieur, je voudrais être peint sous l'inspiration du Dieu... — Comment, sous l'inspiration du Dieu ? — Oui... après avoir entendu Rubini... J'aime beaucoup la musique... Pourriez-vous rendre cela ?... » Vous croyez que c'est tout ? Quand je l'ai eu peint, sous l'inspiration du Dieu, il m'a amené son tailleur... Oui, il m'a amené Staub, pour vérifier sur son portrait la piqûre de son gilet !... Non, on ne saura jamais combien ils sont bêtes, les bourgeois !

Après cette histoire, ce fut une autre. Chacun jetait son anecdote, son mot, son trait; et chaque nouveau récit était salué par des hourras, des risées, des grognements, des rires enragés, une sauvagerie de joie qui avait l'air de vouloir manger de la Bourgeoisie. On eût cru entendre toutes les haines instinctives de l'art, tous les mépris, toutes les rancunes, toutes les révoltes de sang et de race du peuple des ateliers, toutes ses antipathies foncières et nationales se lever dans un *tolle* furieux contre ce monstre comique, le bourgeois, tombé dans cette Fosse aux artistes qui se déchiraient ses ridicules ! — Et toujours revenait le refrain :

— Non, non, ils sont trop bêtes, les bourgeois !

— Tiens ! — fit Anatole en voyant entrer Coriolis qui laissait voir un air mal dissimulé de mauvaise humeur.

— C'est toi ? — lui dit-il. — Qu'est-ce que tu prends ?

— Rien...

Et Coriolis resta muet, battant, avec les ongles, une mesure de colère sur le marbre de la table, à côté d'Anatole.

— Qu'est-ce que tu as ? — lui demanda Anatole au bout de quelques instants.

— Ce que j'ai?... J'étais avec une femme à la Porte-Saint-Martin... Elle m'a quitté à dix heures... pour être rentrée à dix heures et demie... parce qu'elle tient à la considération de son portier! Comprends-tu? Voilà!

— Elle est drôle!... Qui ça donc? — fit Anatole.

Coriolis ne répondit pas, et se lançant dans une discussion engagée à la table à côté, il étonna le café par une défense passionnée de la *momie*, des éclats de voix terribles, une argumentation agressive et violente, un accent de contradiction vibrant, agaçant, blessant. Il abîma le *bitume* comme un ennemi personnel, comme quelqu'un sur lequel il aurait voulu se venger ; et il laissa son défenseur, l'inoffensif et placide Buchelet, étourdi, aplati, ne sachant ce qui avait pris à Coriolis, d'où venait cette subite animosité, cassante et fiévreuse, montée tout à coup dans la parole de son contradicteur.

LIII

Quelques semaines après cette scène, Coriolis et Anatole, revenant de chez le marchand de couleurs Desforges, et surpris, dans le Palais-Royal, par une ondée de printemps, se promenaient sous les galeries, en attendant la fin de l'averse. Ils firent un tour, deux tours; puis Coriolis, s'appuyant contre une grille du jardin, se mit à regarder devant lui, d'un air distrait et absorbé.

La pluie tombait toujours, une pluie douce, tendre, pénétrante, fécondante. L'air, rayé d'eau, avait une lavure de ce bleu violet avec lequel la peinture imite la transparence du gros verre. Dans ce jour de neutre alteinte liquide, le jet d'eau semblait un bouquet de lumière blanche, et le blanc qui habillait des enfants avait la douceur diffuse d'un rayonnement. La soie des parapluies tournant dans les mains jetait çà et là un éclair. Le premier sourire vif du vert commençait sur les branches noires des arbres, où l'on croyait voir, comme des coups de pinceau, des touches printanières semant des frottis légers de cendre verte. Et dans le fond, le jardin, les passants, le bronze rouillé de la Chasseresse, la pierre et les sculptures du palais, apparaissaient, s'estompant dans un lointain mouillé, trempant dans un brouillard de cristal, avec des apparences molles d'images noyées.

Anatole, qui commençait à s'ennuyer de voir son compagnon planté là et ne bougeant pas, essaya de jeter quelques mots dans sa contemplation : Coriolis ne parut pas l'entendre. Anatole, à la fin, le prenant par le bras, l'entraîna vers une voiture d'où descendait du monde, à un passage de la rue de Valois. Coriolis monta machinalement, et laissa encore tomber dans le silence les paroles d'Anatole.

— Ah ça! mon cher, — lui dit au bout de quelque temps Anatole impatienté, — sais-tu que tu me fais l'effet d'un homme qu'on met dedans?

— Moi? — dit Coriolis.

— Toi-même... avec cette petite.... Mais Buchelet lui a plu à la quatrième séance! Buchelet! juge!

— Il n'y a pas que Buchelet, — fit Coriolis.

— Ah! — fit Anatole en le regardant. Alors quoi?

— Alors... alors... — dit Coriolis d'un ton sourd, et s'arrêtant avec l'effort d'un homme habitué à garder ses pensées, à refouler ses émotions, à se renfoncer le cœur dans la poitrine, — alors... tiens, laisse-moi tranquille, hein, veux-tu? et parlons d'autre chose.

Ainsi qu'il venait de le dire à Anatole, Coriolis avait été aussi vite et aussi facilement heureux que le petit Buchelet. Mais ce caprice, qu'il croyait user en le satisfaisant, s'était enflammé, une fois satisfait. Il s'était changé en une sorte d'appétit ardent, irrité, passionné, de cette femme; et dès le lendemain, Coriolis se sentait devenir jaloux de ce modèle, du passé et du présent de ce corps public qui s'offrait à l'art, et sur lequel il voyait, en ne voulant pas les voir, les yeux des autres. Des colères auxquelles ses amis ne comprenaient rien, l'animaient contre ceux qui avaient fait poser cette femme avant lui. Il niait leur talent, les discutait, parlait d'eux avec une injustice rancunière, comme des gens qui, en lui prenant d'avance pour leurs figures un peu de la beauté de cette femme, l'avaient trompé dans leurs tableaux.

Pour l'enlever aux autres, il avait pensé à la prendre tous les jours, à la tenir dans son atelier, sans en avoir besoin, et, en travaillant à peine d'après elle : il lui payait des séances où il ne donnait que quelques coups de crayon ou de pinceau. Mais Manette s'était vite aperçue de ce jeu où elle trouvait une sorte d'humiliation ; elle avait inventé des prétextes, manqué des rendez-vous de Coriolis, pour aller chez d'autres artistes qu'elle voyait travailler vraiment et s'inspirer d'après elle. Et c'est alors qu'avait commencé pour Coriolis ce supplice dont le monde des ateliers a plus d'une fois pu étudier le tourment, ce supplice d'un homme tenant à une femme possédée par les regards du premier venu.

— Oui, voilà, — fit Coriolis, quand il fut arrivé, dans le roulement de la voiture, au bout de toutes ses pensées, et comme s'il les avait confiées à Anatole, — voilà... — et il se retourna nerveusement vers lui sur le coussin du fiacre. — Un mari qui voudrait empêcher sa femme de se décolleter pour aller dans le monde, eh bien ! ça lui serait encore plus facile qu'à moi d'empêcher Manette d'ôter sa chemise pour se faire voir...

LIV

Coriolis aurait voulu avoir Manette toute à lui, la faire habiter avec lui. Elle avait résisté à ses prières, à ses promesses. Devant les propositions qu'il lui avait faites, le bonheur de femme qu'il lui avait offert, un large entretien, une vie choyée, la haute main sur l'intérieur, le gouvernement de son ménage de garçon, il avait été étonné de la trouver si peu tentée. Elle resterait sa maîtresse tant qu'il voudrait ; mais elle tenait à ne pas quitter son « petit chez elle », le petit chez elle qu'elle s'était arrangé avec l'argent de son travail. En tout, elle avait l'idée de s'appartenir, de garder son coin de liberté. Elle ne comprenait la vie qu'avec l'indépendance, le droit de pouvoir faire tout ce qui plaît, la permission même des choses dont on n'a pas envie. C'était une de ces petites natures ombrageuses qui gardent un caractère de jolie sauvagerie têtue, et ne veulent point de main qui se pose sur elles : il semblait à Coriolis la voir reculer devant ses offres, ainsi qu'un fin et nerveux animal, d'instincts libres et courants, qui ne voudrait pas entrer dans une belle cage.

Cette volonté qu'avait Manette de garder sa liberté, Coriolis ne voyait aucun moyen de la vaincre. Il se trouvait n'avoir aucune prise sur ce singulier caractère de femme. Elle ne semblait pas avide. Pour la lier à lui, il n'avait pas la ressource dont use à Paris l'amant riche auprès de la fille, la ressource de la griser de luxe, de plaisirs, et de tout ce qui asservit à un homme les coquetteries et les sensualités d'une maîtresse. Manette n'avait point les petits sens friands de la femme. De sa race, de cette race sans ivrognes, elle montrait la sobriété, une espèce d'indifférence pour le boire et le manger. De coquetterie, elle ne connaissait que la coquetterie de son corps. L'autre lui manquait absolument. Par une étrange exception, elle était insensible aux bijoux, à la soie, au velours, à ce qui met du luxe sur la femme. Maîtresse de Coriolis, elle avait gardé sa mise modeste de petite ouvrière honnête, de grisette. Elle portait des robes de laine, de petits châles malheureux en imitation de cachemire, une de ces toilettes proprettes aux couleurs sombres et de coupe pauvre qui enveloppent d'ordinaire la maigreur des trotteuses de magasin. La toilette d'ailleurs lui allait mal : la mode faisait sur son admirable corps de faux plis comme sur un marbre. Parfois Coriolis lui achetait à un étalage, en passant, une robe de soie : Manette le remerciait, emportait la robe chez elle, et la serrait en pièce dans une armoire.

Presque tous les goûts de la femme lui faisaient

pareillement défaut. Elle était paresseuse à désirer les distractions. Elle n'aimait ni le plaisir, ni le spectacle, ni le bal. L'étourdissement, le mouvement, la vie fouettée dont a besoin la nervosité de la Parisienne lui paraissaient une fatigue. Il fallait qu'une autre volonté que la sienne l'entraînât à s'amuser; et s'agissait-il d'une partie, elle était toujours prête à dire : « Au fait, si nous n'y allions pas? » Sa nature apathique et sans fantaisie se contentait de goûter une espèce de tranquille bonheur stagnant. Il semblait qu'il y eût en elle un peu de l'humeur casanière et ruminante de ces femmes du Midi qui se nourrissent et se bercent avec un ciel, un climat de paresse. Vivre sur place, sans remuer, dans une sérénité de bien-être physique, dans l'harmonieux équilibre d'une pose à demi sommeillante, avec du linge fin et blanc sur la peau, c'était toute sa félicité, — une félicité qu'elle pouvait se payer avec l'argent de sa pose, et sans avoir besoin de Coriolis.

LV

Créole, Coriolis avait le cœur et les sens du créole.

Dans ces hommes des colonies, de nature subtile, délicate, raffinée, mettant dans les soins de leur corps, leurs parfums, l'huile de leurs cheveux, leur toilette, une recherche qui dépasse les coquetteries viriles et les sort presque de leur sexe, dans ces hommes aux appétits de caprice et d'épices, n'aimant pas la viande, se nourrissant d'excitants et de choses sucrées, il y a, en dehors des mâles énergies et des colères un peu sauvages, une si grande analogie avec la femme, de si intimes affinités avec le tempérament féminin, que l'amour chez eux ressemble presque à de l'amour de femme. Ces hommes aiment, plus que les autres hommes, avec des instincts d'attachement et d'habitude tendre, avec le goût de s'abandonner et de se sentir possédés, une espèce de besoin d'être caressés, enveloppés continûment par l'amour, de s'enrouler autour de lui, de se tremper dans ses lâches douceurs, de s'y perdre, de s'y fondre dans une sorte de paresse d'adoration et de molle servitude heureuse.

De là les prédispositions naturelles, fatales, du créole à la vie qui mêle l'amant à la maîtresse, à la vie du concubinage. Coriolis n'y avait pas échappé. Presque toutes les liaisons de sa jeunesse étaient devenues des chaînes. Et il retrouvait ses anciennes faiblesses devant cette vulgaire et facile aventure, cette femme d'une espèce qu'il connaissait tant : un modèle !

Et cette fois, il était lié par une attache toute nouvelle, et qu'il n'avait point connue avec ses autres maîtresses. A son amour se mêlait l'amour de sa vie, l'amour de son art. L'artiste aimait avec l'homme. Il aimait cette femme pour son corps, pour des lignes qu'elle faisait, pour un ton qu'elle avait à une place de la peau. Il l'aimait comme s'il entrevoyait en elle une de ces divines maîtresses du dessin et de la couleur d'un peintre dont la rencontre providentielle met dans les tableaux des maîtres un type nouveau de *l'éternel féminin*. Il l'aimait pour sentir devant elle une inspiration et une révélation de son talent. Il l'aimait pour lui mettre sous les yeux cet Idéal de nature, cette matière à chefs-d'œuvre, cette présence réelle et toute vive du Beau que lui montrait sa beauté.

LVI

A force d'obstination, de prières, d'ardente insistance, Coriolis finissait par obtenir de Manette qu'elle vînt habiter avec lui. Il fut heureux de cette victoire comme d'une conquête de sa maîtresse. Il tenait maintenant sa vie. Tout ce qu'elle ferait serait sous sa main, sous ses yeux. Elle lui appartiendrait mieux et de plus près à toute heure. Elle serait la femme à demeure, qui partage avec le domicile l'existence de son amant.

Cependant, Manette, tout en venant et en s'installant chez lui, ne voulut pas donner congé de son petit logement de la rue du Figuier-Saint-Paul. Coriolis voyait là, de sa part, une idée de méfiance, une réserve de sa liberté, la garde d'un pied-à-terre, la menace de ne pas rester toujours. Puis ce logement lui déplaisait encore pour être la cause des absences de Manette : sous le prétexte de le nettoyer et d'y être le jour du blanchisseur, elle allait y passer une journée chaque semaine. Mais quoi qu'il fît, il ne put la décider à l'abandon de ce caprice.

Elle était donc à peu près tout à fait à lui. Il l'avait détachée de ses habitudes, de son intérieur. Il l'avait rapprochée de lui par une intime communauté de vie ; mais toujours quelque chose de cette femme qu'il serrait contre lui lui semblait appartenir aux autres : elle posait. Son corps était prêt pour le tableau d'un grand nom de l'art. Quand il avait essayé d'obtenir d'elle le sacrifice de ne plus se montrer, le renoncement à l'orgueil d'être nue et belle devant des hommes qui peignent, elle lui avait simplement dit que cela était impossible ; et son regard, en disant cela, lui avait lancé un peu du dédain d'un artiste à qui l'on proposerait de se faire épicier Il avait voulu exiger, menacer : elle s'était redressée comme une femme prête à un coup de tête ; et devant le mouvement de révolte qu'elle avait fait, en ébouriffant méchamment ses cheveux sur ses tempes avec une passe rapide des mains,

Coriolis avait reculé. Alors l'hypocrisie de sa jalousie s'était rejetée sur de misérables petits moyens de mauvaise foi, des exclusions de tel ou tel peintre, des camarades qu'il connaissait et chez lesquels il ne voulait pas que Manette allât. Et de défenses en défenses, d'exclusions en exclusions, il arrivait au ridicule de ne plus lui permettre que quelques vieillards de l'Institut. Puis, las de ces ruses indignes de lui, il éclatait, s'ouvrait à Manette, lui avouait ses fausses hontes, ses tortures, les mensonges sous lesquels son cœur saignait; et l'enveloppant de supplications, de paroles brûlantes, de baisers où passait la rage de ses colères et de ses souffrances, il lui demandait que ce fût fini.

Manette, à la longue, avait l'air de le prendre en pitié. Tout en continuant obstinément à poser, et à poser où il lui plaisait, elle montrait une espèce d'apparente condescendance pour ses exigences, paraissait leur céder, lui faisant des promesses, comme à ce que demande un enfant gâté qui pleure. Mais cette compassion exaspérait les jalousies de Coriolis au lieu de les apaiser.

Quand Manette était sortie, une inquiétude qui devenait une obsession le prenait tout à coup. Il arrivait tout courant dans l'atelier d'une connaissance où il supposait qu'elle était, et refermant sur son dos la porte comme un agent de police venant saisir la cagnotte d'une lorette, il passait l'inspection de tous les recoins de l'atelier, furetait, cherchait, et quand il avait tout vu sans rien trouver, il se sauvait pour aller faire sa visite chez un autre peintre. Sa manie était connue, et l'on n'en riait même plus. De basses envies de savoir le prenaient : il pensait à des hommes de la rue de Jérusalem, dont on lui avait parlé, qui suivent une femme pour cinq francs donnés par un mari qui soupçonne. Dans des ateliers de camarades, il s'arrêtait à des dessins, à des esquisses qui lui mettaient brusquement le froncement d'un pli au milieu du front, et devant lesquels il restait dans une absorption rageuse. L'un d'eux avait eu la délicate pitié de le comprendre ; et il avait retiré une étude que Coriolis, chaque fois qu'il venait, regardait douloureusement, avec des yeux amers. Mais il y avait à d'autres murs d'autres études que cette étude, pour tourmenter le regard de Coriolis et lui rejeter à la face la publicité de sa maîtresse. Il la retrouvait partout, toujours, et même où elle n'était pas ; car peu à peu c'était devenu chez lui une idée fixe, une folie, une hallucination, de vouloir la voir dans des toiles, dans des lignes, pour lesquelles elle n'avait pas posé : tous les corps, d'après les autres modèles, finissaient par ne lui montrer que ce corps, et toutes les nudités peintes des autres femmes le blessaient, comme si elles étaient la nudité de cette seule femme.

Son sang se retournait à la pensée qu'elle posait toujours. Il ne l'avait pas surprise, personne ne le lui avait dit. Tous ses amis, autour de lui, gardaient le secret de sa maîtresse. Mais quand il lui disait à elle : « Tu as posé chez un tel? » elle lui disait un « Non », qui lui donnait envie de la tuer, — et qu'il aimait encore mieux qu'un oui.

LVII

Ils dînaient. Il sembla à Coriolis que Manette se pressait de dîner. Aussitôt le dessert servi, elle se leva de table, alla dans sa chambre, revint avec son châle et son chapeau. Coriolis crut voir je ne sais quelle recherche dans sa toilette. Il remarqua que son chapeau était neuf.

Il eut envie de lui demander où elle allait; puis il se dit : « Elle va me le dire ».

Manette, à la glace, arrangeait les brides de son chapeau, chiffonnait son nœud de rubans, lissait d'un coup de doigt ses cheveux sur une tempe, faisait ce joli mouvement de corps des femmes qui regardent, en se retournant, si leur châle, dont elles rebroussent la pointe du talon de leurs bottines, tombe bien.

Coriolis la regardait, interrogeait son dos, son châle, et toutes sortes de pensées lui traversaient la cervelle.

Il avait dans la tête comme le bourdonnement de cette idée : « Où va-t-elle ? »

Il attendait que Manette eût fini. — Où vas-tu ? — il avait sa phrase toute prête sur les lèvres.

Manette donna un petit coup sur un pli de sa robe : — Je sors, — fit-elle simplement.

Coriolis n'eut pas le courage de lui dire un mot. Il l'écouta faire dans l'antichambre le bruit de la femme qui s'en va, parler aux domestiques, tourner une dernière fois, fermer la porte... Elle était partie.

Il posa sa pipe sur la table, devant Anatole qui le regardait étonné, la reprit, tira deux bouffées, la reposa sur une assiette, et brusquement saisissant un chapeau, il se jeta dans l'escalier.

Manette était à une quinzaine de pas de la maison. Elle marchait d'un petit pas pressé, d'un air à la fois distrait et recueilli, ne regardant rien. Elle prit la rue Hautefeuille : elle n'allait pas chez sa mère. Elle passa devant une station de voitures sur la place Saint-André-des-Arts : elle ne s'arrêta pas. Elle prit le pont Saint-Michel, le pont au Change. Coriolis la suivait toujours. Elle ne se retournait pas, ne semblait pas voir. Il y eut un moment un homme qui se mit à marcher derrière elle en lui parlant dans le cou : elle n'eut pas l'air de l'entendre. Coriolis aurait voulu qu'elle parût se sentir plus insultée. Au coin de la rue Rambuteau, elle acheta un bouquet de violettes. Coriolis eut l'idée qu'elle portait cela à un amant; il vit le bouquet chez un homme, sur une cheminée, dans un verre d'eau. Manette prit la rue Saint-Martin, la rue des Gravilliers, la rue Vaucanson, la rue Volta. Des figures d'hommes et de femmes passaient que Coriolis reconnut pour des juifs, et auxquels Manette faisait en passant un petit salut. Tout à coup, passé la rue du Vertbois, elle tourna une grande rue en pressant le pas. Dans une porte, au-dessus de laquelle il y avait un drapeau tricolore, que Coriolis ne vit pas, elle disparut. Coriolis se lança derrière elle, et, au bout de quelques pas, il se trouva dans un petit préau bizarre, un *patio* de maison d'Orient, une espèce de cloître alhambresque : Manette n'était plus là.

Il eut le sentiment d'un cauchemar, d'une hallucination en plein Paris, à quelques pas du boulevard. Il lui sembla apercevoir une porte avec des points de lumière dans un fond. Il alla à cette porte, entra : dans une salle d'ombre, il aperçut un grand chandelier autour duquel des têtes d'hommes en toques noires, en rabats de dentelle, psalmodiaient sur de grands livres, avec des voix de nuit, des chants de ténèbres...

Il était dans la synagogue de la rue Notre-Dame-de Nazareth.

Une lueur éclairait une tribune ouverte : la première femme qu'il aperçut là fut Manette.

Il respira, et tout plein de la joie de ne plus soupçonner, le cœur léger dans la poitrine, soudainement heureux du bonheur d'un homme dont une mauvaise pensée s'envole, il laissa tout ce qu'il y avait de détendu et de délivré en lui s'enfoncer mollement dans cette demi-nuit, ce bourdonnement murmurant d'un peuple qui prie, le mystère voltigeant et caressant de ces demi-bruits et de ces demi-lumières qui, s'accordant, se mariant, se pénétrant, semblaient chanter à voix basse dans la synagogue comme une soupirante et religieuse mélodie de clair-obscur.

Ses yeux s'abandonnaient à cette obscurité crépusculaire venant d'en haut, et teinte du bleu des vitraux que le soir traversait; ils allaient devant eux aux lueurs de la mourante polychromie effacée des murs assombris et noyés, aux reflets rose de feu des bobèches de bougies scintillant çà et là dans le roux des ténèbres, aux petites touches de blanc, qui éclataient, de banc en banc, sur la laine d'un *taleth*. Et son regard s'oubliait dans quelque chose de pareil à la vision d'un tableau de Rembrandt qui se mettrait à vivre, et dont la fauve nuit dorée s'animerait. Il revenait à la tribune, aux figures de femmes, à ces têtes qui, sous les grands noirs que leur jetait l'ombre, n'avaient plus l'air de têtes de parisiennes, et paraissaient reculer dans l'Ancien Testament. Et par instants, dans le marmottement des prières, il entendait se lever des roulements de syllabes gutturales qui lui rapportaient à l'oreille des sons de pays lointains...

Puis, peu à peu, parmi les sensations éveillées en lui par ce culte, cette langue, qui n'était ni son culte ni sa langue, ces prières, ces chants, ces visages, ce milieu d'un peuple étranger et si loin de Paris dans Paris même, il se glissa dans Coriolis le sentiment, d'abord indéterminé et confus, d'une chose sur laquelle sa réflexion ne s'était jamais arrêtée, d'une chose qui avait toujours été jusque-là pour lui comme si elle n'était pas, et comme s'il ignorait qu'elle fût. C'était la première fois que cette perception lui venait de voir une juive dans Manette, qu'il avait sue pourtant être juive dès le premier jour. Et avec cette pensée, il remontait à des souvenirs dont il n'avait pas conscience, à des petits riens de Manette qui ne l'avaient pas frappé dans le moment, et qui lui revenaient maintenant. Il se rappelait un petit pain sans levain apporté un jour par elle à l'atelier; puis un soir, où en remontant avec elle, tout à coup, au beau milieu de l'escalier, elle avait posé le bougeoir sur une marche, sans vouloir, jusqu'au coucher du soleil du lendemain, toucher à rien qui fût du feu.

Et à mesure qu'il revoyait, retrouvait en elle de la juive, il se dégageait en lui, du fond de l'homme et du catholique, des instincts du créole, de ce sang orgueilleux que font les colonies, une impression indéfinissable.

LVIII

— Ah! Garnotelle est venu aujourd'hui, — dit Anatole à Coriolis. — Je crois qu'il avait à te parler... Il devient puant, sais-tu? Garnotelle... Nous avons eu un petit empoignement... oh! à la douceur... C'est que c'est si bête qu'il fasse son monsieur avec moi!... Quand on a été comme nous... tu te rappelles, à l'atelier?... C'est trop fort!... Il me dit, en s'asseyant, d'un air... tu sais, d'un air perdu dans des chefs-d'œuvre, avec sa voix languissante : Est-ce que tu fais toujours de la peinture? Moi je lui dis : Et toi?... Et puis, je l'attrape, dame! Tu vas toujours dans le monde?... le Raphaël de la cravate blanche!... Ah! j'ai vu de toi un portrait de femme... Eh bien! vrai, ça y était... une portière séraphique tirant le cordon du Paradis!... — Tu seras donc toujours blagueur? — Que veux-tu? je n'ai pas de génie, moi... il faut bien que je me console... — Et les travaux, mon pauvre Bazoche? — *Son pauvre!*... Ah! les travaux... — je lui dis — par-dessus la tête, mon cher! je vais prendre des ouvriers... J'ai tous les portraits du Tribunal de Commerce à faire... des belles têtes!... Et puis, j'ai une idée de tableau... Si je ne sors pas avec ce tableau-là! si je ne tape pas en plein dans le public, dans le vrai, dans le tien!... On est spiritualiste, n'est-ce pas? ou on ne l'est pas... Eh bien! voilà mon tableau : c'est un enfant, un enfant qu'on a laissé seul, et qui va se brûler avec des allumettes chimiques... Il y a son ange gardien qui est là, qui lui prend les allumettes chimiques et qui lui donne des allumettes amorphes... Sauvé, mon Dieu!... Et je peindrai ça avec le cœur, comme ce que tu peins... — Ah! je l'ai un peu abîmé, ce poulet sacré de l'Institut! Il était vert... ce qui ne l'a pas empêché de me dire en s'en allant qu'il était content de me trouver toujours le même, aussi jeune, le Bazoche du bon temps...

— Oh! tu sais, moi, Garnotelle... je n'ai jamais eu une sympathie bien vive... C'était plutôt à cause de toi, dans le temps, qui étais lié avec lui... Après ça, il a été très-gentil pour moi, à l'Exposition... et je ne voudrais pas me fâcher...

— N'aie pas peur... tu es un homme bien, toi; tu as une position... Garnotelle ne se fâchera jamais avec toi...

Et Anatole reprit l'exercice qu'avait interrompu la rentrée de Coriolis : il se remit à lancer avec une sarbacane des pois secs à Vermillon, qui, tout en haut de l'atelier, boudait sur une poutre et se refusait à descendre. Anatole s'entêtait, envoyait pois sur pois, comme un homme qui se vengerait d'une humiliation sur un ami intime. Le singe grimaçait, menaçait, se secouait sous les cinglements ainsi qu'une bête mouillée, poussait de petits cris agacés en montrant les dents, — et sa colère finissait par avoir la colique.

Là-dessus, on apporta une lettre à Coriolis.

— Attention, Manette!... Je parie que c'est d'une femme, — dit Anatole à Manette qui, pour réponse, fit un petit haussement d'épaules.

— Tiens, c'est de lui... — fit Coriolis — de Garnotelle... Il m'invite à venir voir sa chapelle à l'église Saint-Mathurin, qu'on découvre demain...

— Tu iras?

— Oui... sa lettre est très-chaude... Je ne peux pas ne pas y aller... Ça aurait l'air...

— Très-malin, sa chapelle... Il a senti, à son dernier envoi de Rome, qu'il n'avait pas assez de reins pour la grande peinture... celle qu'on risque en pleine exposition à côté des petits camarades... Comme ça, il a son petit salon... Et puis, c'est commode... on dit que le jour est mauvais, que la disposition architectonique vous a empêché d'être sublime, qu'on a fait plat pour l'édification des fidèles, et gris pour ne pas faire de tapage dans le monument. Et puis, pas de public... des amis, rien que des invités, c'est superbe!... Très-malin, Garnotelle!

A une heure, le lendemain, Coriolis arrivait à la porte de la petite église, dans le vieux quartier pauvre étonné, ébranlé par les voitures bourgeoises et les fiacres versant près de la grille, au bas des marches, des hommes bien mis et des femmes en toilettes. Dans l'église, sur un des bas-côtés, la petite chapelle était encombrée de monde. On y voyait des marguilliers, des ecclésiastiques, des personnages de la Fabrique, des vieillards en cravate blanche, leurs lorgnettes en arrêt sur les pendentifs, des femmes académiques à cheveux gris, à physique professoral, et des femmes littéraires, maigres, blondes et plates, qui semblaient n'être qu'une âme et des cheveux.

Garnotelle, qui était en habit, alla au devant de Coriolis, lui prit le bras, lui fit voir tous les compartiments de sa composition, lui demanda son avis, sollicita sa sévérité sur tout ce qu'il sentait lui-même d'incomplet dans son œuvre. Coriolis lui fit deux ou trois critiques : Garnotelle les accepta. Des dames arrivaient, il pria Coriolis de l'attendre, cicérona les dames, revint à Coriolis. Ils sortirent ensemble. Et, en marchant, Garnotelle devint cordial, presque affectueux. Il se plaignit de l'éloignement que fait la vie, du refroidissement de leur vieille amitié d'atelier, de la rareté de leurs rencontres. Il fit à Coriolis de ces compliments bon enfant, un peu brutaux, et comme involontaires, qui entrent au cœur d'un talent. Il lui indiqua un article élogieux que Coriolis n'avait pas lu. Il joua l'homme simple, ouvert, abandonné, alla jusqu'à féliciter Coriolis d'avoir à demeure auprès de lui la gaieté de ce brave garçon d'Anatole, rappela les légendes de chez Langibout, les farces, les rires, les souvenirs. Et en se refaisant l'ancien Garnotelle qu'il avait été, il le redevint tout à coup.

Coriolis venait de prendre des londrès chez un marchand de tabac, et allait les payer. Garnotelle en saisit un dans la boîte en lui disant :

— Tu sais, moi, je suis un cochon.

Coriolis ne put s'empêcher de sourire. Il retrouvait l'homme qui avait l'habitude de sauver ses petites avarices en les tournant en plaisanterie, de devancer et de parer par une blague la blague des autres, de sauver sa ladrerie avec du cynisme ; le Garnotelle qui, devenu riche et gagneur d'argent, disait toujours : — « Moi, tu sais, je suis un cochon », — et continuait, en se proclamant un pingre, à faire bravement dans la vie toutes les petites économies de la pingrerie.

LIX

Manette ressemblait aux juives de Paris. Chez elle, la juive était presque effacée ; elle s'était à peu près oubliée, perdue, usée au frottement de la vie d'Occident, des milieux européens, au contact de tout ce qui fusionne une race dépaysée dans un peuple absorbant, avant de toucher aux traits et d'altérer tout à fait le type de cette race.

Par-dessus l'Orientale, il y avait, dans sa personne, une Parisienne. De ses langueurs indolentes, elle se réveillait quelquefois avec des gamineries. Sa belle tête brune, par instants, s'animait de l'ironie d'un enfant du faubourg; et dans le mépris, la colère, la raillerie, il passait tout à coup, sur la pure et tranquille sculpture de sa figure, des airs de crânerie et de petite résolution rageuse, le mauvais sourire des méchantes petites têtes dans les quartiers pauvres : on eût dit, à de certaines minutes, que la Rue montait et menaçait dans son visage.

C'est avec cette expression qu'elle était peinte dans un portrait qu'elle avait voulu apporter chez Coriolis; singulier portrait, où, dans un caprice d'artiste, son premier amant l'avait représentée en gamin, une petite casquette sur la tête, le bourgeron aux épaules, le doigt sur la gachette d'un fusil de chasse, regardant par-dessus une barricade, avec un regard effronté et homicide, le regard d'un moutard de quinze ans, enragé et froid, qui cherche un officier pour le *descendre*. La peinture était saisissante : on gardait dans les yeux, dans la tête, cette femme en blouse, jetée sur les pavés, et qui semblait le Génie de l'émeute en Titi.

Coriolis détestait ce portrait. Il n'y trouvait pas seulement le souvenir blessant d'un autre; il y reconnaissait encore malgré lui, et tout en voulant se le nier, une ressemblance mauvaise, une expression de quelque chose qu'il n'aimait pas à voir, et qui semblait se mettre entre lui et Manette, quand il regardait Manette après avoir regardé la toile. Il avait essayé vainement de décider Manette à s'en séparer, à le renvoyer chez sa mère. Manette disait y tenir. Alors il avait tenté de faire un portrait d'elle pour oublier celui-là; mais toujours s'arrêtant tout à coup, il avait laissé les toiles ébauchées. Il lui arrivait de temps en temps encore de les reprendre. Il s'arrêtait dans l'entrain et la chaleur d'un travail, allait à une des ébauches, la posait sur la traverse du chevalet, et la palette à la main, la tête un peu penchée de côté sur son appui-main, il regardait Manette.

Des cheveux châtains voltigeaient en boucles sur le front de Manette, un petit front qui fuyait un peu en haut. Sous des sourcils très-arqués, dessinés avec la netteté d'un trait et d'un coup de pinceau, elle avait des yeux fendus et allongés de côté, des yeux dans le coin desquels coulait le regard, des yeux bleus mystérieux qui, dans la fixité, dardaient, de leur pupille contractée et rapetissée comme la tête d'une épingle noire, on ne savait quoi de profond, de transperçant, de clair et d'aigu. Sous la pâleur chaude de son teint, transparaissait ce rose du sang qui paraît fleurir et pasteller de carmin la joue des juives, cette lueur de rouge en haut des pommettes pareil au reste essuyé de fard qu'une actrice s'est posé sous l'œil. Tout ce visage, le front creusant à la racine du nez, le nez délicatement busqué, les narines découpées et un peu remontantes, montrait un modelage ciselé de traits. La bouche, froncée et chiffonnée, légèrement retombante aux coins et dédaigneuse, à demi détendue, rappelait la bouche respirante, rêveuse, presque douloureuse, des jeunes garçons dans les beaux portraits italiens.

Coriolis voulait peindre cette tête, cette physionomie, avec ce qu'il y voyait d'un autre pays, d'une autre nature, le charme paresseux, bizarre, et fascinant, de cette sensualité animale que le baptême semble tuer chez la femme. Il voulait peindre Manette dans une de ces attitudes à elle, lorsque, le menton appuyé au revers de sa main posée sur le dos d'une chaise, le cou allongé et tout tendu, le regard vague devant elle, elle montrait des coquetteries de chèvre et de serpent, comme les autres femmes montrent des coquetteries de chatte et de colombe.

— Ah! toi, — finissait-il par lui dire en reposant sa palette, — tu es comme la fleur que les faiseurs d'aquarelle appellent le « désespoir des peintres! »

Et il souriait. Mais son sourire était ennuyé.

LX

Rentrant un soir, Coriolis trouva Manette couchée. Elle ne dormait pas encore, mais elle était dans ce premier engourdissement où la pensée commence à rêver. Les yeux encore un peu ouverts et immobiles, elle le regarda, sans bouger, sans parler. Coriolis ne lui dit pas un mot; et lui tournant le dos, il se mit au coin de la cheminée à fumer avec cet air qu'a par derrière la mauvaise humeur d'un homme en colère contre une femme.

Puis tout à coup, d'un mouvement brusque, jetant son cigare au feu, il se leva, s'approcha du lit, empoigna le bâton d'une petite chaise dorée sur laquelle avaient coulé la robe et les jupons de Manette. Manette ne remua pas. Elle avait toujours ce même regard qui regardait et rêvait, ces yeux tranquilles et fixes, nageant à demi dans le bonheur et la paix du sommeil. Sa tête, un peu renversée sur l'oreiller, montrait la ligne de son visage fuyant. La lueur d'une lampe à abat-jour posée sur la cheminée se mourait sur la douceur de son profil perdu; ses traits expiraient sous une caresse d'ombre où rien ne se dessinait que deux petites touches de lumière pareilles à la trace humide d'un baiser : le dessous de la paupière se reflétant dans le haut de la prunelle, le dessous rose de la lèvre d'en haut mouillant les dents d'un reflet de perles; et sous les draps, son corps se devinait, obscur et charmant ainsi que son visage, rond, voilé et doux, tout ramassé et pelotonné dans sa grâce de nuit, comme s'il posait encore pour dormir...

Devant ce lit, cette femme, Coriolis resta sans parole; puis sa main lâcha la chaise, et le bâton qu'il avait tenu tomba cassé sur le tapis.

Le lendemain, en dérangeant les habits de Coriolis qui n'était pas encore levé, Manette y trouva une photographie de femme nue — qui était elle, — une carte qu'elle avait laissé faire, croyant que Coriolis n'en saurait jamais rien. Elle comprit la rage de son amant, remit la carte, et attendit, préparée à tout. Elle commença, pour être toute prête à partir, à ranger en cachette son linge, ses affaires.

Mais Coriolis paraissait avoir oublié qu'elle était là, et ne plus la voir. Au déjeuner, il ne lui adressa pas la parole. Au dîner, il mit le journal devant son verre et lut en mangeant. Manette attendait, muette, impatiente, froissée et humiliée de ce silence, avec des mordillements de lèvres, avec ce regard qui chez elle, à la moindre contrariété, se chargeait d'implacabilité, avec tout ce mauvais d'une femme dont elle savait s'envelopper et qu'elle dégageait autour d'elle pour faire jaillir le choc et l'étincelle d'une explication.

— Qu'est-ce qui t'a donné cela? — lui dit tout à coup Coriolis : il rentrait de sa chambre où il avait été chercher quelque chose, et il lui montrait une petite pièce d'or qu'il avait ramassée dans le désordre de ses affaires tirées hors des tiroirs.

— Je ne sais plus... — répondit Manette. — J'étais toute petite... Maman me menait dans les ateliers pour poser les Enfants Jésus... J'étais blonde, à ce qu'il paraît, dans ce temps-là... Ah! oui... j'ai accroché la chaîne d'un monsieur, sa chaîne de montre... Alors...

— C'était moi, ce monsieur-là, — dit Coriolis.

— Toi? vrai, toi?

Et les yeux de Manette retombèrent à terre. Elle resta un instant sérieuse, sans un mot. Des pensées lui passaient. On eût dit qu'elle voyait, avec ses idées d'Orientale, comme la volonté divine d'une fatalité dans ce lien de leur passé et ces fiançailles si lointaines de leur liaison.

Elle se répéta à elle-même : Lui... Et ses yeux allaient presque religieusement de la pièce d'or à Coriolis, et de Coriolis à la pièce d'or, grands ouverts, étonnés et vaincus.

Puis elle se leva lentement, gravement; et marchant avec une espèce de solennité vers Coriolis, elle lui passa par derrière les deux bras autour du cou, et lui soulevant un peu la tête, tout doucement, elle lui mit le baiser de soie de ses lèvres contre l'oreille pour lui dire :

— Plus jamais!... C'est promis... plus jamais! pour personne...

LXI

Le tableau du *Bain turc* était complétement terminé. Les amis, les connaissances, des critiques vinrent le voir, et tous admiraient, s'exclamaient. La toile arrachait des cris aux uns, des lambeaux de feuilleton aux autres. — « C'était réussi, c'était superbe!... Il faisait chaud dans le tableau... De la vraie chair... admirable! C'était dessiné avec du jour... Le fameux coloriste un tel était enfoncé... » — on n'entendait que cela. Quelques-uns regardaient pendant un quart d'heure, et allaient serrer les mains à Coriolis avec une force enragée qui lui faisait mal aux os des doigts.

A tous les compliments, Coriolis répondait : — Vous trouvez? — et ne disait que cela.

Quand il était dehors, s'asseyant dans des endroits de soleil, il restait pendant des quarts d'heure les yeux sur un morceau de cou, un bout de bras de Manette, une place de sa chair où tombait un rayon. Il étudiait de la peau, — les mailles du tissu réticulaire, ce feu vivant et miroitant sur l'épiderme, cet éclaboussement splendide de la lumière, cette joie qui court sur tout le corps qui la boit, cette flamme de blancheur, cette merveilleuse couleur de vie, auprès de laquelle pâlit ce triomphe de chair, l'*Antiope* du Corrége elle-même.

— Dis donc, Chassagnol, — dit-il un jour en se tournant vers le divan où le noctambule Chassagnol se livrait, quand il venait, à de petites siestes, — qu'est-ce que tu penses, toi, du jour du Nord pour la peinture?

— Hein? hé! quoi?... jour du Nord!... peinture... hein? — grogna en se réveillant Chassagnol... Tu dis!... Qu'est-ce que tu demandes?... Le jour du Nord, qu'est-ce que je pense? Rien... Ah! le jour du Nord?... Eh bien, le jour du Nord... Tous les ateliers, jour du Nord! Tous les artistes, jour du Nord! Tous les tableaux, jour du Nord!... Mes opinions? Mes opinions! quand je les crierais sur les toits... Eh bien, après? Les idées reçues, mon cher, les idées reçues!... Comment! vous voilà peintres... c'est-à-dire un tas de pauvres malheureux, d'infirmes, qui avez toutes les peines du monde à attraper la nature dans sa puissance éclairante... Il n'y a pas à dire, vous êtes toujours au-dessous du ton... Eh bien, quand vous avez si besoin de vous monter le coup... Comment! pour faire de la couleur, pour éclairer de la peau, des étoffes, n'importe quoi, pour y voir, enfin, pour peindre... pour peindre!... vous allez prendre une lumière... ce cadavre de lumière-là!... Un jour purifié, clarifié, distillé, où il ne reste plus rien, rien

de l'orangé de la lumière du soleil, rien de son or...
quelque chose de filtré... C'est pâle, c'est gris, c'est
froid, c'est mort!... Et par là-dessus le jour du
nord de Paris, le jour de Paris! un crépuscule, une
lueur d'éclipse, une réverbération de murs sales...
De la lumière, ça? Oui, comme de l'abondance est
du vin... Allons donc! les théories, les rengaines, la
nécessité d'un jour neutre, d'un jour « abstrait... »
Un jour abstrait! Et puis le soleil décompose le
dessin... chimiquement, c'est prouvé... Et puis...
et puis... Ils disent encore que ça laisse la liberté
aux coloristes, qu'un coloriste est toujours coloriste, qu'on peint ce qu'on a vu, et non ce qu'on
voit ; que la couleur est une impression retrouvée...
est-ce que je sais! un tas de raisons... Parbleu! il
est clair qu'un monsieur qui n'a pas ça dans le
sang, vous lui mettrez devant le nez le Régent dans
un feu de Bengale, ça ne lui fera pas trouver des
éclairs sur sa palette... Mais je réponds qu'un grand
peintre qui peindra avec un jour vivant, un peintre
qui peindra dans du vrai soleil, dans un jour coloré
par du soleil, dans la lumière normale enfin, verra
et peindra autre chose que s'il peignait dans ce joli
petit froid de lumière-là ce nuançage mixte et
terne... C'est peut-être ce qui fait la supériorité des
paysagistes... Eux, ils peignent, ou du moins ils
esquissent au plein jour de la nature... Ah! mon
cher, peut-être si on savait la disposition des ateliers du temps de la Renaissance!... Tiens, les ar-

tistes italiens... Malheureusement, il n'y a pas un document là-dessus... Voyons, t'imagines-tu... prenons les grands bonshommes... Véronèse, si tu veux, et le Titien... qu'ils peignissent dans des conditions de gris bête comme ça, et si contre nature?... Sais-tu une chose, toi? une chose que j'ai découverte... Un autre aurait mis ça dans un livre et serait entré à l'Institut... C'est que Rembrandt... mon maître et le bon dieu de la couleur, — fit Chassagnol en saluant, — c'est que Rembrandt... eh bien, il avait un atelier en plein midi... Ça, c'est comme si je l'avais vu... et avec des jeux de rideaux, il faisait la lumière qu'il voulait... Mais regarde, tous ces tableaux... Il faisait poser le Soleil, cet homme-là, c'est évident!

— Est-ce que l'atelier de Delacroix, rue Fustemberg, n'est pas au Midi?

Chassagnol fit un léger mouvement qui semblait indiquer le peu d'importance qu'il attachait à ce détail.

Le lendemain, Coriolis mettait les maçons dans une grande chambre au midi qu'il avait au haut de la maison. Les maçons changeaient la fenêtre en une baie d'atelier.

Et là, quelques jours après, il reprenait le corps de sa baigneuse, d'après le corps de Manette, dans le jour du soleil.

LXII

Fidèle à la promesse qu'elle avait faite à Coriolis, Manette ne posait plus pour d'autres.

Quand Coriolis sortait, et qu'elle le savait parti pour plusieurs heures, elle restait immobile à regarder la pendule, attendant pendant un certain temps qu'elle comptait. Puis, se levant, elle allait à la porte, de l'atelier dont elle ôtait la clef, retirait d'un coffre des petits fagots de bois de genévrier, qu'elle jetait sur le feu du poêle, en regardant autour d'elle comme une petite fille qui est seule et qui fait une chose défendue.

Elle commençait à se déchausser, mais tout doucement, peu à peu, avec une lenteur où elle mettait comme une paresseuse et longue coquetterie, écoutant complaisamment le cri de soie de son bas, qu'elle arrachait mollement de sa jambe. Ses bas ôtés, elle prenait tour à tour dans ses mains chacun de ses pieds, des pieds d'Orientale, qui semblaient d'autres mains entre ses mains; puis les reposant à terre, elle les enfonçait, en se dressant, sur le tapis de Smyrne : le bout de ses ongles rougis blanchissait, et un peu de chair rebroussait par dessus. Relevant alors sa jupe des deux mains, Manette se penchait, et restait quelque temps à regarder au bas d'elle ses pieds nus, et son long pouce, écarté comme le pouce d'un pied de marbre.

Puis elle marchait vers le divan. Elle soulevait son peigne, qui laissait à demi descendre sur son cou le flot de ses cheveux. Elle défaisait son peignoir, elle laissait tomber sa chemise de fine batiste : ce luxe sur la peau, la batiste de sa chemise et la soie de ses bas, était son seul et nouveau luxe.

Elle était nue, n'était plus qu'elle.

Elle allait se glisser sur les peaux fauves garnissant le divan, s'étendait en se frottant sur leur rudesse un peu rapeuse, et là, couchée, elle se caressait d'un regard jusqu'à l'extrémité des pieds, et se poursuivait encore au delà, dans la psyché au bout du divan, qui lui renvoyait en plein la répétition de son allongement radieux. Et quand sur ses doigts, ses yeux rencontraient ses bagues, elle les ôtait d'une main avec le geste de se déganter, et les semait, sans regarder, sur le tapis.

Alors elle commençait à chercher les beautés, les voluptés, la grâce nue de la femme. C'était, sur les zébrures des peaux, un remuement presque invisible, un travail sur place et qui semblait immobile, des avancements et des retraites de muscles à peine perceptibles, d'insensibles inflexions de contours, de lents déroulements, des coulées de membres, des glissements serpentins, des mouvements qu'on eût dit arrondis par du sommeil. Et à la fin, comme sous un long modelage d'une volonté artiste, se levait de la forme ondulante et assouplie, une admirable statue d'un moment...

Une minute, Manette se contemplait et se possédait dans cette victoire de sa pose : elle s'aimait. La tête un peu penchée en avant, la poitrine à peine soulevée par sa respiration, elle restait dans une immobilité d'extase qui semblait avoir peur de déranger quelque chose de divin. Et sur le bord de ses lèvres, des mots de triomphe, les compliments qu'une femme murmure tout bas à sa beauté, paraissaient monter et mourir, expirer sans voix dans le dessin parlant de sa bouche.

Puis brusquement, elle rompait cela avec le caprice d'un enfant qui déchire une image.

Et se laissant retomber sur le divan, elle reprenait son amoureux travail. L'odeur doucement entêtante du bois de genévrier qui brûlait montait dans la chaleur de l'atelier : Manette recommençait cette patiente création d'une attitude, cette lente et graduelle réalisation des lignes qu'elle ébauchait, remaniait, corrigeait, conquérait avec le tâtonnement d'un peintre qui cherche l'ensemble, l'accord et l'eurythmie d'une figure. L'heure qui passait, le feu qui tombait, rien ne pouvait l'arracher à cet enchantement de faire des transformations de son corps comme un Musée de sa nudité; rien ne pouvait l'arracher à l'adoration de ce spectacle d'elle-même, auquel allaient toujours plus fixement ses deux pupilles pareilles à deux petits points noirs dans le bleu aigu de ses yeux.

Quelquefois, Coriolis rentrant brusquement avec sa clef, la surprenait. Il ne disait rien. Mais Manette se dépêchait de lui dire :

— Bête ! puisqu'il n'y a que la glace qui me voit !

LXIII

Arrivait l'Exposition de cette année 1853. Le *Bain Turc* de Coriolis y obtenait un grand et franc succès.

Ceux qui n'avaient voulu voir en lui qu'un joli « faiseur de taches » étaient forcés de reconnaître le peintre, le dessinateur, le coloriste puissant, s'affirmant dans une toile dont les dimensions n'avaient guère été abordées, pour de pareils sujets, que par Delacroix et Chasseriau. Tout le public était frappé de l'ensoleillement de ce corps de femme, d'un certain lumineux que Coriolis avait tiré de son dernier travail dans l'éclat du jour. Les premiers admirateurs du peintre, tout fiers de l'avoir pressenti et prophétisé, se répandaient en enthousiasme. Et la persistance de quelques injustices rancunières passionnait les éloges.

Il fut le nom nouveau, le *lion* du Salon. Le gouvernement lui acheta son tableau pour le Musée du Luxembourg, et les journaux donnèrent la nouvelle presque officielle de sa décoration.

LXIV

Ce succès de Coriolis fit un grand changement dans les idées et les sentiments de Manette.

Elle avait accepté Coriolis pour amant sans l'aimer. Elle l'avait rencontré dans un moment où elle n'avait personne. Abandonnée par Buchelet, elle l'avait pris comme une femme qui a l'habitude de l'homme prend celui que l'occasion lui offre et que son goût ne repousse pas. Coriolis ne lui avait ni plu ni déplu : elle n'avait vu en lui qu'une chose, c'est qu'il était artiste, c'est-à-dire un homme de son monde, et qu'il était naturel de connaître. Elle pensait là-dessus ainsi que beaucoup de femmes de sa profession, qui se regardent comme exclusivement vouées à la corporation, et qui n'imaginent pas l'amour hors de l'atelier. A ses yeux, l'univers se divisait en deux classes d'hommes : les artistes, — et les autres. Et les autres, à quelque classe qu'ils appartinssent, qu'ils fussent n'importe quoi de grand et d'officiel dans la société, ministre, ambassadeur, maréchal de France, n'étaient rien pour elle : ils n'existaient pas. La femme chez elle n'était sensible qu'à un nom d'art, à un talent, à une réputation d'artiste.

Élevée à Paris, dans un milieu où les leçons d'innocence lui avaient un peu manqué, elle n'avait eu ni l'idée de la vertu ni l'instinct de ses remords; la conscience qu'il y eût le moindre mal à faire ce qu'elle faisait lui manquait absolument. Avoir un amant, pourvu qu'il fût peintre ou sculpteur, lui semblait aussi convenable et aussi honnête que d'être mariée. Et pour elle, il faut le dire, la liaison était une sorte d'engagement et de contrat. Manette était de l'espèce de ces maîtresses qui mettent l'honnêteté du mariage dans le concubinage. Elle était de ces femmes qui se font un honneur d'être fidèles, fidèles jusqu'au jour où elles en aiment un autre. Ce jour-là, elles ne trompent point l'homme avec lequel elles vivent : elles le quittent et s'en vont avec leur nouvel amour. Cette loyauté était un principe chez elle.

Elle avait encore d'autres côtés d'honnêteté relative, de certaines élévations d'âme. Elle se donnait sans calcul, sans arrière-pensée. Elle ne regardait point à l'argent chez un homme.

Les douceurs, les gâteries de Coriolis l'avaient laissée assez froide. Le bonheur qu'il lui voulait, les caresses qu'il mettait dans sa vie de tous les jours, l'agrément des choses autour d'elle ne l'avaient point touchée d'attendrissement et de reconnaissance. Elle se sentait bien lui venir avec l'habitude de l'amitié pour Coriolis, mais rien que de l'amitié. Elle s'y attachait comme à un bon garçon, à un camarade, à quelqu'un de très-gentil. Ce qui lui manquait pour l'aimer, c'était d'y croire, d'avoir foi en lui. Habituée jusqu'alors à vivre avec des hommes brusques, des messieurs assez peu commodes, presque brutaux, elle voyait à Coriolis des habitudes, un ton, des paroles d'homme du monde : elle se demandait s'il était de la même race, et elle se laissait aller à croire qu'il était trop bien élevé pour devenir jamais célèbre comme les gens célèbres qu'elle avait connus. Le succès de Coriolis tomba sur elle comme un coup de lumière.

Lorsqu'elle vit cette unanimité d'éloges, des journaux, des feuilletons, lorsqu'elle toucha cette gloire, grisée du présent, de l'avenir, de ce bruit de popularité qui commençait, l'orgueil d'être la maîtresse d'un artiste connu fit tout à coup lever de son cœur une chaleur, une flamme, presque de l'amour.

LXV

Sans éducation, Manette avait la pure ignorance de l'enfant, de la femme de la rue et du peuple. Mais cette ignorance originelle et vierge d'une maitresse, si blessante d'ordinaire pour l'amour-propre d'un homme, ne froissait pas Coriolis. A peine si elle l'atteignait : elle glissait et passait sur lui sans lui donner un mouvement d'impatience, sans lui inspirer un de ces retours, un de ces regrets où l'amour humilié se sent rougir de ce qu'il aime.

Coriolis était un artiste, et les hommes comme lui, les artisans d'idéal, les ouvriers d'imagination et d'invention, les enfanteurs de livres, de tableaux, de statues, sont faciles et indulgents à de pareilles créatures. Il ne leur déplaît pas de vivre avec des intelligences de femme incapables d'atteindre à ce qu'ils cherchent, à ce qu'ils tentent. Leur pensée peut vivre seule et se tenir compagnie. Une maîtresse qui ne répond à rien de ce qu'ils ont dans la tête, une maîtresse qui est uniquement une société pour les repos de la journée et les trêves de l'esprit, une maîtresse qui met, autour de ce qu'ils font et de ce qu'ils rêvent, une espèce d'incompréhension soumise et instinctivement respectueuse, cette maîtresse leur suffit. La femme, en général, ne leur paraît pas être au niveau de leur cervelle. Il leur semble qu'elle peut être l'égale, la pareille, et selon le mot expressif et vulgaire, la *moitié* d'un bourgeois : mais ils jugent que, pour eux, il n'y a pas de compagne qui puisse les soutenir, les aider, les relever dans l'effort et le mal de créer ; et aux maladresses dont ne manquerait pas de les blesser une femme élevée, ils préfèrent le silence de bêtise d'une femme inculte. Presque tous n'en sont venus là, il est vrai, qu'après des illusions mondaines, des essais de passion spirituelle ; ils ont rêvé la femme associée à leur carrière, mêlée à leurs chefs-d'œuvre, à leur avenir, une espèce de Béatrice, ou bien seulement une madame d'Albany. Et tombés meurtris, blessés, de quelque haute déception, ils sont devenus comme cette actrice encore belle, encore jeune, à laquelle on demandait pourquoi on ne lui voyait que les plus bas amants au théâtre : « Parce qu'ils sont mes inférieurs », — répondit-elle d'un mot profond.

L'amour avec une inférieure, c'est-à-dire l'amour où l'homme met un peu de l'autorité du supérieur, et trouve dans la femme la légère et agréable odeur de servitude d'une espèce de bonne qu'il ferait asseoir à sa table, l'amour qui permet le sans-gêne de la tenue et de la parole, qui dispense des exigences et des dérangements du monde, et ne touche ni au temps, ni aux aises du travailleur, l'amour commode, familier, domestique et sous la main, — c'est l'explication, le secret de ces liaisons d'abaissement. De là, dans l'art, ces ménages de tant d'hommes distingués avec des femmes si fort au-dessous d'eux, mais qui ont pour eux ce charme de ne pas les déranger du perchoir de leur idéal, de les laisser tranquilles et solitaires dans le panier des Nuées où l'Art plane sur le Pot-au-feu.

Coriolis était de ces hommes. Il n'eût pas donné vingt francs pour faire apprendre l'orthographe à

Manette. Il prenait sa maîtresse comme elle était, et pour ce qu'elle était, une bête charmante, dont le parlage ne le choquait pas plus que les notes d'un oiseau qu'on n'a pas seriné. Même cette jolie petite nature, sans aucune éducation, lui plaisait par certains côtés de spontanéité drôle et de naïveté personnelle : il trouvait dans sa fraîche niaiserie une originalité d'enfance, une jeune grâce. Et souvent le soir, en s'endormant, il se prenait à rire tout haut, dans son lit, d'un mot bien amusant que Manette avait laissé tomber dans la journée, et qu'il se rappelait.

Manette, d'ailleurs, rachetait auprès de lui son insuffisance spirituelle par une qualité qui, aux yeux de Coriolis, excusait tout chez une femme, et sans laquelle il n'eût pas pu vivre trois jours avec une maîtresse. Elle offrait une séduction qui, après sa beauté, avait attaché Coriolis et le tenait lié à elle. Elle possédait ce qui sauve les créatures d'en bas du commun et du canaille : elle était née avec ce signe de race, le caractère de rareté et d'élégance, la marque d'élection qui met souvent, contre les hasards du rang et la destinée des fortunes, la première des aristocraties de la femme, l'aristocratie de nature, dans la première venue du peuple : — la distinction.

LXVI

Le nouvel attachement de Manette pour Coriolis eut bientôt l'occasion de se montrer et de se consacrer, comme les passions de femmes, dans le dévouement.

La fatigue surmontée et vaincue par Coriolis pendant son dernier mois de travail, son effort énorme et inquiet pour arriver à temps, avaient amené chez lui un abattement, un vague malaise. Un refroidissement qu'il prenait le rendait tout à fait malade.

Coriolis avait toujours eu de bizarres façons d'être souffrant. Il se couchait, ne parlait plus, regardait les gens sans leur répondre, et quand les gens restaient là, il tournait le dos et se collait le nez dans la ruelle. C'était sa manière de se soigner; et après deux, trois, quatre, quelquefois cinq jours passés ainsi, sans une parole ni un verre de tisane, il se levait comme à l'ordinaire et se remettait à travailler sans parler de rien, ni vouloir qu'on lui parlât de rien.

Mais cette fois il ne put se soigner à sa guise. Au second jour, Anatole le vit si malade qu'il alla chercher un médecin, le médecin ordinaire du monde de l'art, et que la moitié des hommes de lettres et des artistes traitaient en camarade. Singulier homme, avec sa tête méchante et souriante de bossu, son œil clignotant, ses paupières plissées de lézard : quand il était là, assis au pied du lit d'un malade, il prenait un inquiétant aspect de vieux juge qui regarderait souffrir. Il avait l'air d'être content de tenir un homme de talent, un homme connu, de l'avoir à sa discrétion, de pouvoir lui ausculter le moral, tâter ses peurs, ses lâchetés devant le mal; et sur sa mine paterne et mielleuse passaient de petits éclairs froids où s'apercevaient ensemble la rancune implacable d'une carrière manquée, d'une vie déçue, blessée à la fortune des autres, et la curiosité d'une étude impie et féroce aux prises avec l'instinct de guérir d'une grande science médicale.

— Ah! sapristi, mon pauvre enfant, — dit-il à Coriolis, — pas de chance! Dire que ta réputation allait si bien!... Tu marchais, tu marchais... Tu commençais à embêter pas mal de gens... Ah! tu étais lancé...

Il suivait ses paroles sur le visage de Coriolis.

— Je suis fichu, hein? n'est-ce pas? — dit Coriolis en relevant sur lui des yeux braves.

Le médecin ne répondit pas tout de suite. Il paraissait tout occupé à écouter le pouls de Coriolis, à en compter les battements. Et tous deux se regardant face à face, il y eut un instant de silence et de lutte au bout duquel le médecin sentit faiblir son regard sous le regard appuyé sur le sien.

— Qu'est-ce qui te parle de ça? — reprit-il d'un air bonhomme. — Mais il était temps, là, vrai... Tu as ce qu'on fait de mieux en fait de fausse fluxion de poitrine.

Et il se mit à écrire une terrible ordonnance.

Comme Manette le reconduisait, muette, sans oser lui dire : Eh bien? — Ah! le gaillard! — fit-il en prenant sur un tabouret son chapeau de philanthrope à larges bords, et jetant un regard sur les murs de l'atelier garnis d'esquisses : — On ferait une jolie vente ici... oui... oui...

Et sur ce mot il salua Manette avec une ironie habituée à laisser tomber dans les désespoirs de la femme les cupidités de la maîtresse.

Sous l'impression de cette visite, sous les souffrances aiguës de la maladie et l'affaiblissement des saignées, Coriolis se crut perdu. Il se prépara à mourir, et il trouva, pour quitter la vie, des adieux d'une douceur étrange.

Venu tout enfant en France, Coriolis avait toujours eu le sentiment, la passion de l'exotique, la nostalgie, le mal du pays des pays chauds. Il s'était toujours senti l'envie et comme le regret d'un autre ciel, d'une autre terre, d'autres arbres. Sa bouche aimait à mordre à des fruits étrangers; ses mains allaient aux objets peints et teints par le Midi; ses yeux se plaisaient à des feuilles d'Asie. L'Orient l'avait toujours appelé, tenté. Il aimait à le respirer dans les choses venues d'outre-mer, qui en rapportent la couleur, l'odeur, le souffle. Son rêve, son bonheur, l'illumination et la vocation de son talent, la naturalisation de ses goûts, sa patrie de peintre, il avait trouvé tout cela là-bas. Mourant, il voulut charmer son agonie avec ce qui avait charmé son existence, et il n'eut plus que cette pensée d'aspiration suprême : l'Orient! On eût dit que, comme dans les religions de ses peuples de lumière, il tournait sa mort vers le soleil.

Il voulait avoir sur le pied de son lit des morceaux de tissus qu'il avait rapportés, des étoffes lamées d'argent, des soieries safranées où couraient des fils d'or; et, la tête un peu affaissée dans les oreillers, avec les regards longs des mourants, il regardait ces choses aimées. De temps en temps il fermait un instant les yeux pour jouir en lui-même comme un buveur qui savoure les délices d'un vin; puis il les rouvrait, et ne pouvant les rassasier, il suivait ainsi jusqu'au jour baissant les pas du jour sur la splendeur des soies. Et ce qu'il voyait, ces étoffes, ces ors, ces rayons, peu à peu l'enveloppant, l'enlevaient à l'heure, à la chambre, au lit où il était. Sa vie, il ne la sentait plus battre qu'au cœur de ses souvenirs. Les couleurs qu'il avait devant lui devenaient ses idées, et l'emportaient à leur pays. Il était là-bas : il revoyait ce ciel, ces paysages, ces villes, ces bazars, ces caravanes, ces fleurs, ces oiseaux roses, ces ruines blanches; et des caquetages de femmes assises dans un caïack qu'il avait entendus à Tichim-Brahé, lui revenaient dans un bourdonnement de faiblesse.

Dans ses mains il se faisait mettre des amulettes, des petits flacons d'essence, des bourses, des bijoux, des grains de collier; et de ses doigts détendus, errant dessus et qui avaient peine à prendre, il les palpait, les retournait, les touchait pendant des heures, lentement, avec des attouchements amoureux et dévots qui semblaient égrener un chapelet et caresser des reliques. Ses yeux se fermaient presque; les lèvres chatouillées d'un demi-sourire heureux, il tâtonnait toujours vaguement. Et quand Manette voulait, pour qu'il dormît les lui reprendre, il les serrait de ses faibles mains avec une force d'enfant.

Quelquefois encore il approchait de ses narines le parfum évaporé qui reste à ces objets, et en les sentant, il les effleurait de ses lèvres pâlies comme pour mettre dans une dernière communion le baiser de son agonie sur l'adoration de sa vie!

Cinq jours se passèrent ainsi. Manette ne le quittait plus, ne se couchait pas. Elle le soignait comme une femme qui ne veut pas qu'on meure.

Anatole l'aidait admirablement et de tout cœur : il avait, lui aussi, des soins de femme, les merveilleux talents de garde-malade d'un homme à tout faire.

Coriolis fut sauvé.

FIN DU PREMIER VOLUME.

Paris. — Imprimerie Poupart-Davyl, rue du Bac, 30.

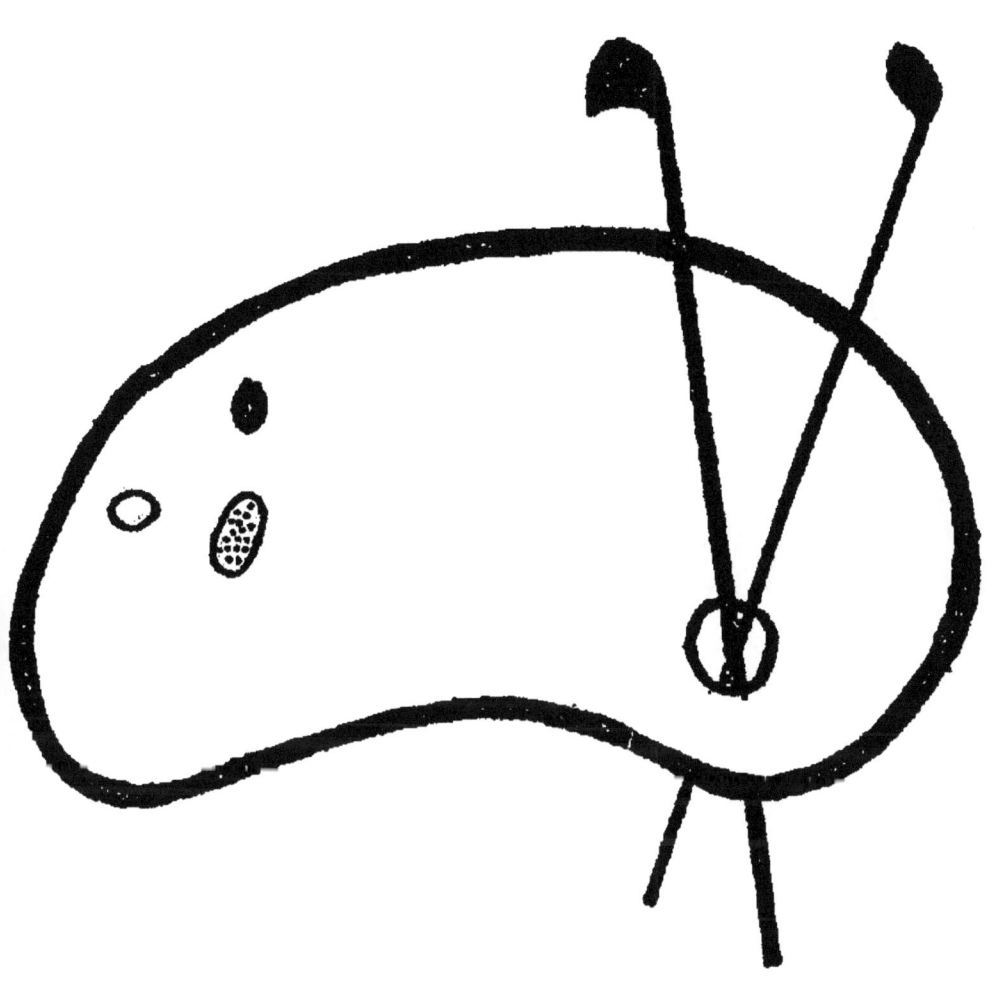

ORIGINAL EN COULEUR
NF Z 43-120-8

www.ingramcontent.com/pod-product-compliance
Lightning Source LLC
Chambersburg PA
CBHW060403170426
43199CB00013B/1977